Frank Tauschs
Tiergeschichten

Sächsische Zeitung
Was uns verbindet.

Titelbild
Wer hat mich denn da aufgeweckt? Das scheint dem Siebenschläfer gar nicht zu gefallen.

© Sächsische Zeitung, Dresden
Alle Rechte vorbehalten
1. Auflage 2003

Das Werk einschließlich aller seiner Teile ist urheberrechtlich geschützt. Jede Verwertung außerhalb der engen Grenzen des Urheberrechts-gesetzes ist ohne Zustimmung unzulässig und strafbar. Das gilt insbesondere für Vervielfältigungen, Übersetzungen, Mikroverfilmungen und die Einspeicherung und Verarbeitung in elektronischen Systemen.

Gesamtherstellung: Dresdner Magazin Verlag GmbH
Druck: Druckhaus Dresden GmbH
ISBN: 3-910175-00-7

Vorwort

Wen interessieren im Zeitalter von Globalisierung, Gentechnik und Internet denn noch Tiergeschichten? Vielleicht ab und zu im Fernsehen, wenn es um einige spektakuläre Tiere aus fernen Ländern geht. Aber wilde Tiere praktisch vor unserer Haustür? Gibt es die überhaupt noch? Frank Tausch lädt uns mit seinen Geschichten ein, Wildtiere unserer Heimat kennen zu lernen. Er berichtet weniger schwärmend aus der Sicht eines Naturfreundes, sondern aus der eines eher verhaltenen Journalisten. Dabei gehört Tausch selbst wohl der vom Aussterben bedrohten Art von Journalisten an, die fast akribisch recherchieren. Stets war er vor Ort und berichtet aus eigenem Erleben. Dies macht seine Tiergeschichten wahrhaftig und spannend. Wolf, Luchs, Wanderfalke und andere vom Aussterben bedrohte Wildtierarten benötigen ausreichend Lebensraum, Nahrung und Ruhe zur Aufzucht ihrer Jungen, um zu überleben. Sind wir bereit, unsere Heimat mit ihnen zu teilen? Berichtet wird auch von uns eher vertrauten Tieren, von Weißstörchen aus der Lausitz, Marienkäfer und Gemeiner Wespe am Wegesrand. Alltag in der Natur. Fehlte all dies, wäre unser Leben ein Stück ärmer, grauer. Achten Sie bei Ihrer nächsten Wanderung im Nationalpark Sächsische Schweiz doch einmal etwas Näher auf die heiseren Schreie des Wanderfalken – und freuen Sie sich, dass es ihn gibt.

Dr. Jürgen Stein
Leiter des Nationalpark- und
Forstamtes Sächsische Schweiz

Inhalt

Adler – der Herrscher des Himmels	7
Auerhahn – der große Sänger mit leisem Stimmchen	12
Die Auerochsen vom Müglitzhang	17
Elbebiber tummeln sich bei Torgau	24
Bilche – die Kobolde der Nacht	31
Birkhühner – schwarze Ritter in Sachsen	37
Elche – geweihte Waldarbeiter	44
Erdkröten baden einmal im Jahr	49
Feldhamster füllen sich die Taschen	55
Fischotter lieben die Oberlausitz	60
Fledermäuse gehen mit Ultraschall auf Insektenfang	67
Gemsen – Kletterkünstler ohne Seil und Karabiner	75
Graureiher jagen mit einem Dolch	80
Dem Feldhasen geht es nur im Märchen gut	86
Igel rumoren unbesorgt im Unterholz	91
Für die Komorane ist jeder Tag Silvester	96
Der Kranich imponiert mit Trompetensolo	101
Die Kreuzotter – Sonnenanbeterin mit gespaltener Zunge	108
Der Lachs zieht wieder durch die Elbe	114
Der Luchs – der nächtliche Herr des Waldes	119

Steinmarder lieben die „Höhlen" am Straßenrand	**126**
Marienkäfer sind die Sympathieträger unter den Insekten	**132**
Maulwurf – Kraftprotz mit Sehschwäche	**137**
Der Mäusebussard jagt mit unendlicher Geduld	**143**
Das Reh ist ein kleiner Raufbold	**148**
Der Rotfuchs – Überlebenskünstler in rotem Pelz	**154**
Der Rothirsch – König der Wälder	**161**
Schildkröten sind ein Fall für Forscher geworden	**168**
Den Storch lockt es in die Lausitz	**173**
Dem Uhu gehört die Nacht	**182**
Wanderfalken – in rasendem Flug durch die Lüfte	**189**
Waschbär & Co haben sich eingenistet	**196**
Die Gemeine Wespe ist unerwünscht und dreist	**203**
Wildgänse rauschen durch die Nacht	**207**
Wildschafe – Dickschädel und Weiber-Wirtschaft	**213**
Wildschwein sein ist schön	**218**
Der mit dem Wolf tanzt	**224**
Die Würfelnattern riechen mit der Zunge	**230**
Ziesel – pfiffige Kerlchen mit reichlich Hausbesitz	**235**
Bildnachweis	**240**

Die Herrscher des Himmels

*Stolz und kraftvoll – Adler sind
die Könige im Tierreich*

Sein gefährliches Aussehen täuscht.
Der Adler ist im Grund ein friedlicher Vogel.

Stille. Kein Wind lässt das braune Laub der Eichen rascheln und die trockenen Gräser sirrend erzittern. Wie ein Vorhang hat sich milchiger Dunst über das Land gelegt, der den Blick hinab von der Königshöhe auf die Königsbrücker Heide versperrt. Die jungen Birken haben zum sechsten oder siebenten Mal in ihrem Leben ihr Laub abgeworfen. Spärlich sind die gelben Blätter, die noch an den Zweigen hängen. Hangabwärts wachsen die Birken einzeln oder in kleinen Gruppen zwischen dem immergrünen, meterhohen Besenginster. Irgendwann verschwinden sie im Nebel und lassen nur die Ahnung zurück, dass sie zu Tausenden und Zehntausenden das weite Land erobern und verändern, das sich dort unten dehnt. Land, das dem Walten einer mächtigen Kraft überlassen bleibt – der Natur. Adlerland. Hoch droben am bleichen Himmel kreisen sie. Zwei Brutpaare der Seeadler leben in der Königsbrücker Heide. Ausgewachsene Adler, in der Blüte ihres Lebens. Bis zu 40 Jahre alt können die mächtigen Greife werden. Sie halten einander die Treue – das Paar bleibt zeitlebens zusammen. Nur wenn ein Adler stirbt, nimmt der andere einen neuen Gatten.

Mächtige Baum-Burgen

Wenn das Jahr zu Ende geht, kommt Arbeit auf die Paare zu. Die Horste müssen ausgebessert werden. Derselbe Horst wird jahrelang genutzt, wenn nicht der Baum umstürzt, auf dem er angelegt ist. Mächtige Äste tragen die Adler heran, um den Bau wieder auf Vordermann zu bringen. In der Umgebung suchen die Tiere nach trockenem Holz.

Auf großen Schwingen rauscht der Adler heran, die mächtigen gelbgeschuppten Fänge schließen sich um den trockenen Ast, und mit einem Flügelschlag reißt der Adler den Ast vom Baum ab. Oder der fünf bis sechs Kilo schwere Vogel lässt sich auf einem Ast nieder und trippelt vorsichtig nach außen. Wenn der Ast schließlich unter dem Gewicht des Adlers bricht, breitet der die Schwingen aus und segelt mit dem Baumaterial los. Seeadler tragen Äste von mehreren Kilogramm Gewicht zu ihrem Horst, entsprechend gewaltig kann der Bau werden. Bis zu zwei Meter im Durchmesser und drei Meter hoch sind die Burgen in luftiger Höhe, die die Seeadler bewohnen.

Nebenarme, stille Buchten, dazwischen sumpfige Wiesen und kleine Tümpel. Fischotter und Eisvogel jagen hier, Biber haben mit ihren scharfen Nagezähnen deutliche Spuren in Bäumen hinterlassen. Die drei Bäume inmitten der Flusslandschaft sind längst ertrunken. Ihre kahlen Äste sind Ruheplätze der Seeadler. Der Horst kann nicht weit entfernt liegen. Seeadler unterhalten mehrere Ruhe- und Wachbäume in der Nähe ihres Domizils. Immer auf denselben Ästen sitzend halten sie entweder Ausschau oder schlafen, sonnen sich oder pflegen ihr Gefieder. Seeadler sind ihrer Heimat treu. Wo sie einmal sesshaft geworden sind, bleiben sie. In ihrer Jugend bummeln die großen Vögel durch die Welt, ziehen hierhin und dorthin, bis sie einen geeigneten Partner und einen geeigneten Lebensraum finden. In ihrem dritten oder vierten Lebensjahr „verloben" sich Seeadler – suchen sich den Partner fürs Leben. Etwa ab dem fünften Lebensjahr gründen sie eine richtige Familie und ziehen erstmals Nachwuchs auf.

Bei frisch verliebten Paaren geht es in der Balz lebhaft zu. Hoch schrauben sich die Adler in den Himmel, umkreisen einander, packen sich spielerisch mit den Fängen. Altverheiratete Paare umwerben sich zwar auch, aber längst nicht mit der Intensität der frisch Verliebten. Ist der Horst vollendet, das Liebeswerben abgeschlossen, werden im März oder sogar noch Ende Februar die Eier gelegt. Etwa 38 Tage brüten die Seeadler – immer im Wechsel. Alle drei Stunden ist Ablösung, zumeist begleitet von schrillen Rufen. Adler begrüßen einander am Morgen oder wenn einer von der Jagd zum Horst zurückkehrt. Das Männchen hat übrigens die schrillere Stimme – es ruft eine Oktave höher als das Weibchen. Diese Zeit zu Anfang des Jahres ist gefährlich für Seeadler. Vor allem zu Anfang der Brutzeit reagieren die großen Vögel empfindlich auf Störungen am Horst. So flüchten sie vor Menschen auf einen ihrer Wachbäume, um die Eindringlinge zu beobachten. Bei Frost genügt schon eine halbe Stunde, um die Eier abkühlen und sterben zu lassen.

Auch andere Adler können dem Paar jetzt das Leben schwer machen. Junge oder allein stehende Tiere versuchen, sich in eine intakte Beziehung zu drängen. Das Paar zieht sich zumeist zum Horst zurück. Kommt der Eindringling zu nahe, wird er angegriffen. Adler liefern sich erbitterte Kämpfe, die selbst mit dem Tod eines der Tiere enden können. Ihre Waffen sind vor allem die Fänge – kraftvolle, nadelspitze Dolche, mit denen sich die Tiere wütend beharken. Während ein Adler mit dem Angreifer kämpft, verfolgt der andere mit aufgeregtem Schreien die Auseinandersetzung. Selbst wenn der Verlierer das Feld räumt, sind die Tiere noch lange aufgestört und unruhig. In der Lausitz häufen sich solche Kämpfe – ein Zeichen, dass mögliche Adlerreviere langsam besetzt sind. Seeadler haben zumeist ein bis zwei Junge. Schon wenn sich die Küken noch aus dem Ei heraus melden, schleppen die Eltern Nahrung heran, die am Horstrand deponiert wird. Nun ist es auch Zeit für die älteren Geschwister, zu verschwinden. Die Jungadler bleiben zumeist bis zum nächsten Nachwuchs bei ihren Eltern und versuchen, an die Leckerbissen zu kommen, die die Alten schon für die kleinen Küken heranschleppen. Doch nun werden sie davongejagt. Die Alten machen dem Nachwuchs schnell deutlich, dass sie erneut elterlichen Pflichten entgegensehen und keine Zeit und Geduld mehr für Halbstarke haben. Den kleinen Seeadlern widmen sich die Alten dagegen mit Hingabe. Wieder wechseln sich die Seeadler ab. Einer der Eltern fliegt zur Jagd, während der andere die Jungen wärmt und auf die kleinen Schreihälse aufpasst.

Fliegt ein Seeadler im gemütlichen Flug etwa 60 Stundenkilometer schnell, kann er bei der Jagd ein Mehrfaches erreichen. Bei bis zu 2,50 Meter Flügelspannweite genügen wenige Schläge der mächtigen Schwingen, um Tempo zu gewinnen. Schließlich ziehen sie ihre Flügel an, strecken die Fänge vor und schießen förmlich nieder. Die hintere Kralle fährt in die Beute, die großen, kräftigen Fänge schließen sich und der Adler schleppt die Ente mühelos davon.

Fische holt sich der Seeadler aus bis zu einem halben Meter Tiefe. Meist sind es kranke oder um Sauerstoff kämpfende Flossenträger, die Beute des Adlers werden. Flach fliegt der große Greif über das Wasser, bis ein Glitzern den Fisch verrät. Dann stößt der Seeadler nieder, taucht selbst so tief ein, dass nur noch Hals und Kopf aus dem Wasser schauen und kommt mit schwerem Flügelschlag und schuppiger Beute in den Fängen wieder hoch. Seeadler jagen Wasservögeln aber auch hinterher. Sogar die pfeilschnellen Schellenten können sie einholen. Blessrallen und Taucher ermüdet der Adler. Mit Scheinangriffen zwingt der Greif die Taucher unter Wasser, wo er nicht folgen kann. Doch nach mehreren Tauchgängen hintereinander geht den Rallen die Luft aus. Sind sie einmal nicht mehr schnell genug, greift der Adler zu.

Seeadler sind hervorragende Flieger. Bei guter Thermik können sie bis zu 2000 Meter hoch steigen.

Senkt sich ein Adler nieder, registrieren das nicht nur Artgenossen. Auch Kolkraben und Krähen haben längst erkannt, dass den überaus scharfen Augen der Adler durchaus zu trauen ist. Nicht selten finden sich im Winter nach einem Fischsterben zehn, zwanzig oder noch mehr Jungadler in Windeseile am betreffenden Teich ein. Die Krähen warten meist in sicherer Entfernung. Nur die selbst ziemlich großen Kolkraben wagen es, den Adler beim Fressen zu stören. Sie zupfen sogar mal an den Federn des mächtigen Vorkosters. Eine entsprechende Bewegung von diesem stellt die Hierarchie aber sofort wieder her. Seeadler sind eigentlich friedliche Vögel und so lassen sie die frechen Gesellen und schlagen sich lieber den Bauch voll, bevor sie die Reste den Raben und Krähen gönnen. Der blasse Himmel über der Königsbrücker Heide wird unmerklich dunkler. Die Dämmerung rückt heran. Hoch droben ziehen die Seeadler ihre Kreise, gleichmäßig segelnd. Über 2 000 Meter hoch können die Adler bei guter Thermik aufsteigen. Tief unter ihnen versinkt das Land im Abend. Die Herrscher des Himmels drehen ab, die Nacht ergreift Besitz von der Königsbrücker Heide.

Große Sänger mit leisem Stimmchen

Der Auerhahn soll wiederkommen

Eitel stolziert der Auerhahn bei der Balz umher.

Der Ast ist immer noch da. Fast waagerecht an der knorrigen Kiefer gewachsen, schaukelt er leicht im Wind. Er war der Lieblingsast eines Auerhahnes in der Balzzeit. Etwa 30 Jahre ist es her, dass der Ast unter dem Gewicht des schweren Vogels ächzte. Jetzt ist er verwaist. Abends mit der Dämmerung flog der Auerhahn heran. Oder er kam zu Fuß. Laut mit den Flügeln polternd bezog er seinen Schlafplatz auf dem Ast. Mit dem ersten Sonnenstrahl begann er seinen Gesang. Strophe um Strophe ließ er hören. Der bayerische Volksmund übersetzte: „Seppl? Seppl? Seppl? Seppl, bist schon da? Sieh, siehst mich, siehst mich, siehst mich nicht?" Irgendwann am Morgen ließ sich der Auerhahn in seiner Arena nieder, wo sich der imposante Vogel in seiner ganzen Pracht präsentierte. Die Landschaft hat sich verändert. Schon zum zweitenmal innerhalb weniger Jahre. Zwar stehen die Felsen unverrückbar, und auch die Bäume sind dieselben wie vor 30 oder 50 Jahren. Moorbirken und Kiefern. Alt und doch nicht riesig. Hier oben auf dem Sandsteinriff, nahe der tschechischen Grenze, herrscht ein raues Klima. Der Wind zaust die Bäume und lässt sie trotzig und knorrig zurück. Doch unter ihnen, am Boden, ist die Verwandlung vonstatten gegangen.

Die Heidelbeeren sind schon zurückgekehrt

Heidelbeeren dehnen ihr frisches Grün, soweit das Auge reicht. Die ersten Beeren, hellviolett noch, hängen an den Sträuchern. Adlerfarn schiebt sich hier und da durch den dichten Teppich, bereit, die Blätter zu entfalten. Felsen und Baumstümpfe durchbrechen das grüne Fließ. Es ist eine Rückverwandlung in die Zeit vor 20 Jahren. Zwischen damals und heute regierte Gras den Boden des großen Sandsteinriffs. Das Gras nutzte den Rückgang der Heidelbeeren, um sich auszubreiten. Die hohe Schadstoffbelastung der Luft machte den Kiefern und Heidelbeeren stark zu schaffen. Doch mittlerweile erholen sich die Heidelbeeren und haben das Gras wieder zurückgedrängt. Heidelbeeren und Kiefern aber braucht das Auerhuhn – es sind die wichtigsten Nahrungspflanzen. Ausgestorben sind die Auerhühner vermutlich vor allem wegen häufiger Störungen durch Kletterer und Wanderer, die immer abgelegenere Gebiete der Sächsischen Schweiz erschlossen. Illegale Abschüsse in den 60er Jahren taten ein übriges, um die Tiere verschwinden zu lassen.

Die Störungen beunruhigten die Tiere. Auerhühner sind sehr scheu und vorsichtig. Kein Wunder – den großen Hühnern stellen zahlreiche Feinde nach. Uhu und vor allem Habicht aus der Luft, Fuchs und Marder am Boden. Das Sehvermögen der Vögel ist hervorragend ausgeprägt. Obendrein können Auerhühner auch die Alarmrufe anderer Vögel „verstehen". Das Auerhuhn hat verschiedene Strategien, den Feinden zu entkommen. Mit einem schnellen Lauf kann es sich genauso in Sicherheit bringen wie mit Fliegen. Oder die Vögel schleichen langsam und leise wie die Indianer in Deckung, drücken sich unter Farnen oder in Mulden an den Boden. Dann werden sie förmlich unsichtbar. Über eine Stunde lang können sie bewegungslos erstarren und angestrengt lauschen.

Werden die Vögel dennoch von einem Fuchs oder Marder überrascht, setzen sie sich notfalls energisch zur Wehr. Vor allem die Hähne sträuben dann Hals- und Nackenfedern und können schmerzhafte Schnabelhiebe austeilen. Nur in der Balzzeit im Frühjahr lässt die Aufmerksamkeit der Tiere nach. Auerhähne haben Balzplätze, die jahrzehntelang genutzt werden. Häufig teilen sich mehrere Tiere einen Balzplatz. Freilich mit genau festgelegten Grenzen. Der größte, stärkste und stattlichste Hahn besetzt das Zentrum. Die anderen gruppieren sich darum. Etwa einen Monat lang präsentieren sich die Hähne von ihrer besten Seite, um die Hennen anzulocken. Den Schwanz gefächert wie ein Pfau, die Brust gereckt, den Kopf erhoben, sitzen sie gern auf einem Stein oder Baumstumpf und singen. Ab und zu springen sie in die Luft und schlagen drei bis fünfmal mit den Flügeln. Dabei blitzen nicht nur die schönen, reinweißen Federn. Der Flügelschlag ist laut und polternd zu hören. Die großen Vögel haben nämlich ein erstaunlich leises Stimmchen, das gerade mal bis 300 Meter weit trägt. Da wird mit Flügelpoltern Eindruck bei den Hennen geschunden. Sauer werden die angehenden Liebhaber nur, wenn die Konkurrenz die Präsentation stört. Immer wieder mal versucht ein Hahn aus einem abgelegeneren Balzrevier, in das prestigeträchtige Zenrum vorzurücken. Vielleicht ist der Alte dort ja doch schon ein bisschen schwach. Das Turnier kann beginnen. Taucht ein Eindringling nahe der Reviergrenze auf, verbeugt sich der Verteidiger. Dann plustert er sich auf, fächert den Schwanz, lässt die Schwingen am Boden schleifen und eilt dem Rivalen entgegen. Beide können lange Zeit parallel entlang der Reviergrenzen drohend auf und ab schreiten und sich anzischen. Der Kampfwillige braucht

Der letzte Auerhahn in der Sächischen Schweiz wurde 1974 gesehen.

dem Gegner schließlich nur die Brust zuzuwenden. Prompt stellen sich beide voreinander auf. Entweder attackieren sie sich mit Schnabelhieben oder sie wählen den Flügelkampf. Dabei gilt es, den anderen mit dem Schnabel zu packen und niederzudrücken, um ihm dann mit blitzschnellem, kraftvollem Flügelschlag eine überzuziehen.

Häufig lassen die Tiere bei solchen Kämpfen nur Federn. Wer ermüdet, flieht. Bis zu 15 Hähne balzten einst gleichzeitig auf dem Riff. Jeder Vorsprung und jede Klippe des Felsmassivs war mit einem liebestollen Hahn besetzt. Nach der Balz verschwanden sie wieder in den umliegenden lichten Wäldern. In eng gepflanzten Fichtenforsten in den Talsohlen können Auerhühner nicht leben. Die Hähne mit einer Flügelspannweite bis zu einem Meter sind zwar erstaunlich wendig beim Fliegen, aber sie brauchen Platz. Obendrein wächst in dichten, lichtundurchlässigen Forsten keine Bodenvegetation zum Fressen und Verstecken. Die Hennen suchen nach der Balz einen Brutplatz. Vor allem gut versteckt muss er liegen, denn sie brüten am Boden.

Etwa fünf bis zwölf Küken brütet sie aus. Die kleinen Federbällchen müssen schnell selbständig werden. Zahllose Gefahren lauern. Schon nach wenigen Stunden können sie laufen und kräftig springen. Nach einer Woche können sie 30 Zentimeter hoch fliegen, nach zwei Wochen sogar fünf Meter weit. Aufgeregt erkunden sie ihre Umgebung, picken nach allem Möglichen. Mit der Mama wandern sie weit herum, über einen Kilometer am Tag. Sie haben viel zu lernen und kräftig zu wachsen. Küken fressen vor allem Insekten. Die eiweißreiche Nahrung wird erst später mit Beeren, Trieben, Samen und im Winter mit Kiefernnadeln ergänzt. Die jungen Hähne müssen sich besonders ranhalten. Ausgewachsen bringen sie etwa sechs Kilogramm auf die Waage, Hennen nicht einmal die Hälfte. Dementsprechend mehr Energie müssen Junghähne aufnehmen. Im September gehen die jungen Auerhühner dann eigene Wege. Unterhalb des Riffs, in einer Felswand, schreit plötzlich ein Wanderfalke. Das Männchen will abgelöst werden. Es hat nicht soviel Geduld beim Brüten. Das Weibchen kreist über dem gegenüberliegenden Massiv. Die Wanderfalken sind erst vor wenigen Jahren zurückgebracht worden in die wilde Felslandschaft. Vielleicht werden Auerhühner irgendwann folgen.

NUR NOCH WENIGE

In Sachsen hat sich ein kleiner Restbestand des Auerhuhnes an der polnischen Grenze erhalten. In der Muskauer Heide, einem unzugänglichen Truppenübungsplatz, sollen noch einige wenige Hähne balzen. Vorkommen waren um 1930 neben der Sächsischen Schweiz auch im Zittauer Gebirge, im Erzgebirge und im Oberlausitzer Bergland. In Thüringen wurden die Tiere erfolgreich wiedereingebürgert. Im Harz leben jetzt über 100 Tiere. In Deutschland gibt es Auerhühner auch im Bayerischen Wald, im Spessart und im Schwarzwald. Die Bestände in Tschechien sind auf wenige Tiere im Böhmerwald reduziert. In der Slowakischen Republik gibt es in der Niederen und Hohen Tatra Auerhähne. Noch gute Bestände existieren in den Karpaten, den Pyrenäen und vor allem den Alpen. Skandinavien hat ebenso Auerhühner wie Schottland. Als typischer Bewohner nordischer Taigawälder ist das Auerhuhn in Russland noch weit verbreitet. Auch in Estland und dem Altai leben die Tiere.

Die Ure vom Müglitzhang

Nachgezüchtete Auerochsen grasen wieder auf den Bergwiesen

Ein nachgezüchteter Auerochsbulle.
Sommers wie winters bleiben die Tiere
draußen und trotzen Wind und Wetter.

Auf dem Höhenzug steht plötzlich das Tier. Dunkel und massig, die Hörner weit ausladend, äugt der Auerochse ins Tal hinunter. Es ist die Leitkuh, die das Terrain sichert, aufmerksam die Gegend mustert und misstrauisch mit den Ohren spielt. Dann galoppiert sie plötzlich den Hang hinab. Ihr folgt eine ganze Herde, die irgendwo hinter jener Höhe in einer Senke gegrast hat. Kühe, Stiere und Kälber – etwa vier Dutzend Auerochsen toben die Bergwiese bei Liebenau im Osterzgebirge hinunter. Moment mal: Auerochsen im Osterzgebirge und dann noch eine ganze Herde? Der letzte Vertreter dieser Art, die einst zwischen Gibraltar und dem Himalaya durch Wald und Flur streunte, starb 1627 auf dem Territorium des heutigen Polen von der Hand eines Wilderers. Die Wildrinder waren der Hohen Jagd der Fürsten und Könige vorbehalten – und die stellten dem Auerochsen bis zur Ausrottung nach. Doch der Ur, wie der Auerochse auch heißt, ging nicht völlig verloren. Er steht heute in jedem Rinderstall und steckt in jeder Milchkuh. Die urigen Wildrinder sind die Urahnen aller unserer heutigen Rinderrassen – von der Hochleistungskuh bis zum Kampfstier. 1920 begann die Rückzüchtung. Die heutigen Tiere ähneln ihren Vorfahren fast vollständig. Gemälde, Zeichnungen und schließlich Knochenfunde geben Auskunft, wie die Stammväter unserer Hausrinder ausgesehen haben.

Mittlerweile die zweitgrößte Herde in Deutschland

Klaus Zimmerhäckel verschränkt die Arme vor der breiten Brust. Zufrieden sieht er aus. Er tritt zwischen die Tiere, tätschelt einen Stier am Horn, streicht ihm über die helle Stirnlocke. Wie er da auf seiner Koppel steht, in Stiefeln, Latzhose, Arbeitsjacke, dem breitkrempigen Hut, sieht er aus wie ein Bauer, der nie etwas anderes gemacht hat in seinem Leben. Dabei ist Zimmerhäckel Ingenieur für Feinwerktechnik. Im Nebenerwerb graviert und zizeliert er Pokale und Medaillen – für die Bob-Meisterschaften im benachbarten Altenberg ebenso wie für Kaninchenzüchter oder Kegelfreunde. Die Auerochsen hat Zimmerhäckel erst seit einigen Jahren. Mehr durch Zufall als aus Passion hat er sich auf die Landwirtschaft gestürzt. Doch was der stämmige Mann anfasst, scheint zu gelingen. Eigentlich wollte sich Zimmerhäckel mit der Wende selbstständig machen – mit seinen geschickten Händen eine Feinmechanik-Werkstatt gründen. Geschäftstüchtig war Zimmerhäckel schon zu DDR-Zeiten. Neben seiner Arbeit im VEB drechselte er zu Hause Räuchermänner, Engel, Bergmänner und Pokale. Und verstand es damals schon, nicht an den Konsum liefern zu müssen. Außerdem hockten auf dem Hof in Liebenau die Kaninchen im Stall und die Familie hielt ein paar Schafe. Die Wolle wurde gut bezahlt. Doch dann verkrachte er sich mit der Agrargenossenschaft, die ihm eigentlich eine Halle für seine Werkstatt vermieten wollte. Als das platzte, da schaltete auch Zimmerhäckel auf stur. Er nahm seine acht Hektar Wiese, die er an die Agrargenossenschaft verpachtet hatte, zurück. „Und wenn mir das Gras über die Ohren wächst", dachte sich Zimmerhäckel. Das tat es auch.

Seine Schafe waren mit den fetten osterzgebirgischen Bergwiesen einigermaßen überfordert. Rinder müssen her, sagte sich Zimmerhäckel. Robuste Rinder, die keinen Stall brauchen, sommers wie winters auf der Weide bleiben, wenig anfällig sind für Krankheiten. Schottisches Hochlandvieh, genau richtig, dachte sich Zimmerhäckel und suchte. Die Tiere aber waren reichlich teuer, 20 000 Mark für eine Kuh. Ein Zufall brachte ihn zu den Auerochsen. Bei einer Reise in Bayern entdeckte er die urtümlichen Rinder. 1991 kaufte Zimmerhäckel dann seine ersten eigenen Tiere. Ein Pärchen, aus dem Tierpark in Stendal. Mittlerweile hält Zimmerhäckel 50 Auerochsen, die zweitgrößte Herde in Deutschland und hat selbst mit seinen Nachzuchten schon neue Bestände in Bayern, Thüringen, Brandenburg und Sachsen begründet.

Das Kommando hat eine erfahrene Leitkuh

Längst schwärmt der bodenständige Züchter von seinen Tieren. Klug sind sie und können sich verständigen auf geheimnisvolle Art. Als er die Herde einmal von den Weiden am Trebnitzbach zum Müglitzhang führte, war eine junge Kuh dabei, die den Weg zum ersten Mal ging. Sie hatte erst vor kurzem eine Totgeburt erlitten. In der Nacht darauf brach sie aus und ging die fünf Kilometer zurück, auf der Suche nach ihrem toten Kalb. In Zimmerhäckels Stimme schwingt Achtung vor der Kreatur mit, als er die Geschichte erzählt. Seit fünf Jahren hat die Herde keinen Tierarzt mehr gebraucht. Halbwild leben die Tiere, auf Weiden von mindestens zehn Hektar. Eine erfahrene Leitkuh hat das Kommando.

Wo immer sie hingeht, die Herde folgt. Regelrechte Pfade haben die Auerochsen auf ihren Bergwiesen am Müglitzhang und am Trebnitzbach angelegt, auf denen sie entlangziehen. Zur Wasserstelle, zu schützenden kleinen Tälern oder zu besonders guten Weidegründen. Die heranwachsenden Stiere messen ihre Kräfte mit dem großen Stier – 15 Zentner Lebendgewicht zwischen den über einen Meter ausladenden Hörnern. Die Stiere drücken die Schädel aneinander und stemmen die Hufe in den Boden. Dann wird gedrückt und geschoben, bis das aufmüpfige Jungvolk beiseite springt. Die Kühe bringen die Kälber allein zur Welt. Zimmerhäckel sieht dann allenfalls bei einer seiner Inspektionstouren, ob die Herde Nachwuchs hat. Noch braun und wuschelig ist das Fell der Kleinen, die die Herde schützend in die Mitte nimmt. Schwarz ist es dagegen bei den alten Tieren, lang jetzt im Winter, samtig glänzend und glatt im Sommer.

Doch die Rinder sind keine Milchkühe und die Tiere landen nicht in Fleischtheken. Allenfalls für den Hausgebrauch schlachtet Zimmerhäckel Tiere – freilich nur solche, die nicht den Zuchtidealen entsprechen. „Die Landwirtschaft ist eine Arbeitsbeschaffungsmaßnahme", sagt Klaus Zimmerhäckel unumwunden. Zuschüsse, Mutterkuhprämie, Schlachtprämie, Flächenprämie. „Sonst wäre sofort Schluss." Die Auerochsen von Zimmerhäckel beweiden Berg- und Feuchtwiesen. „Als wir hier angefangen haben", sagt Klaus Zimmerhäckel und sein Arm schweift über die Hochebene zwischen Schloss Bärenstein und Schloss Lauenstein, „da war hier überdüngtes Einheitsgrün." Doch die Tiere, die allenfalls im Winter mit Heu zugefüttert werden, haben mit dem verfilzten Rasenteppich aufgeräumt. Nun sprießen wieder Kräuter und Blumen. Sein Heu holt der Landwirt mit Bedacht aus dem Bielatal. Der Samen weht dann über die Wiesen und die Pflanzen kehren zurück. Schwarzstorch und Kolkrabe brüten im Schutz der massigen, ein wenig furchteinflößenden Auerochsen, Siebenschläfer leben hier, Kreuzottern sonnen sich auf den Steinrücken, der Uhu ist des Nachts zu hören. Sogar der Luchs, so erzählt Zimmerhäckel, treibt sich wieder im Osterzgebirge herum. Angst um seine Tiere hat der Landwirt nicht. Deren uralte Instinkte funktionieren. Ein Fuchs kann unter den Auerochsen auf Mäusejagd gehen, das stört die massigen Ure nicht. Bei

Halbwild leben rückgezüchtete Auerochsen auf Weiden im Osterzgebirge. Sie grasen auf 40 Hektar im Landschaftsschutzgebiet „Osterzgebirge" und erhalten die Berg- und Feuchtwiesen.

einem Hund aber, und sei es ein kleiner Spitz, da gehen die Köpfe hoch, die Nüstern saugen die Luft ein, die Ohren spielen nervös. Die Tiere spüren den Wolf, der selbst im Spitz steckt – und wehe, ein freilaufender Hund reizt die Auerochsen. Dann prescht die Herde los, geradewegs auf den Eindringling zu. Die Rinder sorgen nicht nur für die Pflege dieser alten Kulturlandschaft, sie sorgen auch für Ruhe vor Freizeitgelüsten aller Art.

Auf seine Art ist Zimmerhäckel ein Naturschützer, wenngleich er auch mit manchem Grünen, der gleich gruppenweise Exkursionen zu Orchideenwiesen veranstaltet, nicht viel am Hut hat. Er aber ist mit seiner Landschaft verwachsen – und liebt sie. „Die müssen mal wieder auf Stock gesetzt werden", sagt er beiläufig und weist auf dicke Bäume auf einem Steinrücken. Jede Menge Holz hat Zimmerhäckel schon vor seinem Hof in Liebenau. Zu starke Stämme auf den vor hunderten Jahren angelegten Lesesteinhaufen der Bauern – typisch für das Osterzgebirge – müssen von Zeit zu Zeit zurückgeschnitten werden, damit sie nicht mit mächtigem Schatten wärmeliebende Tiere und seltene Pflanzen von den Steinhaufen verdrängen. Auf dem Weg zum Trebnitzgrund weist Zimmerhäckel auf ein Loch in einer Felswand: „Ein altes Silberbergwerk". Dann erzählt er eine Anekdote von Schloss Lauenstein und Geschichten von den Leuten in seiner Gegend. Er ist hier ein Urgestein – die Familiengeschichte im Osterzgebirge geht 500 Jahre zurück. Damals zogen die Auerochsen – freilich schon rar – noch wild durch die Gegend. Nun sind sie wieder da, und es ist, als hätte sich ein Kreis geschlossen.

Vom Auerochsen zum Haustier und Zurück

Die Paarhufer, zu denen Auerochsen gehören, wurden von der Evolution erst spät entwickelt. Sie eroberten aber eine ökologische Nische, die in der Nacheiszeit Erfolg versprach. Als Wiederkäuer und mit einem speziellen Zahntyp ausgerüstet, konnten sie Gräser, die immer mehr Silizium einlagerten, aufschließen und verdauen.

Mit dem Vordringen der Warmzeit am Ende des Pleistozäns verdrängte der Auerochse den Breitstirnbison. Gemeinsam mit Wisent, Riesenhirsch und Luchs eroberte er Europa bis weit hinein nach Asien. Mammut, Wollnashorn und Löwe als Vertreter der Kaltzeit verschwanden. Darstellungen von Auerochsen finden sich schon auf berühmten Höhlenzeichnungen in Frankreich und Spanien. Aus dem Jagdwild wurde etwa vor 7 000 Jahren ein Haustier. Auerochsen wurden vermutlich in mehreren Gegenden parallel domestiziert wie auch Schwein und Pferd. Alle Ziegen und Schafe unserer Zeit dagegen stammen aus dem Gebiet des „fruchtbaren Halbmondes" zwischen Euphrat und Tigris, Syrien und dem Libanon. Etwa zur selben Zeit wie der Auerochse wurde übrigens auch die Honigbiene domestiziert.

Mit Haustieren und Ackerbau konnten die Menschen erstmals sesshaft werden. Gezielte Auswahl-Zucht förderte geschätzte Eigenschaften und unterband unerwünschte. Fossile Funde etwa belegen, dass Auerochsen-Stiere um ein Drittel größer waren als Kühe. Allerdings gab es auch Zwergformen. Die Größe der Stiere aber war unpraktisch und wurde in der Zucht eliminiert. Im Mittelalter dezimierte die Jagd die Auerochsen. Zwar wird in alten Schriften von ganzen Herden von Auerochsen gesprochen, doch wurden die Tiere notorisch mit Wisenten verwechselt. So wird in Moritzburg um 1700 von einem Wildgatter für Auerochsen gesprochen. Doch da waren die Ure ausgerottet.

1920 begann die Rückzüchtung

1920 begannen die Brüder Heck, Zoodirektoren in München und Berlin, mit der Rückzüchtung der Auerochsen. Dazu wurden urtümliche Rinderrassen miteinander gekreuzt. Lutz Heck in Berlin etwa nutzte die Rassen Angler, Montafoner, graubraunes Höhenvieh, Steppenrinder, englisches Parkrind, schottisches Hochlandrind und spanische und südfranzösische Kampfstiere. Hochlandvieh etwa wechselt noch immer Winter- und Sommerfell, Kampfstiere waren nicht auf Milch- oder Fleischleistung gezüchtet, englische Parkrinder hielten schon die Kelten für rituelle Zwecke. Daraus entstanden viele Jahre später die so genannten Heckrinder der Münchner oder Berliner Linie – die heutigen Auerochsen, die in ihrem äußeren Erscheinungsbild ihren Vorfahren zu etwa 99 Prozent entsprechen. Klaus Zimmerhäckel züchtet Tiere der Berliner Linie, deren internationales Zuchtbuch auch vom bekannten Berliner Tierparkdirektor Professor Dathe geführt wurde. Den Zweiten Weltkrieg überlebten gerade 50 Exemplare. Heute existieren wieder tausend Tiere in Deutschland, Niederlande, Frankreich, Tschechien, Schweden, Österreich, Belgien, Schweiz. Häufig werden sie zu Naturschutzzwecken eingesetzt.

Schwimmende Baufirma
Bei Torgau tummeln sich die Elbebiber

Mit dem Bau von soliden Dämmen schafft der Biber Überschwemmungsgebiete und sorgt so dafür, dass sein Bau immer wenigstens einen halben Meter tief im Wasser liegt.

Biber sind unermüdliche Bauherren. Ihre Ingenieurkunst überrascht immer wieder.

Ein Hauch des kommenden Winters ist schon über die Felder gestrichen. Reif liegt auf der schwarzbraunen Erde und die Luft riecht nach Frost. Die Morgensonne tastet nur zögernd über die Elbauenlandschaft bei Torgau, als wisse sie nicht, ob sie heute noch einmal das Regiment führen soll. Hier in dieser flachen Landschaft, wo Wälder rar sind und der Blick über ausgedehnte Felder und Wiesen und über Gebüsche und Gehölze immer wieder an Dörfern und Industrieanlagen hängenbleibt, ist die Heimat der sächsischen Elbebiber. Rund 140 der insgesamt etwa 200 bis 300 sächsischen Elbebiber leben im Landkreis Torgau, viele von ihnen im 320 Hektar großen Naturschutzgebiet „Großer Teich".

Bibergebiet

Der Lärm der Straße verebbt irgendwo auf dem Waldweg Richtung See. Mücken spielen in der Sonne, Karpfen platschen nahe dem Ufer im Schilf herum. Hier ist Bibergebiet. Die Spuren des größten europäischen Nagetieres sind schnell entdeckt. Ein Graben längs des Weges ist angestaut. Kunstvoll hat der Biber einen Damm errichtet, armstarke Äste und Zweige fest verankert, etwa 1,5 Meter hoch aufgetürmt. Das Bauwerk hält erstaunlich dicht. Mit Schlamm, Blättern, selbst faustgroßen Steinen und Pflanzenresten verstopft der Biber die Fugen und Ritzen. Der Staudamm trägt einen erwachsenen Menschen.

Biber sind unermüdliche Bauherren. Ihre Ingenieurkunst überrascht immer wieder. Zielgerichtet schafft sich der bis 1,30 Meter lange Biber seinen eigenen Lebensraum, einzigartig unter den Tieren. Mit seinen Holzdämmen staut er Wasserläufe an und schafft Überschwemmungsräume. Biber gelangen am liebsten schwimmend an ihre Nahrungsräume, die kräftigen Tiere schrecken auch nicht davor zurück, selbst Gräben auszuheben. Er reguliert die Bäche und Flüsse und sucht sich dabei die günstigste Stelle für seinen Dammbau und die beabsichtigte Überschwemmung. Selbst Probebauten sind schon beobachtet worden, mit denen der Biber die Wirkung eines Staudammes an dieser oder jener Stelle regelrecht testet. 80 Meter misst der längste Biberdamm im Landkreis, 60 Zentimeter hoch haben die fleißigen Nager Holz und Schlamm aufgetürmt. Mit seiner Kunst ist der Biber quasi eine Baufirma für Hunderte verschiedene Tierarten, die in den von ihm geschaffenen Biotopen leben. Das Naturschutzgebiet „Großer Teich" ist Brutgebiet für über hundert verschiedene Vogelarten, weitere hundert Vogelarten rasten hier auf ihren Zügen.

Wildgänse kommen zu Zehntausenden, die seltenen Seeadler und Kraniche haben im Landkreis Torgau sogar schon gebrütet. Frösche, Kröten, Schlangen oder seltene Fische finden in der vom Biber geformten Landschaft ebenso ein Zuhause wie die vom Aussterben bedrohten Fischotter. Vom schilfumstandenen See schallen Rufe herüber, trompetend, knarrend, pfeifend. Hunderte Blesshühner, Haubentaucher, Enten und Möwen tummeln sich auf der Wasserfläche. Majestätisch ziehen Dutzende Schwäne ihre Bahn, viele noch im grauen Federkleid der Jungvögel. Kormorane lauern auf Beute und ein Schwarm Graureiher steht auf einer benachbarten Wiese und äugt misstrauisch.

Emsige Nager

Um einige Eichen- und Birkenstämme am Seeufer ist Maschendraht gewickelt. Hier ist Schluss für den emsigen Nager. Biber schrecken selbst vor einem halben Meter dicken Eichenstamm nicht zurück. Tagelang nagen sie, auf ihren breiten Schwanz gestützt. Selbst wenn sie so starke Bäume häufig nicht zum Umstürzen bringen, so betreibt der Biber doch Zahnpflege: Seine Nagezähne – vier starke orangefarbene Keile – wachsen ständig nach und müssen deshalb in Aktion bleiben. Später finden wir auch frische Nagespuren. Gewaltig müssen die Hauer am Holz zu Werke gegangen sein – große Späne liegen um die frisch niedergemachte Birke. Jetzt im Herbst ist für die Biber Zeit, für den Wintervorrat zu sorgen. In der Nähe des Baues legt er unter Wasser Nahrungsflöße an, mehrere Meter große Holzstapel, an denen er sich im Winter bedienen kann. Zwanzig Stunden am Tag wird der Nager in der kalten Jahreszeit schlafend und dösend in seinem Bau verbringen. Dabei kann er auch seine Körpertemperatur verringern, um den Stoffwechsel zu verlangsamen. Trotzdem verliert der Biber im Winter bis zu einem Drittel seines Körpergewichtes, das bei ausgewachsenen Tieren im Durchschnitt immerhin 25 Kilogramm beträgt. Selbst ein 46 Kilo schwerer Biber wurde schon gefunden. Beim

Anfuttern der Pfunde sind die reinen Vegetarier nicht wählerisch. Über 150 verschiedene Planzensorten stehen auf seinem Speisezettel. Ob Kräuter und Gräser, Mais, Raps oder Zuckerrüben, Äpfel oder Birnen. Und natürlich Baumrinde. Die Biber lockt Weichholz. Pappel, Weide, Birke oder Esche. Erlen mag der Biber weniger, dafür interessieren sich einige Spezialisten gar für die harzige Kiefer. Nur größere Bäume versucht er direkt durchzunagen. In kleinere Bäume bis etwa 20 Zentimeter Durchmesser schneidet der Biber zwei aufeinanderstehende Kegel, bis der Baum schließlich an der dünnsten Stelle bricht. Wohin der Baum fällt, kann der Nager eigentlich nicht koordinieren. So fand man auch schon Biber, die von ihrem umstürzenden Mittagsmahl erschlagen wurden.

Ganz in Familie

Ist ein Baum erst gefällt, trennt der Biber Äste und Kronen ab und schleppt sie zum Wasser. Dort, am Rande eines Baches oder Teiches hat er seinen Bibersitz, wo er in Ruhe fressen kann, aber bei einem Anzeichen von Gefahr auch sofort verschwindet. Den Graben entlang taucht ein weiterer Damm auf. Der seltene Eisvogel huscht durchs Gebüsch. Jenseits des Grabens, hinter einem breiten Randstreifen, tuckert ein Traktor übers Feld. Rüttelnd lauert ein Falke auf Beute. Die Biberburg ist nicht mehr weit. Der letzte Damm sorgt für einen stetigen Wasserstand von mindestens einem halben Meter an der Biberbehausung. Der Eingang zur Biberburg liegt immer unter Wasser, eine Vorsichtsmaßnahme. Wo Weidengebüsch und Birkengehölz das Ufer säumen und das Wasser in dämmriges Halbdunkel tauchen, steht die Burg. Ein Berg zum Teil armstarker Äste türmt sich auf das Ufer hinauf, scheinbar wahllos durcheinander.

Elbebiber leben fast immer in Erdhöhlen. Vier bis fünf Meter tief gräbt der Biber seine Gänge ins Ufer, baut dort einen zum Teil mehrere Quadratmeter großen Wohnkessel. Stürzt die Erdhöhle ein, türmt der Biber aus Ästen und Zweigen ein neues Dach. Holzburgen legt er dort an, wo er nicht graben kann. Oft unterhält eine Familie auch mehrere Erdwohnungen oder Burgen. An diesen Bauten und an den Dämmen haben die emsigen Nager ständig etwas auszubessern. Biber sind Familientiere. Oft leben mehrere Generationen in einem Revier zusammen.

Selbst halbe Meter dicke Eichen sind vor den starken, keilförmigen Zähnen der Biber nicht sicher.

Meist sind es neben den Eltern und den Jungtieren auch noch die Jungtiere vom vergangenen Jahr. Erst wenn erneut Nachwuchs kommt – Elbebiber haben zwei bis drei, manchmal auch vier Junge – müssen die Ältesten weichen und sich ein eigenes Revier suchen. Dass für sie kein Platz mehr ist, machen die Alten dem Nachwuchs auch schon mal mit den Zähnen klar. Doch ansonsten kümmern sich beide Eltern rührend um ihre Jungen. In den ersten zwei Monaten sind sie nie allein, ein Elternteil oder Geschwister bleiben immer bei den Kleinen im Bau. Und doch lauern viele Gefahren auf die Jungbiber. Nur etwa die Hälfte erreicht die Geschlechtsreife mit drei Jahren. So kosten etwa schwere Frühjahrshochwässer immer wieder etlichen Jungbibern das Leben.

Hervorragende Schwimmer

Biberehen halten oft jahrelang. Doch bisweilen schaut sich der eine oder andere Partner schon mal nach einem neuen Gefährten um. Dabei kann es auch zu schweren Kämpfen zwischen den Bibern kommen, etwa wenn einer die Burg eines anderen besetzt oder in dessen Revier eindringt. Das kann selbst mit dem Tod eines der Rivalen enden, Biberzähne sind auch fürchterliche Waffen. Der Abend kündigt sich an. Plötzlich taucht ein Kopf aus dem Wasser, schräg nach oben hält der Biber seine Nase in den Wind. Der Rücken ragt nur flach aus dem Wasser heraus. Ein weiter Biber taucht auf. Beide schwimmen scheinbar ziellos, so als wollten sie sich erst einmal einen Überblick verschaffen, was vor ihrer Burg vorgeht. Geräuschlos taucht einer der Biber ab.

Mit einem plötzlichen lauten Knall verschwindet der zweite. Vermutlich als Warnsignal vor einer möglichen Gefahr schlagen Biber mit dem starken, etwa 30 Zentimeter langen und zehn Zentimeter breiten Schwanz – der Kelle – manchmal vor dem Abtauchen aufs Wasser. Die Biber sind ihrem Lebensraum hervorragend angepasst. Groß wie eine Kinderhand, mit Schwimmhäuten versehen, treiben die Hinterfüße den Biber beim Schwimmen mächtig voran. Die kleineren Vorderpfoten haben keine Schwimmhäute, sie sind zum Graben und zum Greifen geeignet. Der Biberschwanz arbeitet wie ein Ruder. Bis 30 Kilometer pro Stunde erreicht ein Biber schwimmend, an Land sind die Tiere dagegen eher tolpatschig.

Doch das Wasser ist ihr Element. Bis zu 20 Minuten kann der Biber unter Wasser ausharren, dabei klappt er seine kleinen Ohren an und verschließt sie so und zieht eine Art Nickhaut über seine dunklen Knopfaugen.

Gegen Kälte und Frost schützt ihn ein dichter Pelz, 2000 Haare pro Quadratzentimeter wachsen am Bauch, ein Drittel mehr als auf dem Rücken. Biber betreiben eine aufwendige Körperpflege. Mit einer Putzkralle am Hinterfuß reinigen sie den Pelz, fetten die Haare gegen Wasser und Kälte gründlich ein. Ihr Pelz und das Bibergeil, ein Sekret, mit dem die Tiere ihr Revier markieren, wären dem Nager fast zum Verhängnis geworden. Die friedlichen Tiere, die sich nur bei einem Angriff mit den messerscharfen Zähnen verteidigen, wurden in Europa gnadenlos verfolgt. Jahrhundertelang trugen Honoratioren im Winter warme Biberpelze, dem Bibergeil schrieben die Quacksalber des Mittelalters wundersame Heilkräfte zu. Und bis in das vergangene Jahrhundert hinein erklärten Mönche das Säugetier wegen seines schuppigen Schwanzes zu einem Fisch – und so landete sein Fleisch zu Fastentagen auf dem Tisch.

Braten, Pelze, Bibergeil

Als der Mensch begann, dem Biber nachzustellen, brachen für ihn schwere Zeiten an. Heute gehören Biber zu den vom Aussterben bedrohten Arten in Europa. Dabei sahen die ersten Biber möglicherweise noch die letzten Dinosaurier aussterben, zählten Säbelzahntiger und Mammut zu ihren Zeitgenossen. Fossile Funde belegen, dass Biber seit 60 Millionen Jahren die Erde bevölkern. Doch vor etlichen Jahren gab es nur noch 200 Biber in Deutschland, heute sind es etwa 2 500 Biber, von denen allein 80 Prozent an den noch unverbauten Flüssen, Bächen und Seen in Ostdeutschland zu Hause sind. Biber kommen selbst mit einer schlechten Wasserqualität klar. Wo Fische nicht mehr leben können, kann der Biber immer noch ausharren. So leben direkt an der Elbe Biber, die den Fluss zur Nahrungssuche überqueren. Wird jedoch der Lebensraum der Biber zerstört – werden Bäche melioriert, Feuchtgebiete trockengelegt oder Auen vernichtet – hat auch der fleißige Baumeister keine Chance mehr.

Die Kobolde der Nacht
Bilche verschlafen den ganzen Tag

Die sächsischen Siebenschläfer verschlafen nicht sieben, sondern acht Monate. Das Klima ist ihnen im Gegensatz zum Rheintal etwas zu rau.

Beinahe zwei Meter hoch über dem Erdboden hängt der Nistkasten im Fichtendickicht. Er wirkt verlassen. In dem kleinen Gehölzstreifen neben dem Feldweg singen keine Vögel. Und doch ist in dem Nistkasten ein Nest. Kugelrund ist es, ein Ball aus Blättern und längst vertrockneten Gräsern. Sorgsam gespleißt von winzigen, messerscharfen Zähnchen. Geschickt verwoben von rosaroten Pfoten. Das Nest ist das Werk einer Haselmaus. Genauer gesagt eines Haselmäuserichs, der es sich im Inneren seines Nestes bequem gemacht hat. Solange die Sonne scheint, liegt der kleine Kerl selbst zur Kugel zusammengerollt in seiner Behausung. Erst wenn die Dunkelheit einsetzt, wacht er auf und geht auf seine nächtliche Wanderschaft. Tagsüber dagegen ist Schlafenszeit. Schon deshalb kennt kaum jemand die kleinen Nager mit dem irreführenden Namen. Eine Maus ist die Haselmaus nämlich nicht. Sie gehört zur Familie der Bilche oder auch Schläfer. Eng verwandt mit der Haselmaus sind Gartenschläfer und Siebenschläfer. Sie alle kommen in Sachsen vor. Nur der vierte im Bunde, der Baumschläfer, ist in Deutschland lediglich im bayerischen Wald heimisch. Mit Mäusen haben die drei nächtlichen Kobolde genauso viel zu tun wie mit Stachelschweinen oder Bibern. Sie sind alle Nagetiere. Ihr Aussehen freilich hat den possierlichen Haselmäusen ihren Namen eingetragen. Nur daumengroß ist ihr Körper. Aus großen, runden Knopfaugen guckt die Haselmaus in die Welt. Die halbrunden Ohren sind fast im goldbraunen Fell verschwunden. Das Verhalten der Haselmaus allerdings ist typisch für einen Schläfer. Erst Anfang Mai ist sie aus dem Winterschlaf erwacht. Keiner Maus würde einfallen, in Winterschlaf zu gehen.

Die Haselmaus turnt im Gestrüpp

Flink greifen die rosa Pfötchen nach den kleinen Fichtenzweigen. Behende klettert die Haselmaus den Ast hinauf, springt schließlich auf den Boden, geschickt mit dem Schwanz steuernd und die Balance haltend. Mit zwei Sätzen hopst sie zum Stamm des Baumes und rast ihn hinauf. Kurz darauf ist sie in der Krone verschwunden. Haselmäuse sind geschickte Kletterer. Fast nie sind sie auf dem Boden anzutreffen. Wo Brombeerranken ein Dickicht bilden, Himbeeren und Sträucher sich zwischen Fichten und Eichen schieben, turnt die Haselmaus. Die Strauchschicht aber ist nicht nur ein ideales Versteck. Sie bietet auch Nahrung. Im Frühjahr Pollen, Knospen und Blüten. Auch Insekten verschmäht die Haselmaus nicht. Selbst ein Vogelei ist willkommene Nahrung – die für die Haselmaus freilich selten zu bekommen ist. Erst im Spätsommer und im Herbst quillt die Speisekammer der Haselmaus förmlich über. Und von wegen – die süßesten Früchte essen nur die großen Tiere! Mit Himbeeren, Brombeeren, Wildkirschen, Schlehen und später natürlich Haselnüssen stopft sich der kleine Kerl voll, um ordentlich Speck für den Winterschlaf zuzulegen. Artig nimmt die Haselmaus die noch grüne Nuss in die Vorderpfoten, setzt sich hin und beginnt mit der Arbeit. Zunächst muss die Nuss ja geöffnet werden. Mit den Pfoten wird sie deshalb an die Nagezähne gehalten und gedreht. Wie mit einer Drehmaschine arbeitet sich die Haselmaus in die Nuss vor. Ist das Loch groß genug, wird die Frucht einfach herausgeknabbert. In Wäldern nahe Görlitz zum Beispiel findet die Haselmaus noch günstige Lebensräume. Im Hochwald mit seinen glatten Fichtenstämmen – ohne Sträucher und Büsche – hat sie keine Überlebenschance. In der Oberlausitz aber wurde viel Mittelwaldwirtschaft getrieben. Das heißt, große Bäume blieben stehen, beispielsweise Eichen. Kleinere Bäume und Sträucher aber wurden etwa alle 20 Jahre abgesägt, um Feuerholz zu gewinnen. Diese Art Waldbewirtschaftung ließ Licht auf den Boden und eine große Artenvielfalt gedeihen. Die Haselmäuse profitieren davon bis heute.

Auf dünnen Zweigen vor Feinden sicher

Dennoch sind sie selten geworden. In der Oberlausitz, in der Sächsischen Schweiz, im Erzgebirge und im Leipziger Raum leben die kleinen Nager noch. Der Verlust der Lebensräume macht ihnen zu schaffen. Zwar haben Haselmäuse auch genügend Feinde. Eulen fliegen nachts lautlos durch die Gegend, Wiesel und Hermelin schleichen durchs Gebüsch. Doch das Leichtgewicht Haselmaus versteckt sich im Brombeergestrüppp, turnt auf den dünnsten Zweigen, dort wo kein Feind folgen kann. Wenn sie doch flieht, dann rasend schnell. Viele ihrer Wege in luftiger Höhe kennt sie offenbar auswendig. Haselmäuse stürzen förmlich durchs Gebüsch: Über

Haselmäuse sind geschickte Turner. Auf den Boden gehen sie nur selten.

eine quer liegende Brombeerranke, die Himbeerruten hinauf, den ausladenden Ast eines Haselstrauches entlang bis zu ihrem Nest, gebaut in einer Astgabel oder in dichtem Gesträuch. Nicht selten hat eine Haselmaus gleich mehrere dieser kugelrunden Nester, die sie abwechselnd bewohnt. Ist sie drinnen, dann verschließt sie den Eingang mit einem Blatt und etwas Gras und macht es sich gemütlich.

Im Juni wirft die Haselmaus ihre Jungen. Zwei bis sieben, im Durchschnitt aber vier. Nicht mal ein Gramm schwer ist ein Haselmaus-Baby. Die Kleinen wachsen aber zügig voran, marschieren schon nach ein paar Wochen ihrer Mutter hinterher über Ranken und Zweige ans Obstbuffet. Die Haselmausmutter räumt schließlich die gemeinsame Wohnung und überlässt die Behausung den Geschwistern. Sie selbst sucht sich ein neues Domizil. Haselmäuse bekommen normalerweise nur einmal im Jahr Nachwuchs. Nur wenn es sehr wenige Tiere gibt, dann können die Weibchen im September ein zweites Mal Junge werfen. Die aber kommen nur durch, wenn es einen sonnigen, warmen Herbst mit viel Nahrung gibt. Sonst überleben sie den Winter nicht. Für den Winter brauchen die Haselmäuse nämlich eine ordentliche Speckschicht. Ein Drittel bis die Hälfte ihres Körpergewichts verlieren sie in der kalten Jahreszeit. Haselmäuse kühlen ihre Körpertemperatur von 36 Grad Celsius auf vier Grad ab, verbrauchen so weniger Energie. Unter Steinen, in den Wurzelballen umgestürzter Bäume, sind sie vor grimmigem Frost geschützt. Ein paarmal wachen sie auf, heizen ihre Körpertemperatur wieder hoch, um alsbald wieder in Schlaf zu fallen. Eine halbe Stunde nur brauchen Haselmäuse zum Aufheizen, zwei bis drei Stunden zum Abkühlen ihrer Körpertemperatur. Das nutzen sie auch im Sommer. Wird es da mal empfindlich kühl, geht die Haselmaus einfach pennen. Schlechtes Wetter wird verschlafen. Die Haselmaus kann dann einfach ihre Körpertemperatur der Außentemperatur anpassen. Da die Haselmaus dieses Können mit ihren Verwandten teilt, ist klar, woher deren Namen stammen – Gartenschläfer und Siebenschläfer. Trotzdem sind auch diese Namen irreführend. Der Siebenschläfer, der größte der drei Bilche, ist auch die größte Schlafmütze. Nur dass er in Sachsen acht Monate des Jahres verschläft – hier also Achtschläfer heißen müsste. Und der Gartenschläfer denkt im Freistaat nicht daran, in Gärten zu nächtigen. Ihn gibt es nur noch in der Sächsischen Schweiz, wo er zwischen Felsen haust und im Erzgebirge. Der Gartenschläfer ist der seltenste der drei in Sachsen, der Siebenschläfer der häufigste. In der Sächsischen Schweiz ist die Population der Gartenschläfer stark zurückgegangen. Nicht selten hatten Kletterer Begegnungen mit den Gartenschläfern. Die besuchten immer gern die Boofen, hopsten dabei ungeniert über Schlafsäcke von Bergsteigern und taten sich an Proviant von Wanderern gütlich. Ihre Erfahrungen beschrieben Bergsteiger in einem Boofenbuch wie folgt: „Nach umfangreichen Untersuchungen betreffend Lebens- und Ernährungsgewohnheiten der Bilche können wir mit großer Sicherheit sagen: Der Bilch lebt hauptsächlich von Bitterschokolade und Weizenäpfeln und ruhestörendem Lärm." Solche Erfahrungen sind in den letzten Jahren rar geworden. Gartenschläfer haben es in Wahrheit vor allem auf Insekten abgesehen. Spinnen, Raupen und Falter sammeln sie zwischen den Felsen ein. Auch Samen oder Beeren werden nicht verschmäht.

Untereinander sind die flinken und gewandten Gartenschläfer mit der Batman-Maske und den großen Ohren bei weitem nicht so nett zueinander wie Haselmäuse. Während die so sanftmütig sind, dass sie selbst Menschen nur ganz selten beißen, wenn die sie fangen, sind Gartenschläfer unverträglich. Mehrfach wurde beobachtet, dass Alttiere Jungtiere vertrieben und bissen, wenn es Zank um Futter gab. Siebenschläfer wurden im Altertum geschätzt. Die Römer hielten die Tiere in Tonkrügen und mästeten sie. Immerhin 300 Gramm brachte ein fetter Siebenschläfer in die Pfanne. Auch ihr Fett war begehrt: Daraus wurde ein Öl gewonnen, das bei Hautkrankheiten helfen soll. In Kroatien werden Siebenschläfer noch heute gefangen und verzehrt.

Vom Schwanz kann man sich trennen

Im Rheintal oder in Norditalien sind Siebenschläfer weniger beliebt. In Italien machen sie Nutella-Liebhabern Konkurrenz. Hier, wo die riesigen Haselnussplantagen für den Brotaufstrich wachsen, holt sich der Siebenschläfer seinen Anteil. Manchmal bis zu einem Viertel der Ernte. Im milden Klima am Rhein sind Sieben- und Gartenschläfer gefürchtete Obsträuber – sie kommen hier außerordentlich häufig vor. Dem Menschen haben sie sich gut angepasst. Gartenschläfer wurden schon im 17. Stock eines Hochhauses entdeckt. Nicht weniger als 55 Gartenschläfer schließlich wurden in der Wohnung eines alten Mannes entdeckt, der sich ständig über Lärm und Geräusche beschwerte. Kein Wunder. Die Tierchen hausten in Vasen, im Sofa oder hinter Möbeln.

In Sachsen kommt der aschgraue Siebenschläfer in der Sächsischen Schweiz, südöstlich von Leipzig, im Elbtal und in der Westlausitz vor. Bis 20 Zentimeter lang wird der Körper des Siebenschläfers, sein buschiger Schwanz etwa 18 Zentimeter lang. Im Gegensatz zu seinen Verwandten ist der Siebenschläfer geschwätzig. Ihn hört man zur Ranzzeit in alten Obstbäumen keckern, grunzen, murmeln, pfeifen und quietschen. Die vier Monate im Jahr, die der Siebenschläfer nicht in seeligem Schlummer in tief gegrabenen Erdhöhlen verbringt, vertreibt er sich mit Fressen und der Jungenaufzucht. Ihm haben es vor allem Bucheckern angetan. Noch eine Besonderheit ist den drei Bilchen zu eigen. Sie können sich im Bedarfsfall von ihrem Schwanz trennen. Wird der gepackt, so stoßen sie die dünne Haut und das Muskelgewebe in Sekundenschnelle ab. Während der Jäger diese Trophäe behält, flitzen Haselmaus, Gartenschläfer und Siebenschläfer mit dem Schwanzskelett davon. Das wird dann abgeknabbert. Die Wunde vernarbt schnell und fortan geht es ohne Schwanz weiter. Das ist zwar ein Handicap für die gewandten Kletterer, die mit dem Schwanz die Balance halten. Aber immer noch besser ohne Schwanz als ohne Kopf.

Die schwarzen Ritter
Noch etwa 300 Birkhühner leben in Sachsen

Fahles Dämmerlicht kündigt den neuen Tag an. Schon schälen sich die Konturen der Landschaft aus der dunklen Nacht. Die Straße windet sich zwischen monotonen Fichtenwäldern hinauf zum Kamm des Osterzgebirges. Ein Fuchs springt über die Straße, äugt kurz und verschwindet im Wald. Sein nächtlicher Beutezug geht zu Ende, nun sucht er den schützenden Bau auf. Für die Tiere, denen wir auf der Spur sind, beginnt mit dem Morgengrauen wieder das Dasein. Und zwar eine besonders intensive Phase. Es ist Balzzeit für die Birkhähne. Bis etwa Mitte Mai nehmen sie jeden Morgen eifersüchtig ihr Revier ein, singen ihr Liebeslied und führen ihren Tanz auf.

Die Birkhühner sind die letzten überlebenden Rauhfußhühner in Sachsen. Ihre kleineren Verwandten, die Haselhühner und die viel stattlicheren Auerhühner, sind ausgestorben. Die Birkhühner aber auf dem Kamm des Erzgebirges haben bis heute überlebt. Zum Teil im tschechischen, zum Teil im sächsischen Gebiet: Grenzen existieren für sie nicht.

Morgenröte flattert über dem Horizont, der Sonnenaufgang steht bevor. Wir sind am Ziel, unmittelbar an der Grenze. Doch die bleibt nur eine gedachte Linie. Hier auf dem Kamm breitet sich das Land fast eben aus. Dichten, hohen Fichtenwald gibt es nur in der Ferne. Das Terrain hier ist offen. Junge, nur wenige Meter hohe Birken, Lärchen, Fichten und ein paar Ebereschen stehen in lockeren Gruppen. Am Boden schieben sich Gräser und Kräuter saftig grün durch die braune, vertrocknete Decke der Vorjahresgräser. Hier ist der Lebensraum der Birkhühner.

Katastrophenhühner

„Katastrophenhühner" sagen manche. Wo der dichte Wald zu Grunde gegangen ist – sei es durch Feuer oder einen Sturm – und die Natur ihren ewigen Kreislauf von vorn beginnt, finden Birkhühner ihren Lebensraum.

Vom Morgengrauen bis in den hellen Vormittag hinein
tanzen die Birkhähne während der Balz im Frühjahr.

Locker mit wenigen Bäumen bestandene Flächen, Waldrandzonen. Die Birkhühner auf dem Kamm des Erzgebirges profitierten so vom Kahlschlag, dem viele Hektar zum Opfer fielen. Wenn der Wald Jahrzehnte später wieder dicht herangewachsen ist, dann bietet er Lebensraum für die scheuen Haselhühner. In einem alten Wald wiederum, wo stattliche Bäume weitläufig wachsen und viel Platz lassen, leben die Auerhühner. Schon mit dem ersten Dämmerschein ist die Vogelwelt hier erwacht. Das Birkhuhn teilt sich den Lebensraum mit Fittis- und Weidenlaubsänger, Bluthänfling, Braunkehlchen oder Birkenzeisig. Die munteren Gesellen zwitschern schon im Morgengrauen von Baum zu Baum.

Lauter Gesang

Weithin ist der Gesang des Birkhahns zu hören. Kaum sind wir aus dem Auto gestiegen, übertönt er alle anderen Geräusche. Tiefe, dunkle Töne, rasch hintereinander ausgestoßen – das Kullern des Birkhahns. Noch klingt es weit entfernt, und den Standort des Vogels auszumachen, ist trotz seines Liedes schwer. Die tiefen Töne schützen den Birkhahn vor Entdeckung. Bis zu drei Kilometer weit ist sein Kullern bei günstigem Wetter zu hören. Den Körper gestreckt, den Kopf nach vorn gereckt, steht der Hahn in seinem Revier oder schreitet in kleinen Schritten vorwärts. Manchmal sitzt er auch auf einem Baum. Schon am Abend vorher ist er hier eingetroffen, um am Morgen bis in den Vormittag hinein sein Liebesritual zu pflegen. Jahrzehnte- gar jahrhundertelang haben die Balzplätze Bestand. Hier finden sich die Hähne der Umgebung ein. In unsichtbaren Grenzen verlaufen die Reviere auf dem Gelände, doch jeder Hahn weiß genau, wo Nachbars Territorium beginnt. Dabei werden die Reviere immer wieder von denselben Hähnen besetzt. Die stärksten und prächtigsten halten die Mitte des Balzplatzes, die schwächeren Hähne müssen mit den weniger attraktiven Plätzen am Rande vorliebnehmen. Nur wenn ein Hahn ausfällt, haben die Jungen eine Chance, nachzurücken.

Nicht selten geraten die Nachbarn auch aneinander. „Schwarze Ritter" werden die Birkhähne genannt. Scheint die Sonne auf ihr schwarzbraunes und violett schimmerndes Gefieder, so glänzt es mattschimmernd wie flüssiger Stahl. Und wie unsere Altvorderen im Turnier gebärden sie sich. Sie schreiten – jeder an seiner Reviergrenze – nebeneinander her. Dabei stellen sie ihre ganze Pracht zur Schau, fächern die Schwanzfedern und schleifen mit den Flügeln durchs Gras. Seltener kommt es zu Kämpfen zwischen den Hähnen, die meist glimpflich enden. Dann springen sie gegeneinander und versuchen, nach den roten großen Augenbrauen des Gegners zu hakken.

Henne trifft die Auswahl

Doch solche prächtigen Schaukämpfe sind selten geworden. In ganz Mitteleuropa sind Birkhühner drastisch im Rückgang begriffen. So stark die Hähne bei ihrem Balzverhalten auch wirken – dem Verlust ihrer Lebensräume haben sie nichts entgegenzusetzen. In Deutschland hat einzig Sachsen eine leichte Zunahme der Birkhühner zu verzeichnen, in anderen Regionen sind sie ganz ausgestorben oder stark rückläufig. Etwa 300 Tiere leben noch in Sachsen, einige in den Heiden im Nordosten des Regierungsbezirkes Dresden, die meisten auf dem Kamm des Erzgebirges. Dabei sind sie in der Lage, durchaus Jahrzehnte auf niedrigstem Niveau zu existieren. Sind die Bedingungen günstig, sind sie wieder da. Hier im Osterzgebirge waren die Birkhühner in den 80er Jahren fast verschwunden, nur auf tschechischer Seite hielt sich eine kleine Population. Nachdem ihre typischen Lebensräume vom Forst und anderen Einflüssen nicht mehr so gestört waren, sind nun wieder über 20 Tiere heimisch. Sind sie aber ganz ausgestorben, ist eine Rückkehr unwahrscheinlich. Zwar sind die Birkhühner gute Flieger, aber relativ standorttreu.

Zwei Hähne balzen auf dem Platz, dem wir uns langsam und leise nähern. Noch ist von ihnen nichts zu sehen. Nur das Kullern des einen wird lauter. Danach folgt ein lautes Zischen, begleitet von einem Sprung in die Luft oder einem kurzen Flug, bei dem sich der Hahn herumwirft und seine weißen Federn am Schwanz und an den Flügeln aufblitzen lässt. Obwohl die Hennen kleiner sind und in einem schlichten Braun gefärbt, obliegt ihnen die Auswahl. Einige Tage beobachten sie das Geschehen, halten Ausschau nach den stolzen und prächtigen Hähnen, die sich dort produzieren. Haben sie sich für einen entschieden, fliegen sie in sein Revier. Dann gerät der Hahn aus dem Häuschen, tief schleifen seine Flügel über den Boden,

Schwanz und Gefieder werden gespreizt, um seine ganze Pracht zu demonstrieren. Die Henne will umworben werden, bevor sie sich begatten lässt. Danach verschwindet sie und legt am Boden an einem verschwiegenen Platz sechs bis acht Eier. Nur wenn sie ihr Gelege einbüßt, weil etwa ein Fuchs sich über die Eier hermacht, fliegt sie noch einmal zurück an den Balzplatz, wo sich die Hähne unverdrossen weiter produzieren.

Wachsen ist oberste Pflicht

Im Juni schlüpfen die Küken. Sich lange im Nest zu kuscheln, bleibt keine Zeit, zu viele Feinde haben die jungen Birkhühner. Um die Aufzucht kümmert sich allein die Henne. Sie wärmt die Küken und führt sie auf Nahrungssuche, bevorzugt in insektenreiche Heidelbeer- oder Grasgefilde. Die oberste Pflicht der Küken ist zu wachsen. In den ersten sechs Wochen ihres Lebens vermehren sie ihr Gewicht von 25 Gramm auf das 30-fache. Trotzdem sorgen schlechte Witterungsbedingungen, Kälteeinbrüche oder Feinde für eine Sterblichkeit von 80 Prozent unter den jungen Birkhühnern. Nach etwa drei Monaten haben die Überlebenden die Größe der erwachsenen Tiere erreicht. Etwa 1,5 Kilogramm schwer kann ein Hahn werden, die Hennen sind etwas kleiner und wiegen etwa ein Kilogramm. Fünf bis acht Lebensjahre liegen dann vor ihnen.

Junge müssen lernen

Bevor die harte Zeit des Winters anbricht, treffen sich die Hähne noch einmal zur Herbstbalz. Das Ganze ist nur ein Ritual und dennoch wichtig: Zum erstenmal sind die jungen Hähne dabei, wenn auch nur als Zuschauer. Sie lernen den Balzplatz kennen, hören die ausdauernden Gesänge der Alten und beobachten das Geschehen vom Rande aus. Besonders im Herbst tun sich die Vögel zusammen, bilden kleinere Trupps. Meist finden sich Hähne und Hennen in getrennten Gruppen zusammen. Der Winter ist harter Überlebenskampf für die Birkhühner, eine Zeit, in der sie nur schwer Nahrung finden. Die frischen Triebe und Knospen von Birken, Ebereschen, Lärchen und anderen Bäumen – sonst ihre Hauptnahrung –

Nur noch wenige dieser prächtigen Vögel leben auf dem Kamm des Erzgebirges, in den Ausläufern der Sächsischen Schweiz und im Nordosten Sachsens.

sind verschwunden. Im Winter sind sie gezwungen, Zwergsträucher, Gräser und Sämereien unter dem Schnee freizuscharren, um an Nahrung zu kommen. Zehenstifte und die befiederten Füße gestatten es ihnen, halbwegs über den Schnee zu laufen. Deshalb die Bezeichnung Rauhfußhühner. Sinken die Temperaturen unter vier Grad minus und wird die Schneedecke immer höher und der tägliche Nahrungserwerb immer schwieriger, dann graben sich die Birkhühner einfach ein.

Mit den Füßen den Schnee nach hinten wegscharrend, sinken die Birkhühner innerhalb einer Minute im Schnee ein. In der Höhe selber nehmen sie auch den Schnabel beim Graben zu Hilfe, bis sie vollständig vom Schnee verdeckt sind. Stundenlang harren sie hier aus, verlassen die Schneehöhle nur selten am Tag, um Nahrung aufzunehmen. Ihre Körperaktivitäten in der Schneehöhle sind dann gedrosselt – hier sind sie relativ sicher vor Feinden, und der Schnee wärmt. Störungen in dieser Zeit, etwa die Flucht vor einem Feind, kosten wertvolle Energie. Deshalb bleiben sie möglichst in ihrem Versteck, manchmal bis eine Skispitze sie berührt. Auch wenn Birkhühner zum Teil eine erstaunlich geringe Fluchtdistanz besitzen, gegen Störungen sind sie doch empfindlich. Als hier oben auf dem Kamm des Erzgebirges eine Telefonleitung gelegt wurde, fiel die Balz schlicht ins Wasser.

Druck auf den Ohren

Leise sind wir auf dem Feldweg vorangepirscht, stehen wir nun vor einem lockeren Lärchenwäldchen. Gar nicht mehr weit klingt das Kullern des Hahnes, Schritt um Schritt schleichen wir näher. Während des Kullerns füllt der Hahn einen Luftsack, ähnlich wie ein Frosch, und stößt die Luft in kurzen Intervallen aus. Das sorgt für das tiefe Geräusch. Es hilft aber auch uns, denn der gefüllte Luftsack drückt auf die Ohren und der Hahn hört uns womöglich nicht. Birkhühner haben nicht allzu viele natürliche Feinde. Habicht und Fuchs stellen den Tieren nach, doch mit gutem Gehör und scharfen Augen ausgestattet, kommen die Birkhühner ihren Feinden meist zuvor. Ein am Himmel fliegender Greifvogel wird mit schräggelegtem Kopf und einem Auge scharf fixiert. Mit zickzack rennen oder Deckung suchen, bringen sie sich in Sicherheit. Vor einem Fuchs flüchten die Birkhühner auch auf Bäume. Das nutzt ihnen nichts, wenn ihnen die Menschen nachstellen. So werden immer mal wieder Fälle bekannt, in denen deutsche Schießwütige auf der tschechischen Seite des Erzgebirges den vom Aussterben bedrohten Tieren nachstellen, um eine seltene Trophäe zu erbeuten.

Schwankender Ruheplatz

Gewöhnlich ziehen sich Birkhühner zum Schlafen auf einen Baum zurück. Dabei balancieren sie weit auf die Äste hinaus, soweit, dass der Ast ihr Gewicht gerade noch so tragen kann. So sind sie des Nachts geschützt vor Feinden, ein Marder etwa hat keine Chance, das Birkhuhn auf seinem schwankenden Ruheplatz zu erreichen. Meter um Meter haben wir uns vorgeschoben, immer die Deckung der kleinen Lärchen nutzend, vorsichtig bei jedem Schritt. Am Ende einer kleinen Wiese, neben einem mächtigen alten Baumstubben singt und tanzt der Birkhahn. Allein, die Hennen sitzen bereits auf den Eiern. Ein Geräusch muss uns dann doch verraten haben, der Birkhahn richtet sich wachsam empor und äugt in unsere Richtung. Dann scheint es ihm angemessen, die Distanz zu uns zu vergrößern. Mit starkem Flügelschlag schwingt er sich empor und fliegt nur wenige Meter über dem Boden davon. Wir ziehen uns leise zurück.

Geweihte Waldarbeiter

Elche wandern aus Polen in die Oberlausitz

Die Oberlausitz erhält immer
wieder Besuch der besonderen Art.

Zehn Schritte sind es bis zur Tundra. Vorbei an Ginsterhecken, die den Weg mit ihren dunkelgrünen nadelartigen Blättern und den letzten gelben Blüten säumen und eine Böschung hinunter, an der kleine Birken mit ihren Blättern rascheln. Der Boden wird feucht. Fein wie Porzellan reckt die Glockenheide ihre violetten Blütentrauben empor. Moorbärlapp kriecht in großen Kolonien über den Boden, wie zarte Fichtenzweige sehen die urtümlichen Pflanzen aus. Sonnentau streckt seine rötlichen Fangarme aus. An den kleinen Tentakeln glitzern Tropfen. Honig gaukeln sie vor, doch es ist ein Sekret, das hungrige Insekten fängt. So deckt die Fleisch fressende Pflanze ihren Nährstoffbedarf auf dem armen Boden.

Bettina Burkart kniet sich hin, streicht über den Bärlapp, begutachtet eine Wildschweinspur, die vorüberführt an einer flachen, vom Wind gekräuselten Wasserfläche. Frischgrün wachsen die Torfmoose, die im Laufe von Jahrhunderten ein Moor bilden, der Wassernabel reckt keck seine kreisrunden Blätter empor. Heidekraut blüht violett. „Willkommen in Skandinavien", sagt Bettina Burkart. Die junge Forstwissenschaftlerin zeigt die „nordische Landschaft" bei Niesky in der Oberlausitz. Ein ehemaliger Truppenübungsplatz, über den bis 1992 Panzerketten rasselten. Seit das Kriegsspiel eingestellt ist, tobt sich die Natur aus. Der rissige Betonweg am Eingang des Schießplatzes wird schon erobert. Birken nutzen kleinste Ritzen zum Wachsen, zwischen den grauen Platten zwängen sich Hornklee und Habichtskraut hervor.

Fressen im Namen der Wissenschaft

Für Peter Heyne ist die wuchernde Natur aber nicht nur erfreulich. Der Chef des Biosphärenreservates Oberlausitzer Heide- und Teichlandschaft beobachtet mit Sorge, wie sich der ehemalige Truppenübungsplatz verändert. Fast überall sprießen Birken, Kiefern und Pappeln hervor, einzeln und in Gruppen, manche schon bis vier Meter hoch. Sie erobern die Heide und die Tundra, verdrängen die seltenen Pflanzen, rauben ihnen Nahrung, Platz und Licht. Er ist froh, dass sich ein bundesweites Projekt dem Erhalt der Landschaft annimmt. Nicht mit Kettensäge und Axt soll den Birken zu Leibe gerückt werden. Die Waldarbeiter kommen aus Niedersachsen: Elche. Drei Jungtiere sind im Herbst 2001 aus einem Wildgatter in Neumünster anreisen. Im Namen der Wissenschaft machen sie sich seither über die Birken her. Die Universität Freiburg und andere Partner untersuchen im Auftrag des Bundesforschungsministeriums, wie solche seltenen offenen Landschaften auf Truppenübungsplätzen am besten zu erhalten sind. Die jungen Wissenschaftler Bettina Burkhard, Mirijam Gaertner und Michael Striese von der Freiburger Uni haben das Gelände intensiv untersucht. 300 Pflanzenarten haben sie auf dem Gelände gefunden, darunter 57 seltene und vom Aussterben bedrohte. Kraniche brüten, Sperbergrasmücke und Raubwürger, Schwarz- und Braunkehlchen leben hier. Die Himmelsziege schwebt über der Landschaft. Die seltene Bekassine trägt diesen wenig schmeichelhaften Beinamen. In der Balzzeit stürzen sich die Vögel im Sturzflug vom Himmel, ihre Schwanzfedern erzeugen dabei ein meckerndes Geräusch.

Die Idee mit den Elchen stammt von Peter Heyne. Sie ist nur auf den ersten Blick exotisch. Die Landschaft behagt den urtümlichen Pflanzenfressern. Eine polnische Elchkuh hat auf dem ehemaligen Truppenübungsplatz schon ein Jahr verbracht. Das Tier kam 1995 und blieb. Es bekam hier ein Kalb. Über ein Jahr lang zogen Mutter und Kind durch die Gegend. Heyne hat doe Wege der exotischen Durchzügler auf unbekannten Pfaden verfolgt, ihre Schicksale aufgespürt, soweit es ging. Der erste Elch in Ostdeutschland seit Menschengedenken tauchte 1958 im Spreewald auf und zog im Jahr darauf durch die Oberlausitz. Im Schrammsteingebiet in der Sächsischen Schweiz wurde er zuletzt gesehen. Seitdem kommen fast jährlich Elche nach Sachsen. Erst nur junge Bullen, später auch Elchkühe. Sie zogen fast alle auf uralten Pfaden – durch die Oberlausitz in die Sächsische Schweiz und dann die Elbe entlang.

Die Elche auf dem eingezäunten Truppenübungsplatz haben ein Halsband mit einem Sender bekommen, so dass sie jederzeit lokalisiert werden können. Sie sollen sich frei bewegen, aber doch unter Kontrolle bleiben. Der Naturschutz-Tierpark Görlitz wird die Betreuung der Tiere übernehmen. Der Hunger der Elche wird wissenschaftlich begleitet und ausgewertet. Laub, Zweige und Rinde von Bäumen gehören zur bevorzugten Nahrung der Tiere – zugefüttert werden soll nicht. Ihre Größe ermöglicht es den Elchen, selbst über drei Meter hohe Birken abzufressen. Bis zu 40 Kilogramm Weichhölzer und Sträucher vertilgt ein ausgewachsenes

An seinem Halsband trägt der Elch den Ortungsempfänger. So können die Tiere auf dem 150 Hektar großen Gelände gefunden werden.

Exemplar pro Tag. Über 300 Kilo schwer und drei Meter lang sind die nordischen Hirsche. Unterstützt werden sie von Schafen und Ziegen, die auf kleinen Weiden gehalten werden. Um an die Bodenvegetation zu kommen, müssten sich die hochbeinigen Elche hinknien. Deshalb sollen Schafe die Kräuter äsen, die Ziegen über die Strauchschicht herfallen, die Elche die Bäume kurzhalten. Michael Striese hofft, dass Ziegen und Elche auch kurzen Prozess mit einem Eindringling machen. Der Amerikanische Spierstrauch macht sich breit. Aus Gärten ausgebrochen, erobert der Strauch immer größere Teile der Landschaft, begräbt die einheimischen Pflanzen förmlich unter sich. Die Wissenschaftler von der Uni Freiburg kommen ins Schwärmen, wenn sie das Gelände zeigen. Trockene Heiden, auf denen Sandboden durchschimmert, wechseln sich ab mit stillen Wassergräben und glitzernden Seen, auf denen Teppiche von Seerosen treiben.

Die Elche werden sich zu Hause fühlen. Laubbäume und Wasser – diese Kombination liegt den urtümlichen Hirschen. Wenn sie nicht gerade Zweige und Blätter mampfen, gehen sie gern ins Wasser und naschen an Wasserpflanzen. Dank verschließbarer Nüstern können Elche sogar unter Wasser fressen – die massigen Tiere sind gute Schwimmer und Taucher. Eine Wiederansiedlung aber – darauf legt Peter Heyne Wert – ist das Ganze nicht. Nicht ausschließen will er, dass Elche, die frei aus Polen einwandern, irgendwann sesshaft werden können in der Lausitz, gerade auf den ehemaligen Truppenübungsplätzen. Die Ernährung der „Waldfresser" ist nicht das Problem. Allerdings werden Förster die Hände über dem Kopf zusammenschlagen. „Aber es fehlen die großen, störungsfreien Bereiche, die die Tiere benötigen", sagt Heyne. In Polen immerhin leben in allen Bezirken wieder Elche, insgesamt etwa 5 000 Tiere.

Das Elch-Projekt

Das Bundesministerium für Bildung und Forschung untersucht auf sechs ehemaligen oder in Betrieb befindlichen Truppenübungsplätzen, wie sich wertvolle, offene Landschaften erhalten lassen. Verschiedene Methoden sind der Einsatz von Feuer oder von Mähtechnik, aber auch von Haus- und Wildtieren. Auf dem ehemaligen Schießplatz bei Dauban in der Lausitz sind deshalb drei Elche als „Landschaftspfleger„ eingestellt, die von Ziegen und Schafen unterstützt werden.

Auf dem ehemaligen Schießplatz kommen viele kleine Gewässer in Abwechslung mit Heidegebieten und Sandrasen vor. Die Landschaft beherbergt 300 verschiedene Pflanzenarten, darunter den seltenen Sonnentau und den Moorbärlapp. Viele seltene oder vom Aussterben bedrohte Tiere finden hier noch einen Lebensraum, wie etwa der Brachpieper oder der Steinschmätzer. Hier brüten auch Kranich und Bekassine.

Das Projekt wird wissenschaftlich begleitet von der Universität Freiburg, der Technischen Universität Cottbus und dem Naturkundemuseum in Görlitz sowie unterstützt vom Bundesforstamt und der Bundesvermögensverwaltung, dem Biosphärenreservat Oberlausitzer Heide- und Teichlandschaft, dem Landschaftspflegeverband, dem Ziegenhof Zimpel und der Schäferei Wartha.

Einmal im Jahr wird gebadet

Erdkröten leben als Einzelgänger im Wald, auf Wiesen und in Gärten

So sind sie, die Herren. Die männlichen Erdkröten lassen sich von den größeren Weibchen zum Laichplatz tragen.

gen, Schnecken oder Asseln verschmäht die Kröte nicht. Sie verschlingt fast alle Insekten, derer sie habhaft werden kann. Raupen, die Borsten tragen, sind mitunter vor ihr sicher.

Viele Kröten stört offenbar die Kitzelei im Maul, stattdessen haben sie sogar Vorlieben für bestimmte Beutetiere entwickelt. Wenn die Mahlzeit unhandlich ist, verzichtet die Kröte auf ihre Klebezunge. Regenwürmer etwa packt sie mit dem Maul und hilft mit den Vorderfüßen beim Einschieben nach. Ganz ähnlich wie Spaghetti-Essen. Bei Gärtnern ist die Kröte oft nicht so unbeliebt, wie bei vielen anderen Zeitgenossen. Als biologische Schädlingsbekämpferin kann sie unter den Schnecken im Salat Beachtliches leisten. Und lässt man sie in Ruhe, stört sie auch keinen.

Erstaunlich ist das Alter, das Erdkröten erreichen können. Ein Tier wurde 36 und starb dann an den Folgen eines Unfalls. In freier Natur bringen sie es freilich nur selten aufs Höchstalter – Austrocknung, Feinde und Erfrieren stehen dem entgegen. Noch sind die Erdkröten relativ häufig. Mit ein wenig Rücksicht auf ihre Laichgewässer und ihre faszinierenden Wanderungen können wir dafür sorgen, dass das so bleibt.

VOLLER ABSCHEU

Viel Sympathie erfreute sich die Erdkröte im Mittelalter nicht. Sie galt zusammen mit Spinnenbeinen oder Tollkirschen als unbedingte Zutat für grässliche Tränke.

Voll Abscheu wurden Kröten jahrhundertelang erschlagen und zertreten. Allerlei Unsinn wurde ihnen nachgesagt. Nach der Berührung einer Kröte sollten sich Warzen auf der Haut bilden. Wer Wasser mit Krötenlaich trinke, müsse unerträgliche Schmerzen leiden, weil sich der Laich im Körper zu ausgewachsenen Tieren entwickele.

Krötengift war allerdings auch schon früh als Heilmittel bekannt. Im alten China war Erdkrötensekret als herztherapeutisches Mittel bekannt.

Auch in Europa gab es im 17. und 18. Jahrhundert Krötenextrakt in Apotheken. In der Homöopathie sind Erdkrötensekrete ebenfalls bekannt.

Mit vollen Taschen beim Hamstern

Feldhamster sind nicht nur in Sachsen vom Aussterben bedroht

Feldhamster wurden bis in die 70er Jahre als Schädlinge bekämpft. Sie zählen inzwischen zu den gefährdeten Tierarten.

Flach wie ein Bügelbrett sind die Fluren im Delitzscher Land. Weitgedehnte Felder, auf denen jetzt die Stoppeln in der Sonne leuchten, werden nur unterbrochen von Alleen und Gehölzen. Eine Agrarlandschaft wie viele. Und doch hat sie eine Besonderheit aufzuweisen. Hier – auf 40 bis 50 Quadratkilometer Fläche, zwischen den Dörfern Glesien, Wiedemar und Zwochen – leben Sachsens letzte Feldhamster. Nur einige hundert sind es noch. Dabei tummelten sich die Nager noch vor wenigen Jahrzehnten fast in ganz Sachsen. In der Lausitz, den Tälern der Sächsischen Schweiz, hinauf nach Freiberg und gar bis ins Vogtland waren die Hamster noch 1950 zu Hause. Gnadenlos wurde ihnen nachgestellt. Für die Bauern war er ein Schädling, der die Ernte schmälerte. Die Pelzindustrie säumte Mäntel mit Hamsterfellen. Von 1961 bis 1965 kaufte der damalige VEAB Tierische Rohstoffe im Bezirk Leipzig fast - 65000 Hamsterfelle. Im Bezirk Halle waren es im gleichen Zeitraum sogar 2 275 000. Soviele Hamster gibt es heute nicht einmal mehr in ganz Deutschland. Einige wenige leben noch in Thüringen, Bayern und Baden-Württemberg. Sachsen-Anhalt hat noch die meisten Feldhamster. In Westeuropa sieht es nicht besser aus.

Doch nicht die Nachstellungen haben den Feldhamster nahezu ausgerottet. Dass die Nager nicht mehr auf die Beine kamen, dafür sorgte die Landwirtschaft. Unbeabsichtigt. Aber mit der Mechanisierung der Feldwirtschaft ging es den Feldhamstern richtig an den Kragen. Die schweren Maschinen lassen die Baue zusammenbrechen. Die Pflüge reichen tief in den Boden. Unkraut- und Schädlingsbekämpfung taten ein übriges. Hinter einem Getreidesilo im Landkreis Delitzsch, auf einer Wiese, sind noch zehn Hamsterbaue anzutreffen. Hier können die Nager ihrer Lieblingsbeschäftigung nachgehen: hamstern. Vorsichtig schiebt sich die Hamsternase aus dem Bau, schnüffelt erst einmal, ob die Luft rein ist. Die runden Ohren lauschen nach verdächtigen Geräuschen. Dann macht sich der Hamster auf den Weg. Steht das Getreide hoch, wagt er sich auch tagsüber aus seinem Bau. Sonst ist er lieber nachts unterwegs, weil er da vor seinen Feinden sicherer ist. Fleißig sucht und sammelt der Hamster Fressbares. Dazu klettert er selbst auf Maispflanzen, um die Kolben abzunagen. Hamster sind durchaus sportlich. Sie können außerdem gut schwimmen und trotz ihrer kurzen Beinchen wenigstens so schnell rennen wie ein Mensch.

Präzise Arbeit leisten die Mähdrescherfahrer. Schwere
Zeit für die Hamster. Sie verlieren Nahrung und Obdach.

Im Hamsterbau herrscht strenge Ordnung

Getreidehalme biegt der Hamster dank seines Gewichtes von 300 bis 500 Gramm mühelos um oder er nagt sie ab. Auch Rüben und Kartoffeln, Löwenzahn und Luzerne schmecken ihm, ebenso Äpfel, Pflaumen und Birnen. Sogar Insekten und Regenwürmer mampft er, und wenn er ein Mäusenest mit Jungen findet, verleibt er sich auch die ein. Bis zu 700 Meter weit entfernt sich der Hamster von seinem Bau. Und damit er nicht ständig auf Achse sein muss, hat er seine Einkaufstaschen dabei. Ganze Getreideähren kann er in seine Backentaschen schieben. Diese Hautsäcke reichen bis zu den Schultern. Bis 50 Gramm Getreide kann der kleine Kerl bunkern, bevor er sich zurück auf den Weg in den Bau macht. Dort herrscht

Ordnung. Die Beute kommt in die Vorratskammer. Hamsters selbst wohnen in ihrer Schlafhöhle, sogar eine Toilette gibt es im Hamsterbau. Außerdem hat der Hamster einen Eingang – eine schräg verlaufende Röhre – und zwei bis drei Fluchtgänge. Das sind Fallröhre, die senkrecht in den Bau führen. Hamster plumpsen aber nicht kopfüber hinunter, sondern rutschen in den engen Röhren wie auf einer Rutschbahn. Da das Fell des Hamsters dabei Staub und Erde abbekommt, putzen sich die Tiere ausgiebig. Auf den Hinterbeinen sitzend, wird mit den Vorderpfoten gründlich der Pelz gesäubert. Die reinlichen Tiere räumen auch ihre Höhle auf. Alte, verwelkte Vorräte werden hinausgeschafft. Im Frühjahr nach dem Winterschlaf auch das Nest, das mit Gräsern und Halmen gepolstert ist. Junge Hamster haben meist noch keine so aufwendigen Höhlen. Die werden im Laufe der Zeit ausgebaut – wenn der Hamster die Gelegenheit dazu hat. Oft genug zerstören schwere landwirtschaftliche Maschinen seinen Bau. Dann ist der Hamster über Nacht obdachlos und muss sich erst eine neue Höhle graben oder auch ein Mauseloch ausbauen. Die Sommerbaue des Hamsters reichen etwa 50 bis 60 Zentimeter tief in den Boden. Die Winterbaue sogar bis zu zwei Meter. In dieser Tiefe kann der Hamster weitgehend frostfrei überwintern.

Anfang oder Mitte April kommen die Hamster aus ihren Winterbauen hervor. Mit großem Hunger. Denn trotz Vorräten sind die Fettreserven aufgebraucht, haben die Hamster 20 bis 30 Prozent ihres Gewichtes verloren. Löwenzahnblüten und -blätter sind in dieser Zeit oft erste Nahrung. Haben sich die Hamster wieder etwas Speck angefuttert, machen sie sich an die Fortpflanzung. Die Männchen begeben sich auf die Suche nach Weibchen. Hamster wohnen nicht in Familien zusammen. Jeder geht hübsch seiner Wege. Eindringlinge im Bereich des eigenen Baues werden energisch bekämpft. Auch wenn sich zwei Hamstermännchen an einem Weibchenbau treffen, werden die scharfen, etwa 1,5 Zentimeter langen Nagezähne gezeigt. Kommt es zum Kampf, räumt der Unterlegene oft ziemlich ramponiert das Feld. Zerbissen und meist mit zerfetzten Ohren. Kampfesmut zeigen die Hamster nicht nur untereinander. Die etwa 20 bis 27 Zentimeter großen Tiere sind durchaus wehrhaft. Schaffen die Hamster die Flucht in den schützenden Bau nicht mehr rechtzeitig, so richten sie sich auf den Hinterbeinen auf und fauchen den Verfolger – Hunde, Füchseoder Marder – giftig an. Schreckt das noch nicht ab, können sie aus dem Stand bis zu 60

Zentimeter hoch springen und zubeißen. Schon so mancher große Hund wurde schmerzerfüllt aufjaulend in die Flucht geschlagen. Selbst in Gummistiefel sollen sie sich schon verbissen haben. Gegen Greifvögel aber wie den Roten Milan können sie wenig ausrichten. Eher noch gegen das Hermelin. Das kleine Raubtier stellt den Hamstern sogar in deren eigenem Bau nach. Bis zu dreimal unter günstigen Bedingungen können Hamster pro Jahr je sechs bis zwölf Junge bekommen. Allerdings überstehen bis zu 60 Prozent den ersten Winter nicht. Hamsterdamen aus dem ersten Wurf werden sogar noch im gleichen Jahr fortpflanzungsfähig und können eine eigene Familie gründen. Allerdings sind die Lebensumstände mittlerweile schlecht. Ständig neue Baue zu graben, zehrt an der Kraft. Obendrein werden Stoppelfelder heute fast umgehend wieder umgepflügt, so dass nichts mehr zu fressen bleibt. Mehrjährige Kulturen wie Luzerne werden kaum noch angebaut. Deshalb nutzt dem Hamster selbst seine große Fruchtbarkeit nichts mehr.

Zwei Kilogramm reichen als Wintervorrat

Die größeren und schwereren Hamstermännchen ziehen sich oft schon Anfang September in ihre Winterbaue zurück. Die Eingänge werden mit Erde verstopft, und dann macht es sich der Hamster gemütlich. Fünf bis sechs Tage werden verschlafen, doch dann wacht der Hamster auf. Er geht etwas fressen, dann aufs Örtchen, schaut im Bau nach dem Rechten und kuschelt sich wieder in sein Nest. In milden Wintern verlässt er sogar seinen Bau und trippelt über die Felder. Die Hamsterweibchen haben im August oft noch Junge. Drei Wochen bleiben sie im Nest, dann spaziert die Familie nach draußen. Die Mutter bringt den kleinen Hamstern alles bei – nach einem Monat aber müssen sie auf eigenen Beinen stehen und zusehen, dass sie selbst noch zu einer Höhle und einem Wintervorrat kommen. 1,5 bis zwei Kilogramm Vorrat reichen den Hamstern zum Überwintern gerade so. Die meisten freilich sorgen – wenn sie genug finden – für schlechte Zeiten vor. Die größte, je in einem Hamsterbau gefundene Vorratsmenge betrug 34 Kilogramm. Hamstergraben war früher bei der Dorfjugend eine beliebte Beschäftigung. Die Hamster wurden erschlagen, ihr Vorrat endete als Hühnerfutter.

Elegante Jäger im kühlen Nass

Die Oberlausitz ist ein kleines Paradies für Fischotter

Einen Fischotter bekommt man selbst im Biosphärenreservat Oberlausitzer Heide- und Teichlandschaft nur selten zu Gesicht. Trotz zahlloser Stunden des Wartens. Doch auf seinen Spuren lässt sich sein heimliches nächtliches Treiben nachvollziehen. Dabei sind wir in einem Fischotterparadies. In der naturnahen Teichlandschaft der Oberlausitz mit ihrem Fischreichtum leben etwa 300 dieser Tiere. Damit kann die Region auf den dichtesten Otterbestand Deutschlands verweisen. Während in Ostdeutschland noch mehrere hundert Fischotter leben, vor allem auch in Mecklenburg-Vorpommern, ist er im Westteil fast völlig ausgestorben. Nur in Bayern, Schleswig-Holstein und Niedersachsen gibt es je noch eine Handvoll Tiere. Der Teich ist bereits abgelassen. Schilf und Gebüsch markieren die einstigen Ufer, nur eine kleine Wasserstelle hält sich noch am Zufluss.

Die Herbstsonne malt goldene Kringel auf den Boden und überzieht die Blätter der Eiche mit dem ersten bunten Schimmer. Lange macht es die alte Eiche nicht mehr, scheint es. Schon ist der Stamm gespalten, gefährlich schräg streckt sie ihre Äste über den abgelassenen Teich. An ihrem Fuß ein Loch, der ins Innere des teils hohlen Stammes führt. Ein ideales Plätzchen für den Otter. In Wassernähe kann er hier den Tag verschlafen. Auch Hecken, Gebüsche oder dichtes Unterholz sind Verstecke der Otter. Jeder Otter hat etliche dieser Plätzchen, obwohl Otter auch einen unterirdischen Bau haben, den sie selbst graben oder einfach von Vormietern wie Füchsen oder Bisamratten übernehmen.

Der possierliche Wassermarder ist in weiten
Teilen Europas ausgerottet.

Ein Leben im Wasser

Jetzt ist das Versteck in der Eiche wohl leer. Die Karpfen schwimmen längst in den Becken der Verkaufseinrichtungen. Nur ein Laubfrosch lässt sein tiefes, dunkles Quaken hören. Für den Otter ist hier nicht mehr viel zu holen. Seine Hauptnahrung sind Fische. Doch der Otter ist nicht wählerisch. Auch Schnecken, Krebse, Frösche, Insekten oder Wassergeflügel stehen auf seinem Speiseplan, ja er gräbt an Land selbst nach Regenwürmern und Mäusen. Doch sein eigentliches Element ist das kühle Nass. Hier ist der elegante Jäger zu Hause. Mit seinem langgestreckten, stromlinienförmigen Körper bewegt er sich im und unterm Wasser fast schwerelos. Die kräftigen, kurzen Pfoten, mit Schwimmhäuten versehen, verleihen ihm enormen Antrieb. Der Otter kann mit einer Geschwindigkeit von sieben Kilometer pro Stunde tauchen. Damit wird er für Flossentiere zu einem gefürchteten Feind. Ein- bis anderthalb Kilogramm Fisch frisst ein Otter täglich.

Unstete Gesellen

Der kleine Pfad ist deutlich zu erkennen. Wenn man einen Blick dafür hat. Hier verläuft ein Otterwechsel, der in einen Fischteich mündet. Die Böschung hinauf durch das Schilf, quer über den Damm, an einer Brombeerhecke entlang, an der die Beeren noch unreif dunkelviolett leuchten. Dann geht es durch eine Unkrautstrecke in einen kleinen Fließ, der die Teiche mit Wasser versorgt. Fischotter sind unstete Gesellen – viel auf Achse. Manchmal können sie sich für Wochen an einem Teich niederlassen, wenn das Nahrungsangebot reich ist und die Landschaft gute Deckung bietet. Dann wieder ziehen sie umher auf der Suche nach neuen Jagdgründen.

Bei ihren Wanderungen nutzen sie Wasserwege, scheuen aber auch nicht davor zurück, kilometerlange Strecken quer durch Wald und Feld über Land zurückzulegen. Bis zu 20 Kilometer weit kann ein Otter in einer Nacht wandern. Keiner der näheren Verwandten des Otters – Marder wie Dachs, Stein- oder Baummarder, Iltis, Wiesel oder Nerz – hat wohl eine derartige Popularität errungen wie der Fischotter. Selbst in Filmen wurden die Otter zu Hauptdarstellern. Dazu mag ihr possierliches Aussehen, schwarze Knopfaugen, winzige Ohren und ein Stupsnäschen mit stattlichem Backenbart beigetragen haben. Doch auch ihr manchmal menschlich erscheinendes Verhalten lassen sie schnell zu sympathischen Zeitgenossen werden. Fischotter sind ausgesprochen neugierig und verspielt, und das nicht etwa nur als Jungtiere. Im Winter zum Beispiel scheinen manche ein diebisches Vergnügen daran zu finden, auf dem Bauch eine mehrere Meter lange Böschung ins Wasser hinunterzurutschen. Sie tollen scheinbar ziellos auf Wiesen umher, wälzen sich oder vollführen meterhohe Sprünge. Obwohl Fischotter Einzelgänger sind, wurden schon ganze Spielgemeinschaften beobachtet.

Der Fischotter erscheint als ein Tier, das vor schierer Lebensfreude zu platzen scheint. Im Wasser drehen sie sich um die eigene Achse, können sich auf dem Rücken treiben lassen und schwimmen und tauchen so elegant, dass es scheint, sie hätten keinen einzigen Knochen im Leib. Doch schnell wird aus dem Spiel wieder Ernst, und nahezu übergangslos beginnt die Jagd. Bis zu sieben Minuten kann der Otter unter Wasser bleiben, doch taucht er in der Regel nur ein bis zwei Minuten. Das reicht für den schnellen Jäger. Blitzschnell packt er Fische mit seinem starken Gebiss, kleine verzehrt er gleich im Wasser, größere trägt er an Land.

Schlaraffenland

1,20 bis 1,30 Meter kann der Fischotter lang werden, wobei der Schwanz allein ein Drittel seiner Körperlänge ausmacht. Otter werden zehn bis zwölf Kilogramm schwer, wobei Rüden, die männlichen Tiere, selbst ein Gewicht von 15 Kilogramm erreichen können. Selbst große Beute ist für den Fischotter kein Problem. Einen zwei bis drei Kilo schweren Karpfen bewältigt er spielend, selbst mit ausgesprochen großen Fischen, die sein eigenes Körpergewicht erreichen, wird er fertig. Doch zum größten Teil begnügt sich der Otter mit kleinerer Beute, bevorzugt zehn bis zwanzig Zentimeter lange Fischchen. Fischotter jagen die am leichtesten zu greifenden Fische. In Flachwasserzonen und im Uferbereich, dort, wo die Fische nur nach links oder rechts entfliehen können, stöbert er nach Beute. Zustatten kommen ihm dabei seine langen, steifen Barthaare, mit denen er am Ufer herumtastet. Auch seine Augen sind außerordentlich

Fischotter haben immer Kontakt zum Wasser.

scharf und dem Leben unter Wasser hervorragend angepasst. Irismuskulatur und Netzhaut sind speziell ausgebildet, um auch hohem Druck des Wassers zu widerstehen. Geruchssinn und Gehör stehen an Schärfe den Augen kaum nach. Nase und Ohren kann der Otter beim Tauchen fest verschließen. Das Wasser plätschert stetig in die Betonbecken. Dicht an dicht stehen die dunklen Körper der Karpfen im Schwarm, schieben ihre hohen Rücken auf Nahrungssuche immer wieder in die flachen Beckenbereiche. In der sogenannten Hälteranlage überwintern Karpfen, nachdem die Teiche im Herbst abgelassen werden.

Ein Schlaraffenland für Fischotter – nicht selten zum Leidwesen der Fischer. Doch Fischotter und Fischerei haben in der Oberlausitz einen Kompromiss gefunden, die meisten Fischer akzeptieren die possierlichen Wassermarder. Noch vor hundert Jahren war das anders. In einer „Anleitung zum Fangen des Raubzeuges" von 1900 wird ausgiebig beschrieben, wie und wann man dem Fischotter mit Tellereisen oder der Otterstange zu Leibe rücken kann. Als „doch gewiss eine grosse Leistung" wird gewürdigt, dass Otterjäger Schmidt in Westfalen in zweieinhalb Jahren ungefähr 80 Otter erbeutete. Im Mittelalter verzehrte man Otterfleisch als Fastenspeise, da er mit seinen Schwimmhäuten als Fisch durchging.

Doch nicht nur als Nahrungskonkurrent wurde der Fischotter zum Raubzeug degradiert. Begehrt war sein wertvoller Pelz. Das Otterfell ist zwar kurz, doch außerordentlich dicht. Bis zu 50 000 Haare auf einem Quadratzentimeter Haut. Sein Fell muss der Otter weder einfetten, noch braucht er eine Fettschicht zum Wärmen. Der dichte Pelz hält Abertausende winzige Luftbläschen fest, die verhindern, dass er beim Schwimmen bis auf die Haut nass wird. Um 1900 in Mittel- und Südeuropa noch überall verbreitet, gibt es heute nur noch in Schottland, Südschweden und Ostdeutschland stabile Populationen.

Spielen und Lernen

Am Tauernwiesenteich drehen die vier Seeadler elegant ab und schweben über dem Wald davon. Vor einer Woche wurde hier abgefischt, über 30 Adler stellten sich in der Hoffnung auf leichte Beute ein. Die vier hofften wohl noch auf ein paar Reste. Ein Graureiher ist ausdauernder. Bis zum Bauch im Wasser schiebt er sich Schritt für Schritt voran, den Schnabel vorgereckt, um blitzschnell zuzustoßen, wenn sich Beute blicken lässt. Zwei Kormorane versuchen, mit schweren Flügelschlägen an Höhe zu gewinnen. Noch mit vielen anderen Tieren teilt der Otter den Lebensraum, natürliche Feinde hat er kaum. Lediglich die Seeadler können jungen Ottern gefährlich werden. Doch dafür lauert eine andere Gefahr – der Straßenverkehr. Mit Autos können die Tiere nicht umgehen. Wo natürliche Bachläufe verrohrt unter Straßen verlaufen nehmen die Otter oft den gefährlichen Weg über das Asphaltband.

Auch bei ihren Wanderungen kommen sie immer wieder unter die Räder. Naturnah gestaltete Brücken und kein weiterer Ausbau von Straßen könnte zumindest dafür sorgen, dass die Zahl der getöteten Otter nicht weiter ansteigt. Doch noch ist die Reproduktion so gut, dass sogar Fischotter aus der Oberlausitz abwandern. Nach Süden, etwa in die Sächsische Schweiz und nach Westen in Richtung Riesa und Oschatz schwärmen die Otter aus. Dabei werden die Jungen oft lange und intensiv betreut. Otter haben keine feste Fortpflanzungszeit, sie können das ganze Jahr über Nachwuchs bekommen. Die Weibchen, die Fähen, ziehen dann in einen sogenannten „Mutterbau", Höhlen am Wasser, die offenbar besonders gut für die Aufzucht der Jungen geeignet sind. Etwa zwei Monate dauert die Tragzeit, um den Nachwuchs kümmert sich allein die Fähe. Zwei bis drei Junge, seltener vier oder gar fünf kommen zur Welt. Bei ihrer Geburt sind Fischotter etwa zwanzig Zentimeter lang und 100 Gramm schwer. Doch die Winzlinge mit dem silbergrauen Fell machen schon in den ersten Tagen einen Riesenradau. Verlieren sie die Zitzen der Mutter, stoßen sie eine Folge hoher Zwitschertöne aus, die eher nach einem Vogel als nach einem Säugetier klingen. Ab einem Alter von drei Monaten versorgt die Fähe ihren Nachwuchs mit Fisch, doch säugt sie die Jungen bis zum Alter von sechs Monaten. Dann sind die schon so groß wie ihre Mutter. Junge Otter müssen viel lernen. Es ist zwar kaum zu glauben, aber Jungotter sind wasserscheu. So müssen sie von der Mutter ins Wasser getrieben und untergetaucht werden, bis sie Geschmack am feuchten Element finden. Die Fähe packt ihre Jungen dabei am Nacken, zerrt sie unter Wasser und lässt sie dann wie einen Korken an die Wasseroberfläche zurückschießen.

Auch das Jagdverhalten ist nicht angeboren, sondern gehört zur Otterschule. Nicht zu kurz kommt in Otters Familie das Spielen. Junge Rüden müssen schließlich im Alter von etwa acht bis zehn Monaten den mütterlichen Bau verlassen, während junge Fähen bis zu zwei Jahren bei der Mutter bleiben können. Eigentlich könnten Otter jeweils einmal im Jahr Nachwuchs aufziehen, doch schieben manche Fähen auch Pausen von mehreren Jahren ein, bevor sie wieder Mutterfreuden entgegensehen. Überleben die Jungotter, können sie ein Alter von zehn und mehr Jahren erreichen. Geschäftig murmelt die Spree zwischen hohen Ufern dahin. Nur auf wenigen Kilometern hat der Mensch dem Fluss hier seinen Lauf gelassen. Ohne Uferbefestigung, Kiesaufschüttung und Sohlschwellen gebärdet sich die Spree hier als echter Fluss: Das Frühjahrshochwasser hat in einer Kurve ein Stück der sandigen Uferböschung samt Bäumen hinabgerissen. Entstanden ist ein Flachwasserbereich, fast ohne Strömung. Ruheraum für Fische, Jagdgebiet für Otter. Auch, dass weiße Schaumfetzen auf der Spree treiben und das Wasser recht trüb erscheint, stört Fischotter nicht. Wichtig ist, dass der Fluss giftfrei und fischreich ist.

Sehen mit den Ohren und fliegen mit den Händen

Fledermäuse gehen mit Ultraschall des nachts auf Insektenfang

Als die Tür ins Schloss fällt, ist der Tag abgeschnitten. Warme, etwas modrige Luft schlägt uns aus dem Keller bei Dresden entgegen, der sich in Gängen und Verzweigungen weit im Finstern verliert. Die Lampe reißt ein Wirrwarr von Leitungen und Rohren aus dem Dunkel, staubbedeckt verbringen Stühle und Tische ihre letzten Tage. Ein Keller wie viele. Und doch hat er eine Besonderheit. Er ist einer der letzten Quartiere für Kleine Hufeisennasen, die still an der Decke hängen. Die Fledermäuse haben die Flügel eng an den Körper gezogen, nur der Kopf mit den dunklen Knopfaugen und ein Stück des Rückens mit feinem hellbraunem Fell sind zu sehen. Hufeisennasen hängen grundsätzlich frei von der Decke. Andere Fledermausarten mögen es lieber versteckter, hängen an der Wand oder kriechen in Ritzen und Spalten. Den ganzen Tag hängend zu verbringen, bereitet den Hufeisennasen kein Problem. Ihre Knie sind im Gegensatz zu anderen Säugetieren nach hinten durchgebogen, ihr Körpergewicht zieht dabei eine Sehne im Bein straff, so dass sie mit den Krallen der Hinterfüße regelrecht einhaken. So brauchen sie keine Energie zu verschwenden, um sich festzuhalten. Dieser Mechanismus funktioniert sogar über den Tod hinaus.

Orientieren mit dem sechsten Sinn

Draußen scheint die Sonne, die Zeit der Fledermäuse ist noch nicht gekommen und so warten sie im Dunkel des Kellers, bis ihre nächtliche Jagd beginnen kann. Alle Fledermausarten in Deutschland sind Insekten-

Ein braunes Langohr, die verbreitetste Fledermausart in Sachsen.

jäger. Freilich hat jeder so seine Vorlieben. Die Hufeisennasen etwa lassen sich Schnaken oder Nachtfalter schmecken, Wasserfledermäuse wiederum vertilgen wahre Heerscharen von Mücken. Die Kleinen Hufeisennasen sind eine von insgesamt 21 Fledermausarten, die es in Deutschland gibt. Allerdings eine der bedrohtesten.

Nur noch in Sachsen und Thüringen gibt es einigermaßen stabile Bestände mit insgesamt wenigen hundert Tieren. Im übrigen Deutschland sind sie teils schon völlig ausgestorben. Dachböden oder Keller bewohnen diese Fledermäuse im Sommer, ähnlich wie der Storch sind sie an menschliche Siedlungen gebunden. Andere Arten, wie die Abendsegler, sind Waldbewohner, verkriechen sich tagsüber in hohlen Bäumen, Ritzen unter der Rinde oder in Baumlöchern. Im Keller schlägt eines der Tiere mit den Flügeln, löst die Krallen und startet zu einem lautlosen Flug im Dunkel. Über besonders scharfe Augen verfügt die Fledermaus nicht, sie kann zwar hell und dunkel unterscheiden und wohl auch Umrisse wahrnehmen, für die absolut sichere Orientierung in vollständiger Schwärze aber taugen die Augen nicht. Doch die Fledermaus braucht ihre Augen nicht, sie sieht mit den Ohren. Die Flattertiere haben den sechsten Sinn. Fledermäuse orientieren sich mit Hilfe von Ultraschall. Töne ausstoßend, hören sie das Echo, wenn es von einem Hindernis zurückgeworfen wird. Dieses System der Echolotpeilung nutzen beispielsweise auch Wale. Die Fledermaus ist mit ihrem Orientierungssinn zu Erstaunlichem in der

Zum Überwintern suchen sich die Fledermäuse –
hier die Art Großes Mausohr – Schlafquartiere, die
frei von Frost und Zugluft sind.

Lage. Da Schall bekanntlich etwa 331 Meter pro Sekunde zurücklegt, messen die Fledermäuse die Zeit, bis das Echo ihres Rufes zurückkehrt. Wenn ein Objekt wenige Meter entfernt ist, benötigt der Schall nur eine Millisekunde.

Mikrosekunden werden gemessen

Doch auch bewegliche Objekte müssen genau ermittelt werden, dazu noch die Richtung, in die sich die mögliche Beute bewegt. Kommt etwas von rechts angeflattert, erreicht das Echo auch zuerst das rechte Ohr, dann das linke. Der Zeitabstand beträgt gerade mal Millionstel Sekunden, doch mit der Präzision der modernsten Atomuhr können die nächtlichen Jäger diese winzigsten Unterschiede erfassen und die Beute sicher orten. Wahrscheinlich sehen sie ein Bild, das einem Radarbild ähnelt. Schließlich erfassen sie mit ihrem Ultraschall sogar Strukturen, können also durchaus unterscheiden, was da in der Luft ist und ob es fressbar ist. Wirft man ein Steinchen in die Luft, wird die Fledermaus heranjagen, aber vor dem Stein wieder abdrehen, weil sie erkannt hat, dass keine fette Schnake unterwegs ist, die den Beutezug lohnt.

Wir gehen weiter in den Keller hinein. Nahe an der Wand, in einem Mauerbogen, hängt eine weitere Hufeisennase. Sie dreht sich, an ihren Hinterbeinen hängend, fast um 180 Grad. Wir haben unseren Fledermausdetektor eingeschaltet, ein Gerät, das die Ultraschalltöne für menschliche Ohren hörbar macht. Sofort ist ein Pfeifen zu hören, fast ein melodisches Zwitschern. Die Hufeisennase ortet. Fledermäuse können übrigens ordentlichen Krach machen. Abendsegler stoßen Töne aus von über 100 Dezibel, so laut wie ein Presslufthammer – freilich für menschliche Ohren fast unhörbaren Ultraschall.

Hufeisennasen haben eine besondere Jagdmethode entwickelt. Statt wie einige andere Fledermäuse im Fluge herumzujagen, hängen sie sich draußen in der Dunkelheit bequem an und peilen die Umgebung. Naht ein Insekt, kann die Jagd beginnen. Während sie zur Peilung in Abständen Ultraschalltöne aussenden und die ganze Gegend mehrere Meter weit untersuchen, folgt jetzt ein Stakkato. In sehr kurzen Abständen werden nun Töne ausgestoßen, so verfolgt die Fledermaus exakt ihre Beute. Mit flinken Flügelschlägen schießt sie heran.

Geburt ohne doppelten Boden

75 Tage etwa beträgt die Tragzeit. Hufeisennasen haben gerade mal ein Junges im Jahr, so wie die meisten Fledermäuse. Die Geburt erfolgt ohne Netz und doppelten Boden im Hängen. Das Junge wird sanft in der Schwanzhaut aufgefangen, saugt sich dann schnell an einer Haftzitze fest, über die die Hufeisennasen verfügen. Dort bleibt es die erste Zeit, wird ab und zu gesäugt und von der Mutter auf nächtliche Ausflüge mitgenommen. An kalten Tagen rücken die Hufeisennasen im Keller auch gern zusammen, wärmen sich gegenseitig. Erst wenn die Jungen größer sind, bleiben sie allein im Keller hängen. Junge Fledermäuse wachsen schnell, vor allem die Flügel, die bei der Geburt noch sehr klein sind. Wenn sie sechs bis sieben Wochen alt sind, begleiten sie die Mutter auf Nahrungsfang. Junge Fledermäuse müssen üben, um genauso wendig und geschickt manövrieren zu können wie erwachsene Tiere. Außerdem müssen sie die Jagdreviere kennenlernen. Fledermäuse können ein wahrhaft biblisches Alter für kleine Säugetiere erreichen – zum Teil über 20 Jahre. Die nächste Fledermaus, die wir zu Gesicht bekommen, hat abgeschaltet. Kopf und Rumpf sind nicht zu sehen, sondern sind fest eingehüllt in die Flughäute wie in eine Decke. Einer Backpflaume gleich hängt die knapp fünf Zentimeter lange, gerade mal fünf bis zehn Gramm schwere Hufeisennase. Sie spart Energie, hat die Körpertemperatur abgesenkt und den Herzschlag verlangsamt. Wir warten. Schließlich durchläuft ein Zittern den kleinen Körper, einige Minuten lang. Durch Muskelkontraktion produziert die Fledermaus Wärme, bringt ihren Kreislauf in Gang. Nun wacht sie auf, die Dämmerung ist nicht mehr weit, bald kommt die Jagdzeit.

In die Flügel gehüllt wie in eine Decke

Den ganzen Sommer über wird gefressen. Nur an kalten, nassen Tagen ist Fasten angesagt, dann bleiben die Fledermäuse im Keller. Für den Winter müssen sie sich eine Fettschicht zulegen. Fledermäuse sind Winterschläfer. Die Kleinen Hufeisennasen verlassen dann im Oktober den Keller, ziehen sich in ihr Winterquartier zurück. Das muss eine gleichbleibende Temperatur über Null Grad haben. Fledermäuse sind sehr frostempfindlich. Auch Zugluft vertragen sie nicht. Die Luftfeuchte muss hoch sein, damit sie über ihre großen Hautflächen an den Flügeln nicht austrocknen Wir verlassen den Keller, fahren ein paar Kilometer weiter. Abgeschieden hinter der Straße, versteckt in einem kleinen Talkessel, in dem Moos am Felsen vor Nässe glänzt und lange Efeuschlangen wuchern, liegt eine alte Kalksteinhöhle. Dutzende Meter weit führt sie tief ins Innere des Berges, wir klettern über niedergebrochene Felsbrocken und Berge von Schutt. Hier ist das Winterquartier unserer Hufeisennasen. Hoch droben an der Decke hängt ein Nachzügler, fest eingehüllt in die Flughäute. Ein Männchen wahrscheinlich, das später aus dem Winterquartier ausfliegt als die Weibchen. Die brauchen zur Fortpflanzung zuerst das noch knappe Nahrungsangebot im Frühjahr. Die Hufeisennasen im Winter senken ihre normale Körpertemperatur von 35 bis 38 Grad auf ganze 8 bis 9 Grad ab. Der Herzschlag verlangsamt sich von 400 Schlägen auf gerade elf bis 25. So wird der Winter verschlafen, zwei- bis dreimal etwa wachen sie auf, suchen sich ein neues Plätzchen. Doch sie müssen mit ihren Fettreserven haushalten. Jedes Aufwachen, jedes Hochpumpen der Lebensgeister, kostet wertvolle Energie. Deshalb sind sie für zusätzliche Störungen durch Menschen sehr anfällig, erleben dann vielleicht das Frühjahr nicht. Die kleinen Hufeisennasen fliegen nur etwa zehn Kilometer bis ins Winterqartier. Größere Arten aber legen bis zu 1 000 Kilometer auf dem Flug ins Warme zurück.

    Sie müssen dann nicht orten, sondern haben sich die Landschaft längst eingeprägt, fliegen nach dem Gedächtnis. Diese Flugbahnen werden leer gefressen. Wenn der Abendsegler eine Beute im Maul hat, ist er sowieso blind. Die meisten Fledermäuse formulieren den Ultraschall mit dem Kehlkopf und stoßen ihn durch das geöffnete Maul aus. Mit Beute darin ist Funkstille. Nur die Hufeisennase hat es besser. Sie stößt Ultraschall durch die Nase aus, die einen Hautlappen in der Form eines Hufeisens trägt. Er verstärkt die Töne wie ein Megaphon. Wir kehren noch einmal zum Keller zurück. Bald werden die Fledermäuse durch die kleine Öffnung in der Tür ausschwärmen. Zuerst kommt ein Späher, der wahrscheinlich über Soziallaute reine Luft signalisiert. Weit haben es die Hufeisennasen nicht. Die Landschaft senkt sich in ein weites Tal. Alte Ostbäume blühen auf sattgrünen Wiesen, ein kleiner Weiher fängt die letzten Sonnenstrahlen ein, Gebüsche und Hecken durchziehen die Landschaft.

Fledermäuse sind stark zurückgegangen. Alle Arten,
wie auch dieses Mausohr, stehen in der Roten Liste.

Hier ist das Jagdgebiet, am Teich sind viele Insekten und die Fledermäuse löschen ihren Durst. Dazu fliegen sie knapp über der Wasseroberfläche, schöpfen mit dem Maul. Doch viele solcher intakten Kulturlandschaften gibt es nicht mehr. Fledermäuse sind stark zurückgegangen, alle Arten stehen in der Roten Liste. Dabei haben die Fledermäuse nur einen ernstzunehmenden Feind: den Menschen. Erst vergiftete er mit der chemischen Keule die Nahrung. Die Insektenvielfalt ist vielerorts verschwunden. Schließlich vergifteten sich die Fledermäuse auch selber, weil sie die Insekten fraßen. Und drittens werden die Quartiere knapp. Alte verfallene Ruinen eignen sich nicht, Zugluft und Regen meiden die nächtlichen Kobolde. In neuen Häusern finden sie oft keinen Unterschlupf, weil keine Öffnung vorhanden ist oder sie nicht geduldet werden. Eine ganze Hufeisennasengruppe verschwand aus einem Quartier, als bei Renovierungsarbeiten mit schädlichen Holzschutzmitteln hantiert wurde. Dabei gibt es Fledermäuse seit 50 Millionen Jahren – nun geht es ihnen an den Kragen.

Kletterkünstler ohne Seil und Karabiner

Gemsen leben nicht nur im Hochgebirge

Ein Eichelhäher ratscht. Irgendwo in den Ebereschen, die den schmalen Wiesenweg flankieren, hält er sich versteckt, warnt vor plötzlich aufgetauchten Zweibeinern. Freilich umsonst. Die Ebereschen entlassen uns ohnehin auf eine sanft abfallende Wiese – weithin sichtbar. Bis hier hinunter reichen die Nebelschleier nicht, die den Gipfel des Kaltenbergs umwehen. Irgendwo jenseits der Wiese, im Schutz der kleinen Gehölze, könnten sich die Gemsen versteckt halten. Nur wenige Kilometer hinter der tschechischen Grenze, südöstlich der Böhmischen Schweiz, erheben sich die Hügelketten des Kreibitzer Gebirges. Der Kaltenberg ist mit 726 Metern der höchste der Basaltkegel. Hier im Kreibitzer Gebirge haben sich die in Sachsen und Böhmen angesiedelten Gemsen am besten gehalten. Etwa 200 Tiere dürften das Bergland durchstreifen. Von hier aus wandern immer wieder Gemsen in Sachsen ein. Die Wildziegen fühlen sich nicht nur im Hochgebirge wohl. Als sie vor 40 000 Jahren in Europa auftauchten, bewohnten die Wildziegen selbst die Gegend des heutigen Berlins. Im Kreibitzer und Elbsandsteingebirge besiedeln sie die Höhenlagen von 300 bis 730 Metern. Niedriger leben sie sonst nirgends.

Von wegen dumme Ziegen, Gemsen sind schlaue Tiere

Plötzlich taucht eine einzelne Gemse auf. Ein Bock. Seine Hörner sind weit herumgezogen. Mit federnden Schritten überquert das Tier einen schmalen Wiesenstreifen, um im gegenüberliegenden Wald einzutauchen. Etwas größer als ein Reh, mit kompaktem Körper und dünnem, schmalen Hals sind Gemsen mit keiner anderen hier vorkommenden Tierart zu verwechseln. Angst zeigt die Gemse keine. Höchstens erhöhte Vorsicht. Gejagt wird hier wenig. Die Tiere sind am Tage aktiv und vertrauen im übrigen auf ihr Kön-

Mit scharfen Augen beäugt die Gemse ihre Umgebung.

nen. Das ist außerordentlich. Nur wenige Tiere können besser sehen als eine Gemse. Adler, Murmeltier oder Steppenantilope besitzen mit die schärfsten Augen im Tierreich, die Gemse steht ihnen nur wenig nach. Schon auf mehr als einen Kilometer nimmt die Gemse Bewegungen wahr. Auch Gehör und Geruchssinn sind scharf – Gemsen wittern Menschen auf viele hundert Meter. Doch häufig fliehen sie nicht, sondern warten still und bewegungslos, bis dieses oft vor sich hin plappernde, offenbar halbblinde Wesen vorbeimarschiert ist. Von wegen dumme Ziege. Gemsen sind durchaus schlau, erkennen sich zum Beispiel gegenseitig an Färbung und Geruch wieder. Der Gamsbock war ein Einzelgänger, kein Rudel versteckt sich im Gehölz. Vor allem die Weibchen – die Geißen – und die Jungtiere finden sich in Rudeln zusammen. Freilich halten sie auch im Rudel auf Distanz. Ab und an kann die Gesellschaft sogar gewechselt werden. Im Herbst und Winter sind die Rudel am größten. Dann können sich im Kreibitzer Bergland 40 bis 50 Tiere zusammenfinden.

Nur Eis wird für die Kletterer lebensgefährlich

Wir steigen die Flanke des Kaltenbergs hinab und wandern zum Buchhübel. Weiße Pestwurz bedeckt den Boden, die seltene Waldhaargerste steht am Wegesrand, Aronstab, Milzkraut und Hain-Gilbweiderich wachsen auf den fetten, reichen Böden des Basaltgebirges. Darüber recken alte Buchen ihre silbrig glänzenden Stämme in den Himmel. Eschen und Ahorn vervollständigen den Bergwald. Fichten mit Stämmen so dick, dass zwei Mann sie umfassen müssten, wachsen schnurgerade über 40 Meter hoch. Sensibel wurde auf tschechischer Seite mit diesem Waldgebiet umgegangen. Die reiche Bodenvegetation bietet den Gemsen Nahrung und nicht nur ihnen. Eine Hirschkuh und zwei Jungtiere kreuzen den Weg. Gemsen und Hirsche verstehen sich, leben hier auf engem Raum zusammen. Das Futter reicht für alle. Auf steilen Hängen und Geröllabschnitten fühlen sich die Gemsen am wohlsten. Die Wildziegen sind wahre Kletterkünstler. Ihre hartschaligen Hufe weisen scharfe Kanten auf – sie sind so trittsicher, als hätten sie Bergstiefel an. Sätze bis zu sieben Meter Weite sind verbürgt. Im Berner Zoo übersprang ein gerade sieben Monate altes Jungtier eine zweieinhalb Meter hohe Mauer. Ausgewachsene Tiere erklimmen vier Meter hohe Hindernisse. Und schließlich können sie bis zu acht Metern in die Tiefe springen. Ihre muskulösen Beine federn sie ab, so dass es ohne Verletzungen abgeht. Nur wenn die Felsbänder und Riffe vereist sind, wird das Turnen für die Gemsen lebensgefährlich. Dann rutschen auch sie ab und stürzen in die Tiefe. In der Sächsischen Schweiz sind Funde abgestürzter Gemsen nach eisigen Wintern nicht selten gewesen. Feinde brauchen sie ansonsten kaum fürchten. Höchstens den Luchs, und auch der ist selten. Überleben sie, können Böcke bis 15, Geißen bis 22 Jahre alt werden.

Die Weibchen sind – wie oft in der Natur – biologisch stabiler und für das Fortbestehen der Art wichtiger. Wir passieren einen steilen Hang. Ende Mai bis Anfang Juni färbt er sich lila. An diesem Hang wachsen drei bis vier Millionen Mondviolen – das größte Massenvorkommen in Böhmen. Im Frühjahr ist die Luft erfüllt von einem süßen Duft aus den Millionen Blüten. Jetzt riecht es nach Pilzen und feuchtem Holz. Hoch auf den Hängen verdichtet sich der feine Nieselregen zu milchig-weißem Gespinst. Es ist erst Nachmittag, doch wir müssen uns beeilen. Im Morgengrauen und am Nachmittag sind die Gemsen aktiv, mittags ruhen sie und abends suchen sie ihre geschützten, stillen Ruheplätze auf. Der Tagesrhythmus gerät nur während der Brunft von Ende Oktober bis in den Dezember hinein durcheinander. Dann präsentieren sich die alten Böcke am liebsten irgendwo hoch droben am Hang auf Felskuppen oder Vorsprüngen der geschätzten Weiblichkeit. Die Platzböcke wachen eifersüchtig über ihr Rudel. Schließlich ziehen auch die jungen Kerle umher und versuchen ihr Glück. Sie werden von den Alten zunächst angemeckert. Kommen sie dem Rudel zu nahe, stellt der Platzbock den Schwanz und die Haare am Rücken auf und greift an.

Erst imponieren, dann krachen lassen

Die meisten der jungen Kerle werden von dem von oben herab heranstürmenden wütenden Bock schon so eingeschüchtert, dass sie die Flucht ergreifen. Fühlen sie sich aber stark genug, kann es zum Kampf kommen. Mit steifen, langsamen Bewegungen umschreiten sich die Kontrahenten, den Kopf hocherhoben, um dem Rivalen zu imponieren. Hilft das nicht, kann unversehens der Angriff erfolgen, wobei mit den Hörnern gehakelt wird. Dabei können durchaus Verletzungen auftreten. Manchmal wird der Unterlegene sogar noch weit gehetzt, um ihm ein für alle mal die Lust auf fremde Ziegen zu nehmen. Verletzungen untereinander sind aber nicht Ziel der Kämpfe. Geht es aber gegen einen Feind, wie einen wildernden Hund, dann versucht die Gemse, mit den spitzen Hörnern die Weichteile aufzureißen. Wir ersteigen den Buchhübel und plötzlich über uns taucht ein kleines Rudel Gemsen aus dem milchigen Dunst auf. Ruhig stehen die Tiere und beäugen uns. Bis auf 50 Meter würden sie uns heranlassen. Und plötzlich wie von Zauberhand sind sie lautlos verschwunden.

GESCHENK AUS SALZBURG

Schon August der Starke liebäugelte mit den Gemsen. Im Jahe 1555 führte ein Beauftragter während des Augsburger Reichstages Verhandlungen über den Kauf von „etlich Par Gembsen" für die „Honsteinischen Klieppen". Aber damals gelangten offenbar noch keine lebenden Tiere nach Sachsen. Kurfürst Johann Georg III hatte etwas mehr Glück. Er bekam zwölf Gemsen als Geschenk des Erzbischofs von Salzburg. Sie wurden zwischen den Schrammsteinen und dem Wenzelweg in einem Gamsgarten untergebracht. In Böhmen wurde dann 1907 und 1908 der Bestand an Gemsen begründet. Nahe der deutschen Grenze wurden acht Tiere aus Tirol, Niederösterreich und der Schweiz in einem Gamsgatter untergebracht. Schon bald entwischten die ersten, 1911 wurden alle freigelassen. Auch die Tiere aus einem 1913 am Großen Ahrenberg angelegten Gatter entließ man später in die Freiheit. Sachsen bekam 1936 wieder Gemsen. In einem Gatter in Bereich der Teichstein-Heulenberg-Kette lebten sieben Tiere aus Bayern. 1940 riss ein Sturm den Zaun nieder und die Gemsen erklommen sich die Freiheit. Die Bestände verschmolzen, wobei auf tschechischer Seite 1945/46 bereits 150 Tiere lebten. Im Frühjahr 1959 lebten 20 Gemsen in der Sächsischen Schweiz, im Kreibitzer Bergland 98, in der Böhmischen Schweiz 16. In den nächsten zehn Jahren sank der Bestand auf deutscher Seite auf sieben bis zehn Tiere. In den 80er Jahren durchstreiften nur noch einzelne Tiere die Sächsische Schweiz. Erst in den 90er Jahren häuften sich wieder die Nachweise. Doch ein ganzes Rudel lebt derzeit wohl nicht im Elbsandsteingebirge.

Auf Jagd mit einem Dolch

Geduldig und reaktionsschnell fangen Graureiher Fische und Mäuse

Wie eine Statue steht der Graureiher auf der Wiese hinter dem Weigersdorfer Fließ. Ein Bein leicht angezogen, den Körper vorgebeugt, den Blick auf den Boden gerichtet. Als sei er in der Bewegung erstarrt. Unbeweglich lauert er. Endlos lange hält ein Reiher aus, wenn Aussicht auf Beute besteht. Schließlich schießt der Kopf vor, blitzschnell stößt er zu. Doch offenbar erfolglos. Steifbeinig stelzt der Vogel davon, fast ein wenig beleidigt wirkt er. Umsonst die ganze Zeit rumgestanden. Der Reiher sucht sich ein neues Plätzchen. Die Jagd nach Mäusen scheint auf jeden Fall erfolgversprechender als Fischfang. Und nicht weit entfernt findet er das nächste Mauseloch und versinkt andächtig in erneuter Meditation. Sein Artgenosse versucht sich im nahegelegenen Heuteich. Gravitätisch stakst er durch das flache Wasser. Fast so, als würde er fürchten, sich die Beine nass zu machen. Dabei sollen nur die Fische nicht durch lautes Platschen und Planschen erschreckt werden. Doch auch er hat anscheinend wenig Glück. Umsonst watet er mit steifen, langsamen Schritten durch das kalte Wasser. Kein Fisch in Sicht. Auf einer kleinen Sandbank schließlich legt er erst einmal eine Pause ein. In der milden Februarsonne ordnet er mit seinem langen Schnabel geruhsam das Gefieder.

Mäuse fusseln

Im Winter müssen sich die Reiher kümmern. Nahrung ist knapp. Viele Teiche in der Oberlausitz sind abgelassen. Wenn die verbliebenen Wasserflächen obendrein zufrieren, ist Schmalhans Küchenmeister. So mancher fliegt dann in wärmere Gefilde, andere unternehmen nur eine kurze Reise. Im Winter sind jagende Reiher am Elbufer und sogar auf Feldern im Erzgebirgsvorland häufig zu sehen. Vor allem in der kalten Jahreszeit lassen

Geduldig wartet der Reiher. Für die Unterwasserjagd ist er bestens gerüstet.

Zum Brüten finden sich Graureiher in großen Gemeinschaften zusammen.

Ein Knicks vor der Braut

Vorbeifliegende Weibchen werden heftig umworben. Ihnen wird nicht nur hinterhergerufen, der Reiher macht einen Knicks vor seiner ngebeteten. Kopf und Schnabel werden nach oben gereckt, der Reiher spreizt seine prachtvollen Zierfedern, legt den Hals nach hinten und knickt tief in den Fersen ein. Hat sich ein Paar gefunden, darf sie das Nest nach Belieben vollenden. Er schleppt nur noch das Baumaterial an. Etwa zwei bis fünf Eier legt das Weibchen, beide Partner brüten abwechselnd. Und müssen auf die Untermieter Acht geben. Krähen nisten ebenfalls gern in Reiherkolonien oder in der unmittelbaren Umgebung. Sie stehlen in einem unbeobachteten Moment die Eier. Nur wenn die Reiher da sind, ist das schwer. Dann drohen Prügel statt Omelett. Die Küken sind hässlich. Noch ist nichts zu sehen von der Grazie und Eleganz der Altvögel. Die Füße sind viel zu groß, der dünne Hals kann den Kopf kaum tragen, bis auf einige strubbelige Daunen sind die unförmigen Körper fast nackt. Doch sie wachsen schnell. Die Alten tragen unentwegt Nahrung herbei, um die sich der Nachwuchs bald hitzige Schnabelgefechte liefert. Dabei gehen die Halbstarken nicht selten über Bord. Selbst wenn sie den Absturz unbeschadet überstehen, droht ihnen der Hungertod. Gefüttert wird nur im Nest. Dafür sind Jungreiher nach dem Ausfliegen schnell selbstständig. Häufig bleibt die Familie noch ein wenig zusammen, doch ihre Nahrung erbeuten die Jungen schon selbst. Ihr Geschick ist angeboren.

EINST GESCHÜTZT, DANN VERFOLGT

Einst waren Reiher königliche Vögel. Schon Kaiser Friedrich Barbarossa liebte die Beizjagd auf Graureiher. Für viele Fürsten gehörten Reiher zur „Hohen Jagd". Kein anderer durfte die Vögel jagen, sie wurden sogar geschützt. Der Freiherr von Crailsheim und der Markgraf Georg Friedrich von Ansbach lieferten sich 1590 gar eine Fehde wegen der Vögel. Der „Reiherkrieg" entbrannte, weil sich die Herren nicht über das Jagdrecht in einer Reiherkolonie einigen konnten. Wie ein Auerhahn solle der Reiher mit Quitten, Kastanien, Birnen oder Äpfeln gebraten und mit Beifuß, Rosmarin oder Majoran gegen den Fischgeruch gewürzt werden, empfiehlt ein Kochbuch von 1706. Kopf, Hals und Schwanz sollen zum Schutze der Federn mit Papier umhüllt werden, aufgetragen wurde der Graureiher sitzend mit seinem Federschmuck. Vor allem das königliche Bankett in England galt als unvollständig ohne Reiherbraten. Ein Erzbischof von York ließ anlässlich seiner Ernennung neben 204 Kranichen und 200 Fasanen auch 400 Reiher auftragen. Besonders die sächsischen Kurfürsten pflegten die Reiherbeize. Kurfürst August (1526-1586) ließ 14 Falken abrichten, damit sie „zum Andt-Vogel und Reiher zu gebrauchen seien." „Zur Vermehrung der Reiher alle mögliche Sorgfalt vorzukehren" hatte der Oberfalkenmeister am sächsischen Hofe „und zu verhindern, dass die Vögel durch Grasen, Holzen und Treiben des Viehes gestört" würden. Im 18. Jahrhundert verlor der Graureiher seine Bedeutung als Jagdbeute. Fortan wurde er als Fischräuber gebrandmarkt und erbarmungslos gejagt. Zahlreiche Länder setzten Prämien für tote Reiher aus. In Schleswig-Holstein wurden jährlich 2 000 Vögel in einer einzigen Kolonie abgeschossen und die Kadaver untergepflügt. Der sächsische Fischereiverein zahlte von 1884 bis 1899 Prämien für 1 262 erlegte Reiher. Wegen seiner Zierfedern kam der Reiher mit der Wende zum 20. Jahrhundert wieder unter die Räder. Die Putzmacherei entdeckte die Schmuckfeder für Damenmoden. Tausende Altreiher wurden getötet und gerupft. „Mordgeschrei und Sterbeklagen! Ängstlich Flügel-Flatterschlagen! Welch ein Ächzen, welch Gestöhn dringt herauf zu unsern Höh'n! Alle sind sie schon ertötet, See von ihrem Blut gerötet, missgestaltete Begierde raubt des Reihers edle Zierde," schrieb Johann Wolfgang Goethe in Faust II.

Finstere Zeiten für Meister Lampe

Der Feldhase ist nur im Märchen und zu Ostern der Hauptdarsteller

Ring frei zur ersten Runde. Hasen können ganz schön austeilen.

Nur die langen Ohren ragen aus dem Raps. Kein verdächtiges Geräusch entgeht den Schalltüten, während es sich ihr Besitzer schmecken lässt. Das zarte Grün nach dem langen Winter ist zu verführerisch für den Feldhasen. Eigentlich ist der Vegetarier nachtaktiv, aber jetzt häufiger auch am Tag zu sehen. Nicht nur, weil die Salatbar bei Mutter Natur frisch und vielfältig bestückt ist. Etwa ein Kilo Grünzeug verputzt ein Hase pro Tag. Die Liebe treibt die Hasen zueinander, die sonst eher als Einzelgänger unterwegs sind. Und aus Angsthasen können dabei richtige Raufbolde werden. Regelrechte Boxkämpfe können sich die Rammler liefern, so manches Büschel Fell reißen sich die Kontrahenten aus, wenn es um die Gunst der Häsinnen geht. Jetzt im Frühjahr ist Hoch-Zeit für die Hasenhochzeit. Sie dauert bis in den Spätsommer an. Bis zu vier Mal im Jahr bekommt eine Häsin etwa ein bis drei Junge. Manchmal ist sie gar schon wieder schwanger, während sie noch die Jungen vom letzten Wurf säugt. Und trotzdem ist der Feldhase selten geworden und wird sogar schon als bedrohtes Tier angesehen. Der Schwund ist schleichend. Bemerkt haben ihn vor allem die Jäger, denen Meister Lampe in manchen Regionen immer seltener vor die Flinte hoppelte. In Sachsen leben nach Schätzungen des Umweltministeriums noch 20 000 Feldhasen, vor hundert Jahren sollen es noch 350 000 gewesen sein. Viele Jäger lassen Meister Lampe mittlerweile in Frieden davonziehen, in der Hoffnung, dass sich das deutsche Hasenvolk wieder erholt. Ausgerechnet das Symbol für Fruchtbarkeit schwächelt.

Baby-Hasen verschwinden

Schon in der Antike war der Hase als liebestoll bekannt. Doch seit Jahren verschwindet das hoppelnde Frühlingssymbol zunehmend aus deutschen Landschaften. Impotenz vermuteten einige Wissenschaftler, verursacht durch Pflanzenschutzmittel und Überdüngung ausgerechnet beim Fortpflanzungskünstler. Untersuchungen haben belegt, dass die stolzen Rammler keineswegs ihrer Zeugungskraft beraubt sind. Die Häsinnen sorgen weiter fleißig für Nachwuchs. Aber im Herbst sind nur noch wenig Junghasen übrig. Wohin verschwinden die Baby-Hasen? In den Fängen des Fuchses, der sich dank Tollwutimpfung in Deutschland prächtig vermehrt hat? Rafft eine rätselhafte Erkrankung den Mümmelmann-Nachwuchs hinweg, bevor er im Herbst die Felder bevölkern kann? Dafür finden sich freilich keine Belege. Und mit Raubtieren umzugehen, das hat der ewig Gejagte in Tausenden Jahren schon lernen müssen. Hasenmütter haben eine kluge Strategie entwickelt, um den Nachwuchs zu schützen. Sie lassen ihn allein.

Hasen-Babys werden als Nestflüchter geboren, voll entwickelt, mit Fellchen und Milchzähnen. Sie können vom ersten Augenblick an sehen und sich schon am ersten Lebenstag fortbewegen. Anders als Wildkaninchen, die nackt und blind in einer Höhle tief unter der Erde geboren werden, „verliert" die Hasenmutter ihren Nachwuchs auf dem Feld, in einer einfachen Mulde. Die Kleinen bleiben an Ort und Stelle zurück, während sich Mama Hase aus dem Staub macht. Nur einmal am Tag gibt es ein Familientreffen. Pünktlich, meist kurz nach Einbruch der Dämmerung, kehrt die Häsin an den Geburtsort zurück und säugt ihren Nachwuchs. Diese karge Versorgung reicht aus – die Milch der Mutter ist mit etwa 25 Prozent außerordentlich fetthaltig. Nur wenige Minuten hält das Familienglück an, dann lässt die Mutter ihre Jungen wieder allein. Sie verteidigt sie auch nicht gegen Feinde – sie ist gar nicht da. Leichte Beute sind die Hasenbabys dennoch nicht. Ihr Schutz ist ihre Unauffälligkeit. Ihr Fellkleid lässt sie mit der Umgebung verschmelzen, die kleinen Hasen werden unsichtbar. Und noch wichtiger: Hasenbabys sind völlig geruchlos, selbst die feinste Spürnase kann sie nicht wittern. In den ersten Lebenstagen bleiben die Kleinen bewegungslos, bald aber unternehmen sie kurze Ausflüge auf eigene Faust. Schon nach einer Woche knabbern die Winzlinge an Gräsern, bewegen sich in einem Radius von 50 bis 80 Metern um den Geburtsort, an den sie aber die ersten drei bis vier Wochen jede Nacht zurückkehren, um die Mutter zu treffen.

Zuerst einmal abducken

Doch was den kleinen Fellknäulen gegen Fuchs und Marder hilft, versagt angesichts moderner Landwirtschaft. Hasen sind Steppentiere, mögen es warm und sonnig. Eine Theorie für das Verschwinden von Meister Lampe ist, dass Pflanzen auf dem Acker heute so dicht stehen, dass kaum noch Sonne zu Boden fällt. Deshalb sind nicht unbedingt viele Jäger des Hasen Tod. Kälte und Nässe überstehen die Junghasen, die ja noch nicht viel auf den Rippen haben, nicht lange. Auch den riesigen Maschinen, die innerhalb weniger Stunden ein Feld oder eine Wiese abmähen und umpflügen, können nur wenige Hasenbabys entkommen. Sie kommen unter die Räder oder von heute auf morgen ändert sich die Landschaft auf 50 Hektar – ohne Deckung, ohne Nahrung. So haben Untersuchungen ergeben, dass nur wenige Junghasen die ersten Wochen überstehen. 70 bis 80 Prozent, so schätzen Wissenschaftler, erleben den Herbst nicht. Der Rest freilich hat eine gute Chance. Ist die kritischste Zeit überstanden, sind Hasen in freier Wildbahn sogar zehn Jahre alt geworden.

Falsche Spur narrt Verfolger

Als ausgewachsener, etwa fünf Kilo schwerer Sprinter, läuft der Hase seinen Feinden zumeist einfach davon. Ein Hasenfuß ist er dennoch nicht. Bevor ein Feldhase das Hasenpanier ergreift, duckt er sich zuerst einmal ab. Bloß nicht unnötig auf die Läufe machen. Die Mümmelmänner werden förmlich unsichtbar, dank ihres Felles, das sie optisch mit dem Ackerboden verschmelzen lässt. Erst wenn die Gefahr ganz nah auf den Pelz gerückt ist, schießt der Hase von dannen. Dann aber richtig. Mit seinen langen, kräftigen Hinterbeinen schnellt sich Meister Lampe aus der Deckung und beschleunigt schneller als ein Porsche. In rasendem Tempo geht es über den Acker, 60 Stundenkilometer und mehr sind für den Feldflitzer kein Problem. Wenn das nicht reicht, bitte schön, auch Haken sind möglich. In vollem Sprint die Richtung wechseln – das macht dem Feldhasen keiner nach. Auch gewaltige Sätze sind drin, wenn ihm ein Hindernis in den Weg gerät. Anderthalb Meter hoch und mehrere Meter weit katapultieren die Hinterläufe den Hasen mühelos. Er muss sich bei der Flucht nicht einmal umdrehen, um zu sehen, wo der Verfolger geblieben ist. Seine großen, seitlich am Kopf sitzenden Augen bieten sogar Sicht nach hinten.

So dumm wie beim Wettrennen mit dem Igel stellen sich Hasen nicht an. Vielmehr narren sie ihre Feinde, rennen auf der Flucht auch mal ihre

Er wird besungen, gemalt und alljährlich millionenfach in Schokolade gegossen. Nur im wahren Leben hat es der Feldhase schwer.

eigene Spur zurück, um schnüffelnde Verfolger irrezuleiten. Auch bevor es ins Bett geht, ergreift der Feldhase Vorsichtsmaßnahmen. Einen Bau besitzt der Hase nicht, Buddelei verabscheut er. Eine karge Grube im Feld, die Sasse, muss reichen. Mit seinen Hinterbeinen scharrt er ein bisschen Erde zur Seite und macht es sich in der Kuhle gemütlich. Vorher aber legt er eine falsche Spur, hoppelt neben der Sasse auf und ab. Bevor sich ein Fuchs durch die verwirrende Duftspur zum Hasen vorgeschnüffelt hat, ist dieser meist auf und davon. Nur der modernen Landwirtschaft kann Meister Lampe trotz seiner flinken Füße nicht entwischen.

Unbesorgt durchs Unterholz
Igel sind die ganze Nacht auf Nahrungssuche

Igel brauchen nicht still und heimlich durch die Nacht zu schleichen wie andere Tiere. Selbstbewusst vertrauen sie ihrem Stachelkleid. Entsprechend laut und unbesorgt trippeln die Stacheltiere durchs Unterholz. Kommt ihnen etwas nicht geheuer vor, suchen sie das Weite. Ist der Fluchtweg verbaut oder kommt die Gefahr zu überraschend, zucken sie blitzartig zurück, ziehen den Kopf etwas ein und stellen kreuz und quer ihre Stacheln auf. Ist die Situation gar zu brenzlig, dann rollt sich der Igel zur Kugel zusammen und präsentiert nur noch sein Stachelkleid. Und das hat es in sich. Etwa 8 000 dieser ungefähr zwei Zentimeter langen Spieße sträuben sich einem Angreifer entgegen.

Wir folgen Igelwegen. Vorbei an Hecken und Mauern geht es durch das nächtliche Dorf Zodel. Es wird auf der einen Seite begrenzt von der Neiße. Zwar können Igel schwimmen, aber freiwillig steigen sie nicht in den Fluss, um ein Bad zu nehmen. Ansonsten ist Zodel umgeben von riesigen Ackerflächen, und auch die mögen die Igel nicht. So große, völlig freie Flächen meiden die Stacheltiere trotz ihres Schutzmantels. So sind die etwa 30 bis 40 Zodeler Igel ein sehr heimattreues Völkchen. Auf flinken Füßen trippelt die Igeldame an einer Feldsteinmauer entlang. Um ihr zu folgen, bedarf es schneller Schritte. Igel können auf ihren kurzen Füßen immerhin fünf bis sechs Stundenkilometer schnell flitzen, klettern obendrein erstaunlich gut. Sogar Mauern werden überwunden. Die ganze Nacht sind die Stacheltiere auf Achse, um Fressbares zu finden. Vor allem fleischliche Nahrung. Mit großem Appetit werden Schnecken, Käfer, Regen- und Ohrwürmer, Heuschrecken, Raupen oder Larven verputzt. Igel verschmähen fast nichts. Legende ist jedoch, dass sie gute Mäusejäger sind. Zwar ist es um Mäuse geschehen, wenn der Igel sie zwischen seine Zähne bekommt – aber das ist eher selten. Mäusejunge im Nest allerdings entkommen dem

Igel sind von Natur aus freundliche Gesellen. Aber gibt es Ärger, stellen sie ihre 8 000 Stacheln auf.

Igel nicht. Ansonsten aber hat er kein Talent zur Mäusejagd. Auch aus Obst macht sich der Igel wenig. Entgegen der landläufigen Vorstellung spießt kein Igel Äpfel auf seine Stacheln. Zwar knabbern die Igel hier und da auch an Fallobst – doch solange sie fette Schnecken ergattern können, bevorzugen sie die. Schließlich deckt auch der Mensch den Tisch für den Igel. Auf Komposthaufen und Abfallplätzen findet sich manches Fressbare.

Die sympathischen Stacheltiere sind nicht ohne Grund eines der beliebtesten heimischen Viecher – dargestellt in zahlreichen Geschichten und Märchen. Schlieslich hat sich das einstige Waldtier auch vor langer Zeit schon dem Menschen angeschlossen und ist ihm in die Siedlungen gefolgt. Freilich nicht immer ganz freiwillig. Oft nur noch am Stadtrand oder in Dörfern findet der Igel die von ihm bevorzugte abwechslungs- und versteckreiche Landschaft. Hecken und Büsche, kleine Wäldchen, etwas Wiese, Mauern und Steinhaufen.

Igel heiraten gaaaanz vorsichtig

Die schwarzen Knopfaugen gucken neugierig, die feuchte Nase schnüffelt interessiert. Igel orientieren sich fast ausschließlich über den Geruch. Ein Beutetier wittern sie auf etlichen Metern. Außerdem hören sie sehr gut und besitzen ein räumliches Empfinden – sie prägen sich ihre Umgebung ein. Ihr Sehvermögen ist dagegen nicht so gut ausgeprägt – meist sind die Stacheltiere eh in dunkler Nacht unterwegs. Igel sind untereinander nicht sehr gesellig. Am liebsten trippelt jeder seine eigenen Wege. Nur zur Paarung kommen sich Männchen und Weibchen näher. Wenn auch mit zahlreichen Schwierigkeiten, denn Igelweibchen sind spröde und wollen lange umworben werden. Meist fauchen die Auserwählten, beißen und fühlen sich äußerst belästigt. Mehrere Nächte lang umkreist der Igelmann geduldig die sich Sträubende, bis die ein wenig Entgegenkommen zeigt. Umso genervter können Igelmänner auf Nebenbuhler reagieren. Da kann es selbst zu Kämpfen kommen. Eine Schulter wird vorgereckt, die Stacheln aufgestellt, und mit Wucht wird der Gegner unterlaufen. Dann liegt der freie Bauch des Rivalen bloß und offen – zum Zubeißen. Igelmänner verlieren bei all dem Paarungsstress ordentlich Gewicht. Die Mühe beim Werben freilich war nicht umsonst – schließlich muss so eine Igelhochzeit wegen der vielen Stacheln gaaaanz vorsichtig erfolgen. Nach etwa 35 Tagen Tragzeit, gegen Ende Juli, werden die Jungen geboren. Es sind drei bis sieben, im Durchschnitt fünf. Die jungen Igel sind blind, aber bereits mit Stacheln versehen. Die sind noch weiß, weich, kurz und gut in die Rückenhaut eingebettet. In der ersten Lebenswoche stellen sie sich auf und härten. Bis die Igel erwachsen sind, werden sie ihr Stachelkleid dreimal erneuert haben. Auch bei großen Igeln wachsen abgebrochene Stacheln nach.

Die Jüngsten bleiben am längsten auf

Das Stachelkleid freilich schützt die Igel nicht vor allen Feinden. Fuchs und Marder zählen zu den natürlichen Feinden. Sie fressen in der Oberlausitz jährlich Tausende Igel. Greifvögel wie der Uhu erbeuten nur wenige. Zahlreiche Igel verenden unter den Rädern von Autos, beim Abbrennen von Laubhaufen oder werden durch Rasenmäher schwer verletzt.

Eigentlich macht sich der Igel wenig aus Obst.
Viel lieber schmaust er fette Schnecken.

Schließlich haben Igel in Grünanlagen ohne Unterholz oder zwischen englischem Rasen und Komposter aus dem Baumarkt oder auf betonierten und versiegelten Flächen keinen Lebensraum. Und chemische Insekten- und Schneckenbekämpfungsmittel sind auch Gifte für Igel.

Einen Monat bleiben die Jungen im schützenden Nest. Dann führt die Igelmutter die Kleinen, bis sie sie nach einigen Wochen wegbeißt. Die jungen Igel müssen sich selber einen Lebensraum suchen. Drei bis fünf Hektar groß sind die Reviere von Igeln. Die Weibchen haben die besten Reviere mit den meisten Schnecken und Würmern. Igelweibchen in Ostsachsen haben nur einmal Nachwuchs im Jahr. Der kann aber auch spät kommen und erst im September geboren werden. Anfang Oktober werden die ersten Igel müde. Die Männchen gehen zuerst in Winterschlaf. Die Weibchen müssen sich erst noch vom Stress der Jungenaufzucht erholen und Fett anfuttern. Sie gehen zwei bis drei Wochen nach den Männchen schlafen. Die Jüngsten bleiben am längsten auf. Jungigel brauchen noch Speck für den Winter. In nur einer Woche kann so ein kleiner Kerl jetzt bis zu 100 Gramm an Gewicht zulegen. Deshalb hat es auch keinen Zweck, schon im Frühherbst kleine Igel einzusammeln und über den Winter zu bringen. Im Frühjahr ausgesetzt, haben die Tiere schlechtere Überlebenschancen als ihre ausgeschlafenen Altersgenossen.

Ein Nest wie ein Kohlkopf

Sinnvoller ist es, den jungen Igeln – selbst spät im November und nach ersten Frösten – draußen mit Zufütterung etwa von magerem Rindfleisch zu helfen. Schon Igel ab 350 Gramm Gewicht können den Winter überstehen, 450 Gramm reichen sicher. Außerdem sind Reisig- oder Laubhaufen ideale Überwinterungsplätzchen. Sie sollten auf keinen Fall im Herbst abgebrannt werden. Igel sind echte Winterschläfer. Von 36 bis 38 Grad Körpertemperatur geht es runter auf fünf bis sechs Grad. Die Herzschläge fallen von 170 auf weniger als zehn pro Minute. Ein gemütliches Nest haben sich die Igel dann gebaut, am liebsten unter Holzstapeln, in hohlen Bäumen, Laubhaufen oder Strohschobern. Eifrig Laub haben die Igel im Maul herangeschleppt, sich solange darin gedreht, bis eine Kugel entstanden ist. So fest, dass das Laub wie Blätter von einem Kohlkopf heruntergeschält werden müsste, um an den Schlummernden heranzukommen. Nach Norden ausgerichtet – um nicht gleich vom ersten Frühlingssonnenstrahl geweckt zu werden – schlafen die Igel mit wenigen Unterbrechungen bis zum April.

Jeden Tag Silvester

Kormorane können an Fischteichen großen Schaden anrichten

Ein Kormoran schnappt sich einen Leckerbissen aus dem Fischteich. Kormorane zählen zur Familie der Ruderfüßer, die bis zu 16 Meter tief nach Nahrung tauchen können.

Es ist Mittagszeit, und über dem Tagebaurestloch Dreiweibern bei Hoyerswerda gleißt die Sonne. Kein Windhauch bewegt die Blätter der kleinen Birken, die die weitgestreckte Böschung des Braunkohlelochs rasch erobert haben. Sandige Dünen wechseln mit stillen kleinen Wasserflächen, bis weit hinten der blaue See glitzert. Eines Tages wird er weiter vorrücken und auch diese Böschung verschlingen. Tote Bäume, die jetzt schon im Wasser stehen, zeugen davon. Einstweilen jedoch sind diese toten Bäume noch voller Leben. Hier haben sich die bestgehassten Vögel der Oberlausitz eingenistet. Weit draußen haben sie einigermaßen Ruhe vor Fischern und Jägern. Die Kormoran-Kolonie im Tagebaurestloch Dreiweibern hat zumindest in diesem Jahr ihre Jungen großziehen können. Ihr alter Brutplatz im Tagebau Mortka wurde aufgegeben. Jemand hat die Bäume abgesägt, auf denen die Kormorane nisteten, und zerstörte die Nester. Und auch am Tagebau-Restloch Dreiweibern sollten die Vögel vertrieben werden. Fischer beantragten eine Abschussgenehmigung für einige der geschützten Vögel, um sie vom Brüten abzuhalten. Die Kormorane kehrten jedoch trotz der Schüsse zum Brutplatz zurück. Die schwarzglänzenden Komorane sind Fischfresser. In der Oberlausitz ist für sie jeden Tag Silvester. Aus den Teichen der Fischer holen sie sich die Karpfen, die eigentlich für die Ladentheke bestimmt sind. Und ein Trupp hungriger Kormorane kann schwere Schäden in den Teichen anrichten. Deshalb tragen die gänsegroßen Vögel auch wenig schmeichelhafte Beinamen: Schwarze Pest, Unterwasserterrorist, Hyäne der Lüfte.

Gedeckter Tisch vor der Haustür

Die Steine des Anstoßes hocken friedlich auf ihren Bäumen. Über Mittag ist Siesta angesagt. Die großen Ruderfüße um Äste gelegt, putzen sich manche Tiere das Gefieder. Einige Jungen üben Flugbewegungen. Andere wieder haben ihre Flügel weit ausgebreitet und lassen sie in der Sonne trocknen. In der Oberlausitz ist das Nahrungsangebot groß. In den Früh- und Nachmittagsstunden fliegen die Kormorane auf Jagd. An den Meeresküsten müssen die Vögel manchmal 30 bis 40 Kilometer weit zu ihren Nahrungsgründen fliegen. In der Oberlausitz haben sie den gedeckten Tisch vor der Haustüre. Nur etwa eine Viertelstunde dauert die Jagd in den vollbesetzten Fischteichen. An den Meeresküsten fischen die geselligen Vögel öfter zusammen. Eine ganze Gruppe treibt dann die Schwarmfische vor sich her und jagt. In der Oberlausitz haben sie solche Treibjagden nicht nötig. Hier jagen sie als Einzelgänger.

Bis zu 16 Meter tief auf der Suche nach Fischen

Kopfüber tauchen sie ab, die großen Ruderfüße paddeln kräftig im Gleichklang, der Schwanz steuert. Die Flügel leicht angewinkelt saust der Kormoran unter Wasser wie der Wolf in die Schafsherde zwischen die Karpfen. Bis zu 16 Meter tief kann der Kormoran tauchen, dabei über eine Minute unter Wasser bleiben. Die Fischteiche in der Oberlausitz freilich sind flacher und der Kormoran muss sich nicht so mühen. Mit seinem Hakenschnabel packt er seine Beute, hält sie fest und taucht wieder auf. Nun muss der zappelnde Fisch zurechtgelegt werden. Geschickt balancieren die Kormorane die glitschige Beute im Schnabel, bis der Fisch Kopf voran im Ganzen hinabgewürgt wird. Bei großen Fischen bekommt der Kormoran einen dicken Hals. Das begrenzt auch die Fresssucht der Fischjäger. Karpfen bis etwa 300 Gramm Gewicht und 25 Zentimeter Länge verschlingen Kormorane gerade noch so. Die Teiche mit ausgewachsenen, dreijährigen Speisekarpfen werden deshalb in Ruhe gelassen. Unter den Kormoranen spricht sich schnell herum, wo die Happen einfach zu groß sind. Freilich soll es Vögel geben, die sich an zu großen Beutetieren versuchen. Der Fisch blieb dem Kormoran im Hals stecken und er erstickt. Nicht nur Karpfen stehen auf dem Speiseplan der Kormorane. An den Meeresküsten jagen sie vorwiegend Heringe. In der Lausitz aber ist der Karpfen nun einmal der mit Abstand häufigste Fisch. Doch auch Weißfische, Barsche, Plötzen, Moderlieschen, Stichlinge, Aale – kurz, alles was Flossen hat – stehen auf dem Speiseplan. Wählerisch ist der Kormoran da nicht.

Die wendigen Jäger sind echte Konkurrenz für die Fischer. Wenn mehrere Kormorane über einen Teich herfallen, können sie ihn weitgehend leerfischen. Vielen Fischern in der Oberlausitz, die mit Krediten, Billigkonkurrenz aus Polen und Tschechien oder Absatzproblemen zu kämpfen haben, sind die Vögel darum ein Dorn im Auge. Manche führen einen regelrechten Krieg gegen die Vögel, die sich erstmals anfangs der 80er

Jahre in der Oberlausitz ansiedelten. Bis 1990 wurden alle Brutansiedlungen durch die Binnenfischer legal unterbunden. Auch danach wurde illegal geschossen oder bei Nacht und Nebel die Nistbäume umgesägt. Dabei grassieren auch Horrorgeschichten, beispielsweise über die Fischmenge, die ein Kormoran täglich verschlingt. Die bewegt sich bei 300 bis 400 Gramm täglich und nicht im Kilobereich. Nachweisen lässt sich das einfach über Analysen der Speiballen – einmal am Tag speien die Kormorane unverdauliche Fischreste aus. Die wenigen Brutpaare in Sachsen fallen ohnehin kaum ins Gewicht. Problematisch wird es, wenn die Zugvögel aus den großen Kolonien in den Niederlanden und Dänemark im Herbst gleich zu Tausenden erscheinen. Sie zu schießen, hat auch wenig Sinn, zumal die Tiere mittlerweile ausgesprochen misstrauisch und vorsichtig sind und nur schwer zu erjagen.

Bei allen Nachstellungen sind die Kormorane, sicher auch aufgrund der wachsenden Bestände an den Küsten, auf dem Vormarsch ins Binnenland. Bis Bayern und eben Sachsen haben sich die früher fast ausschließlich Küsten bewohnenden Vögel ausgebreitet. Ein natürlicher Ausbreitungsprozess. Und während in den großen Kolonien der Niederlande die Nachwuchsrate mit kaum mehr einem Jungen pro Paar stagniert, sind die Binnenland-Kolonien der geschützten Vögel vital. Zwei bis vier Junge ziehen die sächsischen Kormorane groß. In die Kolonie Dreiweibern kommt Bewegung. Die Jungen haben Hunger und betteln mit lauten, hohen Quietschen. Zeit für die Alten, Nahrung zu besorgen. Im Schlund bringen die Eltern die Fische herbei. Dann werden die halbverdauten Fische hochgewürgt. Der Kopf des Jungen fährt in den offenen Schnabel der Alten, und gierig werden die verfrühten Silvesterkarpfen verschlungen. An heißen Tagen besorgen die Alten so auch frisches Wasser für den Nachwuchs. Erst mit etwa drei Jahren werden Kormorane geschlechtsreif. Dafür können sie ein recht hohes Alter erreichen. Der bislang bekannte Älteste brachte es auf immerhin 18 Jahre und acht Monate.

Die alten Kerle hocken auf den besten Plätzen

Kormorane sind Gewohnheitstiere. Sie suchen am liebsten immer wieder dieselben Brut- und Schlafplätze auf. Solche Traditionen können viele Jahre halten. An ihren Ruheplätzen herrscht eine strenge Ordnung. Da ist es fast

Nachdem sie über Jahrhunderte hinweg verfolgt
und in einigen Regionen ausgerottet wurden,
kehren nun die Fischräuber scharenweise zurück.

genau wie bei den Menschen. Auf den besten Plätzen – ganz oben auf den Bäumen – hocken die alten Männchen und haben ihre dicken Ruderfüße fest um die Äste geschlungen. Der Platz an der Sonne wird eifersüchtig bewacht und verteidigt. Jahrelang kann es dann exakt derselbe Ast sein, wo gedöst, gesonnt oder geputzt wird. Mit den Sitzgelegenheiten etwas weiter darunter müssen die alten Weibchen vorliebnehmen. Gleich unter ihnen in der Rangfolge besetzen die jungen Männchen die übrigbleibenden Äste. Für die jungen Kormoranweibchen bleibt oft nicht einmal ein Plätzchen im Baum übrig. Etwas traurig sitzen sie dann auf dem Boden und haben wenig zu bestellen. Aber immerhin rücken die jungen Weibchen mit zunehmendem Alter etwas weiter auf. Und diesen Automatismus gibt es bei den Menschen nicht.

Die Tänzer mit dem Trompetensolo

In der Oberlausitz findet der Kranich ideale Bedingungen

Schon lugt erstes frisches Grün durch das fahle Braun der vertrockneten Gräser vom letzten Jahr. Doch das duckt sich tief unter dem dichten Flockenwirbel, der in der letzten Märzwoche trotzig gegen den Frühling anstürmt. Fast versunken ist jenseits der Wald in dem milchigen Grau. Den beiden Kranichen scheint der Wintereinbruch kaum etwas auszumachen. Langsam schreiten sie über die Wiese, senken die Schnäbel, um nach Fressbarem zu suchen. Dann äugen sie immer wieder misstrauisch, scheinen hinter dem weißen Vorhang aus Schnee nach Gefahren zu suchen. Doch bis auf einen Kolkraben, der krächzend über das Feld fliegt, liegen die Wiesen und Felder rings um das Dorf Wartha im Biosphärenreservat Oberlausitzer Heide- und Teichlandschaft still und verlassen.

Schon Ende Februar, Anfang März sind die scheuen Kraniche hier eingetroffen aus ihren Winterquartieren. In den Korkeichenwäldern der Estremadura in Spanien verbringt der größte Teil der europäischen Kraniche die kalte Jahreszeit. Doch es zieht sie immer früher zurück in ihre Brutgebiete. Noch vor 20 Jahren ließ sich im Februar kaum ein Kranich in der Oberlausitz blicken. Jetzt sind sie schon häufig so früh zurück. In schnellem Flug haben sie das europäische Festland durchquert. Auf festen Zugwegen haben sich die deutschen, skandinavischen und polnischen Kraniche vereinigt, fliegen in Keilformation. Die großen Vögel sind hervorragende Flieger. Selbst Hochgebirge und Meere können sie überqueren, anders als Weißstörche. Bis zu 1 700 Kilometer Flug ohne Pause sind schon beobachtet worden, bis auf 4 000 Meter Höhe können Kraniche steigen. Doch zu solchen Extremleistungen werden sie selten gezwungen. Normalerweise bleiben sie unter 500 Metern Höhe und fliegen einige

Der Kranich zählt zu den markantesten Vögeln der heimischen Fauna.

Dutzend bis einige hundert Kilometer am Tag. Immer wieder legen sie auch eine Rast ein, um Nahrung zu suchen. So landen sie schließlich in der Oberlausitz. Hier brauchen sie ihre Kraft, um die Balz zu beginnen.

Die Sonne sorgt für Frühlingsgefühle

Ein dritter Kranich nähert sich in flachem Flug, landet nur wenige Meter von den beiden anderen entfernt. Die langen Hälse gereckt, beobachten diese den Neuankömmling. Er ist unerwünscht und bekommt das auch gleich zu spüren. Einer der beiden rennt ein paar Schritte, kraftvoll schlagen die Flügel, dann fliegt der Kranich etwa einen Meter über dem Boden auf den Eindringling zu. Der sucht sein Heil in der Flucht. Schnell weicht er ein paar Meter zurück. Der Angreifer ist es zufrieden. Vorerst. Er landet und stolziert gravitätisch zu seiner Auserwählten zurück. Dann legt er den Kopf zurück und ruft seinen Triumph hinaus. Ein lautes, anhaltendes Trompeten schallt weit über die Wiese. In der Oberlausitz sind im zeitigen Frühjahr die Fanfarenstöße der Kraniche nicht selten zu hören. Wenn die ersten Sonnenstrahlen für wohliges Behagen sorgen, dann erwachen bei den Kranichen die Frühlingsgefühle. Das Männchen spreizt die Federn, stolziert um das Weibchen herum und prahlt mit seiner Pracht. Das Weibchen lässt sich nicht lange bitten. Der Tanz beginnt. Die Tiere drehen sich auf der Stelle, schütteln den Körper, stolzieren steifbeinig umeinander herum, springen in die Höhe. Dabei wird geknurrt und gegurrt.

Zum Brüten mit nassen Füßen

Bei Kranichen geht es zu wie in der Diskothek, die beiden Partner fassen sich zwar nicht an, verrenken sich aber in alle möglichen Positionen und steigern sich gegenseitig in immer höhere Erregung. Gelegentlich greifen die hüpfenden Vögel auch nach Steinen und Stöcken, schleudern sie hoch und fangen sie mit dem Schnabel wieder auf. Schließlich schmettern die Tiere im Duett ihren Fanfarenruf hinaus. Ende März, Anfang April werden die Kraniche heimlich. Dann ziehen sie sich an ihren Brutplatz zurück. Dort holen sich sie gern nasse Füße. Bevorzugt brüten sie im Schilfgürtel, im knietiefen Wasser. Hier sind die Nester vor Räubern besser geschützt. Am Schilfrand ist der Überblick offenbar am besten, denn hier werden die meisten Nester errichtet. Kraniche kehren immer wieder in ihr Brutgebiet zurück, doch sie nutzen nicht immer den Platz vom Vorjahr. Von kunstvollen und langwierigen Bauten halten die Vögel eh nicht viel. Aus der näheren Umgebung werden mit dem kräftigen Schnabel Schilf und Rohr, Wurzeln und Gräser abgerissen und zum Nest geschleudert. Kraniche nehmen, was gerade greifbar ist. Auch während der Brutzeit wird weiter gebaut, denn durch das Gewicht der brütenden Vögel sackt der Haufen im Wasser zusammen. Meist sind die Nester schließlich

Darf ich bitten? Im zeitigen Frühjahr tanzen die Kraniche miteinander und schmettern ihre schallenden Rufe hinaus.

über einen halben Meter hoch und haben einen Durchmesser von mehr als einen Meter. Einen Monat lang brüten die Kraniche ihre zumeist zwei Eier aus. Männchen und Weibchen wechseln sich ab. Während der eine auf Nahrungssuche ist oder sein Gefieder putzt, sorgt der andere für Nestwärme. Sind beide Jungen geschlüpft, beginnt schon der erste Ausflug. Die kleinen Kraniche sind Nestflüchter. Schon nach wenigen Stunden schwimmen sie ihren Eltern hinterher zum Ufer. Nur in den ersten Nächten kehrt die Kranichfamilie nachts in den Schutz des Nestes zurück. Bald aber hat es für dieses Jahr ausgedient. In der Oberlausitz findet der Kranich ideale Bedingungen. Lausitz ist eine Bezeichnung aus dem Sorbischen und heißt soviel wie sumpfiges, feuchtes Land. Eine Gegend, ganz nach dem Geschmack der großen Schreitvögel. Teiche und Seen mit verlandeten Zonen und breiten Schilfgürteln zum Brüten. Abgelegene Wiesen und ausgedehnte Felder für die Nahrungssuche und als Balzplätze. Schließlich stille Wälder und dunkle Erlenbrüche für die Jungenaufzucht. Etwa 35 Brutpaare leben im Oberlausitzer Biosphärenreservat. In ganz Sachsen sind es über 70.

Feinde riskieren Schnabelhiebe

Feinde muss der Kranich kaum fürchten. Erwachsene Tiere zählen schließlich zu den größten heimischen Vögeln. Bis zu 1,30 Meter groß werden Kraniche, Männchen können bis zu sechs Kilogramm schwer werden. Mit bis zu 2,45 Meter Flügelspannweite werden Kraniche nur noch von Seeadlern und Großtrappen knapp übertroffen. Überdies sind Kraniche wehrhafte Vögel, die verstehen, ihren harten, langen Schnabel einzusetzen. Kein Fuchs hat Aussicht auf Jagderfolg, wenn er nicht gerade ein krankes oder erschöpftes Tier überrascht. Dagegen läuft er Gefahr, sich kräftige, schmerzhafte Schnabelhiebe oder auch Flügelschläge und Fußtritte einzuhandeln. Selbst einen angreifenden Seeadler fürchten die mutigen Vögel nicht. Ein Naturschützer beobachtete so einen vergeblichen Adlerangriff: Mit vorgestreckten Fängen zog der Adler Kreise um das Nest der Kraniche. Der brütende Vogel reckte den Schnabel in Richtung des Angreifers und sprang ihm knurrend und fauchend entgegen. Nach einigen vergeblichen Versuchen drehte der Adler ab. Nur vor dem Menschen ergreifen die Tiere die Flucht. Ihm sind sie nicht gewachsen. Immer mal wieder werden den Tieren auch Stromleitungen zum Verhängnis, selbst Kollisionen mit Flugzeugen kommen vor. Überleben die Kraniche, können sie ein für Vögel nahezu biblisches Alter erreichen. 25 bis 30 Jahre alt können sie werden, in Gefangenschaft brachte es ein Tier sogar auf 42 Jahre. Kraniche sind rührende Eltern. Schon bald nach dem Schlüpfen werden die Kleinen, die orangerote Federn haben, in den Wald geführt. Hier suchen die Kraniche Schutz. Die Kleinen werden gefüttert und bekommen von ihren Eltern Insekten gereicht. Die energiereiche Nahrung lässt sie schnell wachsen. Zunehmend werden auch Felder und Wiesen aufgesucht. Wenn Feinde nahen, dann verteidigen die Eltern ihren Nach-

Bevor die Kraniche in den Süden ziehen, sammeln sie in riesigen Scharen. Dann „reisen" sie in Flugverbänden nach Spanien und Portugal.

wuchs. Zunächst versuchen sie, ihn zu überlisten. Einer der beiden Alten beginnt zu schauspielern. Er hinkt, taumelt, flattert zaghaft mit den Flügeln. Leichte Beute, mag ein Angreifer hoffen. Der andere versucht derweil, die Jungen in Sicherheit zu bringen. Klappt das nicht, wird der Gegner auch angegriffen. Etwa zehn Wochen lang müssen sich die Alten so intensiv um die Jungen kümmern. Dann beginnen diese, selbst zu fliegen, und die Familie kann nun in luftiger Höhe das Weite suchen.

Nicht wählerisch bei der Nahrungssuche

Die enge Familienbindung hält bei Kranichs an. Fortan tummelt sich die Familie gemeinsam auf Wiesen und Äckern, sucht hier ihre Nahrung. Jetzt stehen nicht mehr nur Insekten auf dem Speiseplan der Jungtiere.

Kraniche ernähren sich ausgesprochen vielseitig. Felder und Wiesen bieten ein reiches Speisenangebot. Getreidekörner und Mais werden aufgepickt, Kartoffeln und Kohlköpfe angehackt, kleine Maispflanzen herausgezogen. Doch auch Insekten oder Mäuse stehen auf dem Speisezettel. Mit ihrem scharfen Sehvermögen und dem guten Gehör erwischt der Kranich manchen Nager. Der wird belauert, dann wird blitzschnell mit dem Schnabel zugestoßen.

Den drei Kranichen bei Wartha ist nicht zum Fressen zumute. Sie beäugen sich misstrauisch. Wieder ist der Eindringling den beiden anderen zu nahe gekommen, erneut stürzt einer vor, vertreibt den aufdringlichen Kerl. Der weicht nur einige Meter zurück, wird erneut attackiert und rennt rechtzeitig einige Schritte davon. So geht es über die Wiese. Noch einmal erschallt der Trompetenschrei, dann laufen die beiden Kraniche los, erheben sich mit kraftvollen Flügelschlägen in die Luft und räumen das Feld. Allein mag der dritte die Wiese aber auch nicht haben, und so zieht er kurze Zeit später davon. Im Frühjahr ist nicht die Zeit für Geselligkeit, da wollen die Paare zumeist unter sich bleiben. Erst im Herbst finden die Kraniche ihren Gemeinsinn wieder.

Im Herbst ist wieder Geselligkeit angesagt

Im Oktober oder November ziehen die Kraniche aus der Oberlausitz ab. Zuvor versammeln sie sich jedoch. In einem kleinen Moor finden sich die Tiere zusammen, um gemeinsam zum nächstgrößeren Sammelplatz zu ziehen. Dort vereinigen sie sich mit anderen Trupps. Sammelplätze werden oft über Jahrzehnte beibehalten. An der Ostseeküste etwa sammeln sich jährlich Zehntausende aus Skandinavien kommende Kraniche, um schließlich gemeinsam ihren Flug nach Süden anzutreten.

Seit altersher haben die Kraniche den Menschen beeindruckt. Sei es durch ihr majestätisches Auftreten, ihre lauten Fanfarenstöße oder ihre beeindruckenden Züge über Grenzen hinweg. Schon die alten Ägypter verehrten Kraniche, hielten sie selbst als Haustiere. In Europa war der Kranich einer der häufigsten Wappenvögel überhaupt, und schließlich setzte Friedrich Schiller mit seiner Ballade „Kraniche des Ibykus" den stolzen Vögeln auch ein literarisches Denkmal.

Sonnenanbeter mit gespaltener Zunge

Die Kreuzotter ist die einzige Giftschlange in unseren Breiten

Die besten Plätze sind belegt. Die Sonnenanbeter haben Position bezogen, gleich am Morgen. Aus einem wolkenbetupften blauen Himmel strahlt Klärchen über die kleine Lichtung hinein bis in den Saum der Kiefernschonung, zwischen Heidelbeerkraut und Preiselbeerbüschen. Am Boden schimmert der Sand durch, der sich so wunderbar aufheizt. Eine Zauneidechse sitzt bewegungslos an einem Baumstubben. Völlig unbekümmert. Dabei ist die Nachbarschaft mit dem schwarzen Zickzackband auf dem graubraunen Rücken nicht ohne. Nadelspitze Giftzähne verbergen sich im Maul der Kreuzotter. Doch als ob sie Bescheid wüsste, kümmert sich die Zauneidechse gar nicht um die Schlange. Muss sie auch nicht: Kreuzottern fressen keine Zauneidechsen, nur deren Verwandte, die Waldeidechsen. So ist die Idylle an diesem Sommermorgen ungetrübt.

Gleich drei Kreuzottern nutzen den Morgen an dem kleinen Kiefernstreifen zu einem Sonnenbad. Nur wenige Meter voneinander getrennt liegen sie genau an der Grenze zwischen den Kiefern und der Wiese. Hier scheint die Sonne hinein, ein Rückzug ins Gehölz ist leicht und überhängende Äste verbergen von oben den Blick auf die Ottern. So können sie in Ruhe vor Feinden den strahlenden Morgen genießen. Ein Schwarm Fichtenkreuzschnäbel rauscht hinüber in den Hochwald und ein kleiner Fittichlaubsänger piepst in der Kiefernschonung der Radeburger und Laußnitzer Heide. Lang ausgestreckt liegt die eine Kreuzotter, die Rippen gespreizt, so dass ihr Körper flach und breit wie ein Band zwischen dem Heidekraut liegt und Sonne tanken kann. Den beiden anderen ist noch etwas kühl, sie liegen zusammengerollt, so dass ihre Körperwindungen aufeinander ruhen.

Farblich variieren die Kreuzottern erheblich. Eigen ist ihnen aber das auffällige Zickzackband auf dem Rücken.

Stelldichein an festen Plätzen

Rötlich ist die eine, bräunlich sind die anderen. Farblich können Kreuzottern erheblich variieren. Es gibt kupferrote Exemplare oder ganz schwarze. „Höllenotter" wurden die Schwarzen genannt, eine Zeitlang glaubte man, sie seien eine eigene Art oder auch besonders bissig und giftig. Eigen ist den Schlangen ihre auffällige Zeichnung, das Zickzackband auf dem Rücken. Man kennt sich, man versteht sich am Kiefernsaum. Kreuzottern erinnern ein wenig an Mallorca-Urlauber. Wenn das Wetter passt, finden sie sich pünktlich ein, immer auf demselben Plätzchen. So, als hätten sie ihr Handtuch dagelassen. Es sind drei Weibchen, die ein Sonnenbad nehmen, um bald für Nachwuchs zu sorgen. In ihrem Körper reifen die Eier heran, dazu braucht es Wärme. Kreuzotter-Weibchen überlassen ihren Nachwuchs nicht einfach der Sonne, indem sie ihre Eier im Boden vergraben und sich dann trollen. Sie kümmern sich selber. Etwa fünf bis 15 kleine Schlangen wird jede zur Welt bringen. Schon im Augenblick der Geburt durchstoßen die Kleinen die Eihülle und kommen damit lebend zur Welt. So kann die Kreuzotter auch Regionen besiedeln, die nicht wie in tropischen Ländern von der Sonne durchgebraten werden. Die Schlangen mögen es nicht zu heiß. Vor der prallen Mittagshitze ziehen sie sich ins schattige Unterholz zurück. Die Männchen und die nicht trächtigen Tiere sind sogar längst abgewandert in die kühleren Sommerjagdgebiete. Nur die trächtigen Weibchen haben am Kiefernsaum ausgeharrt.

Im Frühjahr sind die Kreuzottern an dieses Plätzchen gekommen. Die so genannten Brut- und Paarungsplätze sind Treffpunkte für die Vipern. Die Männchen tauchen zuerst auf, Ende März, Anfang April nehmen sie noch langsam und träge, wann immer es geht, ausgedehnte Sonnenbäder, damit ihre Spermien reifen können. Weibchen und Jungtiere ruhen etwas länger in ihren Winterverstecken, bevor auch sie sich aufmachen zum Ottertreff. Von Mitte April an werden die trägen Männchen rege, kriechen umher und halten Ausschau nach den Weibchen. Treffen sich zwei Männchen, dann kämpfen sie auch um die Gunst der Damen. Gebissen aber wird nicht. Allenfalls werden zum Schein Stöße auf den Gegner ausgeführt. Vielmehr richten sich die Schlangenmänner auf, verringeln sich ineinander und versuchen den Vorderkörper des Rivalen niederzudrücken oder schlagen mit den Halsseiten aneinander. So können sie lange ringen. Der Schwächere sucht schließlich das Weite, der Stärkere behauptet das Territorium. Nicht selten wartet abseits ein Weibchen auf den Sieger, der die Auserwählte von Kopf bis Schwanz ausgiebig bezüngelt. Nach der Paarung trollen sich die Männchen und die Jungtiere in die Sommerjagdgebiete. Mit ihnen kriechen die Weibchen, die nicht für Nachwuchs sorgen. Nur aller zwei Jahre bekommen Kreuzottern Junge.

Otterjagdgebiet im Moor

Unbeweglich und fast schwarz steht das Wasser im Pechteich bei Radeburg. Wie ein Schleier liegen die Pollen der Kiefern auf dem Gewässer. Kein Fisch sorgt für muntere Kringel. In dem sauren Wasser können sie gar nicht leben. Gleich hinter dem Pechteich beginnt das Moor. In den

Schlenken, stillen wassergefüllten Vertiefungen, wuchern die Torfmoose, die im Laufe der Zeit zusammensacken, das Moor bilden und immer wieder neu überziehen mit ihren frischen, hellgrünen Trieben. Seggen und Pfeifengras wachsen auf den Bülten, den kleinen Erhebungen, die über das Moor hinausschauen. Die Kiefern im sauren Wasser sind längst abgestorben. Am Rand recken Moorbirken ihre Stämme hoch in den Himmel und Faulbäume wachsen im Unterholz. Hier ist Otterjagdgebiet. Auf Mäuse haben es die Schlangen abgesehen, aber auch auf Frösche, Jungvögel oder Waldeidechsen. Meist warten die Schlangen auf ihre Opfer, bis die nah genug an ihnen vorbeitippeln oder sie kriechen langsam durch ihr Jagdrevier. Das ist nicht groß. 500 Quadratmeter reichen. Hier findet die Schlange, was sie braucht. Viel ist es nicht.

Stocktaub und kurzsichtig

In einer Entfernung von einigen Metern kann eine Kreuzotter ihre Beute wahrnehmen. Hören kann sie sie nicht. Kreuzottern sind stocktaub, wie alle Schlangen. Auch ist sie etwas kurzsichtig, nimmt vor allem Bewegungen wahr. Dafür kann sie gut riechen. Freilich fehlt ihr eine Nase. Ihr Riechorgan liegt im Gaumen. Mit der gespaltenen Zunge nimmt die Schlange feinste Duftpartikel auf und transportiert sie in ihr Maul. Einige Meter weit erzüngelt sie so ihre Umgebung.

Gerät eine Maus in die Nähe einer hungrigen Otter, dann kommt Bewegung in die Schlange. Langsam und lautlos kommt sie näher bis auf wenige Zentimeter, zieht dann den Oberkörper s-förmig zusammen und schnellt nach vorn. Kreuzottern stoßen blitzschnell zu, so schnell, dass ein menschliches Auge der Bewegung nicht folgen kann. Die Kreuzotter reißt das Maul weit auf, die drei bis vier Millimeter langen Giftzähne stellen sich auf, schlagen in die Maus. Das Gift wird injiziert und schon zieht sich die Otter zurück. Das alles dauert nur den Bruchteil einer Sekunde. Meist quiekt die Maus überrascht auf und sucht ihr Heil in der Flucht. Sie kommt nur wenige Meter weit, bis die tödliche Wirkung des Giftes einsetzt. Die Jägerin wartet erst einmal ab. In aller Ruhe geht sie dann auf die Suche. Sie nimmt die Spur der Maus auf. Ihre Zunge ist jetzt ständig in Bewegung. Hat sie die Maus erreicht, schlingt sie die Beute Kopf voran hinunter. Sie kann

Etwas kurzsichtig ist die Kreuzotter und zudem stocktaub.

ihre Kiefer ausklinken, so dass selbst fette Wühlmäuse Stück für Stück in die Schlange rutschen. Kleine Beute packt die Kreuzotter ohne Giftbiss. Sie ist sparsam mit dem kostbaren Sekret, dessen Herstellung die energiebewusste Schlange eine Menge Kalorien kostet. Ihre Giftzähne bleiben angelegt, wenn sie etwa einen vorwitzigen Jungfrosch geschnappt hat. Dafür reichen die normalen Zähne. Zumal Kaltblüter wie Frösche das Schlangengift besser wegstecken als Warmblüter wie Mäuse. Einem Streit geht die Otter trotz ihrer Waffe lieber aus dem Weg. Sie spürt Erschütterungen des Bodens. Einen fest auftretenden Menschen bemerkt sie schon in einem Abstand von über zehn Metern. Allenfalls mit einem entrüsteten Zischen verabschiedet sie sich ins dichte Kraut, wo sie nicht mehr zu entdecken ist.

Zehn bis zwölf Mäuse reichen

Ihre Giftzähne aber schützen sie nicht vor Feinden. Bussarde oder Kolkraben, die aus der Luft angreifen, Steinmarder oder Wildschweine verschlingen respektlos die Giftschlange. Sie sind zwar nicht immun, wissen aber meist, wie die Otter zu überlisten ist. Ein Igel etwa packt die Kreuzotter am

Schwanz und richtet seine Stacheln auf. Schlechte Karten für die Schlange, die zwar zu beißen versucht, aber durch die Stacheln nicht an den Igel herankommt. Erst wenn sich die Otter verausgabt hat und k. o. gegangen ist, zerbeißt ihr der Igel den Kopf und verspeist sie. Zehn bis fünfzehn Jahre alt wird eine Kreuzotter, wenn sie es als junge Schlange schafft, ihren Feinden zu entgehen. Kreuzottern selbst sind recht genügsam. Erst nach der Paarung fangen sie überhaupt mit Fressen an. Im August beginnt schon wieder die Fastenzeit. Bald ziehen sich die Ottern in die Winterquartiere zurück und mit vollem Magen ruht es sich schlecht. Unverdaute Nahrungsreste würden sie umbringen. Zehn bis zwölf Mäuse über den Sommer – das reicht ihr für das ganze Jahr.

Trocken und warm, feucht und kühl – die Kreuzotter mag die Gegensätze. Die Sonnenplätzchen ebenso wie die Moore, in denen am Abend die Nebel wallen aus den nassen Niederungen. Kreuzottern führen ein verstecktes Leben, ohne Hektik oder Aufregung. Sie wandern von ihren Überwinterungsplätzen auf die Paarungsplätze, von dort in die Sommerjagdgebiete und wieder zurück zum Überwintern. Die Wege sind jeweils nicht weit, zwischen 50 und 800 Metern. Ihre Ruhe will sie haben, ein bisschen Sonne und ab und an eine Maus. Kreuzottern sind eigentlich recht klein. Die Männchen werden reichlich einen halben Meter lang, die Weibchen können bis 80 Zentimeter lang werden. Mehrmals im Jahr müssen sich die Schlangen von ihrer Haut trennen. Deren äußere Schicht besteht aus Hornzellen, die nicht mitwachsen. Also trennt sich die Kreuzotter von ihrem alten Hemd. Die Haut löst sich am Maul und wird über mehrere Tage lang im Ganzen abgestreift. Ein mühseliges Unterfangen. Die Otter zwängt sich dann durch enges Gestrüpp und Steine, um das alte Kleid endlich loszuwerden. Im September schon ziehen sich die Ottern in die Winterquartiere zurück. Ein gemütliches Plätzchen teilen sich nicht selten mehrere Ottern, manchmal sogar mit Erdkröten oder Ringelnattern. Hier nutzen sie noch die letzten warmen Hochsommertage zum Sonnenbad, bevor sie endgültig abtauchen. Alte, hohle Baumstubben, in die sie zum Schutz vor Frost tief hineinkriechen können, Höhlen unter Steinen oder Mäuselöcher – Hauptsache, es wird nicht zu kalt. Dort warten sie geschützt auf die ersten warmen Tage des neuen Jahres. Wenn im Februar die Sonne kräftig scheint, dann unterbrechen vor allem Männchen schon mal die Winterruhe um einen Vorgeschmack auf den kommenden Sommer zu bekommen.

Der Königsfisch zieht wieder durch die Elbe

Die Lachse sind in die Bäche der Sächsischen Schweiz zurückgekehrt

Das Wasser schäumt und quirlt über das Wehr. Der heftige Regen hat den Lachsbach anschwellen lassen. Die Strömung wirbelt der Elbe zu. Kraftvoll schnellt ein großer, silbrig glänzender Fisch aus dem Wasser. Sekundenlang schießt er durch die Luft, zwei bis drei Meter weit, anderthalb Meter hoch. Doch er schafft es nicht. Die Strömung ist zu stark, das Stauwehr zu hoch. Immer wieder versuchen es die Fische. Sie achten nicht auf Leib und Leben. Ein gewaltiger Trieb peitscht sie vorwärts zum erneuten Versuch, dieses letzte Hindernis auf dem Weg in die Laichgewässer zu überwinden. Vergeblich.

Mitarbeiter der Landesanstalt für Landwirtschaft fangen schließlich die Lachse und setzen sie über das Wehr. So kann sich hoffentlich der Kreislauf schließen, der 1995 begann. Die Lachse eilen weiter, den Lachsbach hinauf bis in die Flüsse Polenz und Sebnitz. Bis auf zehn Meter genau finden sie den Ort wieder, wo für sie das Leben im Fluss begann. Groben Kies und Steine am Boden und eine heftige Strömung – das sind die Laichplätze der Lachse. Nur wo das kristallklare kalte Wasser richtig strömt, werden die Eier ausreichend mit Sauerstoff versorgt. Heftig schäumt und spritzt das Wasser bei der Paarung der großen Fische. Sie verausgaben beim Laichen ihre letzte Kraft. Die mit roten Flecken gesprenkelten Männchen dulden keinen Nebenbuhler mehr in der Nähe. Taucht dennoch einer auf, kann es auch zu Kämpfen kommen. Wie Hirsche gehen die Lachse aufeinander los. Maul an Maul stehen die Rivalen nebeneinander, rammen sich mit Kopfstößen, prügeln mit den kräftigen Schwanzflossen aufeinander ein. Verletzungen fügen sich die Fische dabei aber kaum zu. Denn auf ihrer Wanderung im Süßwasser – die Elbe hinauf – ist ihr Unterkiefer nach oben gewachsen und bildet nun einen Haken. Die Folge ist – die Fische können nicht mehr fressen.

Immer größer werden die Lachse, die in die Sächsische Schweiz zurückkehren.

Aber sie können sich mit den kräftigen und scharfen Zähnen auch nicht mehr beißen, da sie ihr Maul nicht mehr schließen können.

Ein Leben unter Volldampf

Am Ende der Paarung fangen Männchen und Weibchen an zu graben. Mit kräftigen Flossenschlägen wühlen sie sich bis zu 40 Zentimeter tief ein. 10 000 bis 40 000 Eier legt das Weibchen, das Männchen befruchtet sie. Bis zu 25 Prozent ihrer Körpermasse, etwa 1,5 bis 2 Kilogramm, verliert das Weibchen auf einen Schlag an Gewicht durch die Laichabgabe. Dann sterben die Lachse. Zumindest die meisten. Drei bis fünf Prozent schaffen den Rückweg ins Meer, ein Prozent aller Lachse reist sogar ein drittes Mal an den Geburtsort. Bis zu zehn Jahre alt und mächtig groß sind diese wenigen Tiere dann.

Die kleinen Lachse schlüpfen im Frühjahr. Sie sind schon recht groß – zwei Zentimeter lang – und schleppen einen Dottersack mit sich herum. Ein Vermächtnis ihrer Mutter – die Eier bestehen zum großen Teil aus Fett. So brauchen die kleinen Lachse in den ersten vier bis acht Wochen nichts zu fressen. Wenn sie schon kräftige kleine Fischlein sind, verlassen sie ihr Kiesbett. Dann hat sich auch ihr Darm entwickelt, die Maulspalte öffnet sich. Jetzt gehen sie auf Jagd nach Larven und Insekten. Mit ihren großen Brustflossen klammern sich die kleinen Lachse an Steinen fest, so dass sie nicht ständig gegen die Strömung anschwimmen müssen. Das spart Energie. Zumeist zwei Jahre bleiben sie im Bach und wachsen zu 15 bis 20 Zentimeter langen silberglänzenden Fischen heran. Dann ist die Zeit gekommen, auf Wanderschaft zu gehen.

In nur zehn Tagen eilen sie den Bach hinunter in die Elbe bis zu deren Mündung. 60 Kilometer am Tag. Hinaus geht es in die Nordsee und in den Atlantik – in die kalten Gewässer vor Grönland. Nur eines kennen die Lachse, die in Schwärmen schwimmen, hier: fressen, fressen, fressen. Pro Monat können sie bis zu einem Kilogramm Gewicht zulegen. Die Lachse leben unter Volldampf. Sie schlafen nicht, können pro Tag 50 oder 60 Kilometer durchs Meer wandern auf der Suche nach Nahrung. Vor allem ein bis zwei Zentimeter lange Krebstiere stehen auf dem Speisezettel. Die Krebse sorgen auch für das schöne rote Fleisch der Lachse – dank dem

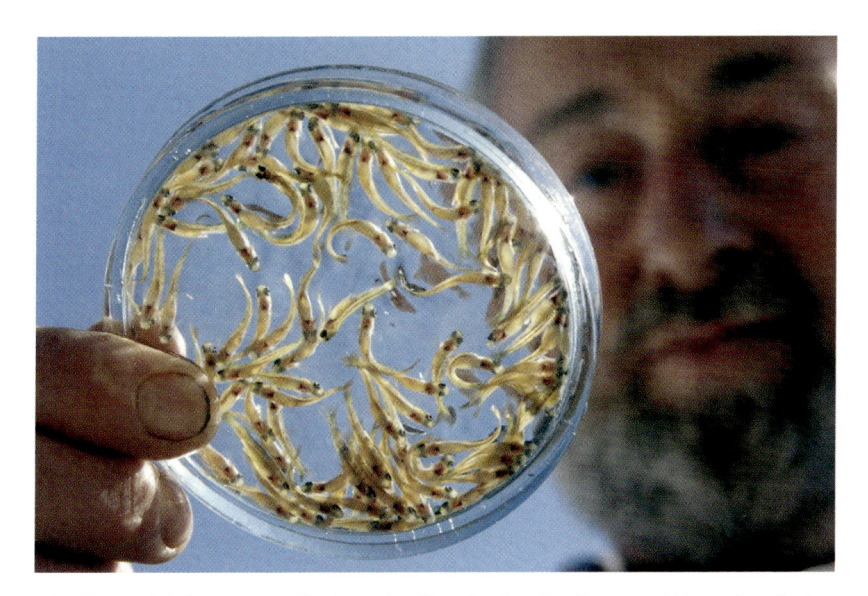

Mit Kennerblick mustert der Langburkersdorfer „Lachsvater" Hans Ermisch die erste sächsische Lachsbrut seit 70 Jahren. Die Winzlinge sind Nachkommen der 1995 im Rahmen der Wiedereinbürgerung ausgesetzten Brut.

Farbstoff Karotin, den sie enthalten. Lachse aus der Ostsee, die Heringe fressen, haben gelbes Fleisch.

Der Heimatfluss wird erschnuppert

Feinde müssen sie kaum fürchten. Allenfalls im Nordatlantik seltene Haie schnappen sich ab und an einen Lachs. Gefährlicher sind die Netze der Fischer. Obwohl Lachse derzeit nicht gezielt gefischt werden, geraten die Tiere doch immer mal wieder in Netze. Nach einem bis anderthalb Jahren Fressorgie im Meer besinnen sich die Lachse auf ihre Heimatgewässer. Dann haben sie sich etwa auf eine Größe von 60 bis 70 Zentimeter und ein Gewicht von durchschnittlich 3,5 Kilogramm gefuttert. Der größte in diesem Jahr in die Sächsische Schweiz zurückgekehrte Lachs wog über sechs Kilogramm und war stattliche 91 Zentimeter lang.

Lachse verfügen über ausgesprochen feine Sinne. Im Meer orientieren sie sich am Erdmagnetismus. Kommen sie in die Nähe der Elbmündung, erschnuppern sie die. Mit ihrer feinen Nase erkennen die Lachse den Heimatfluss am Geruch. An ganz bestimmten Molekülen im Wasser. Nichts hält sie mehr auf. So gierig sie im Meer gefressen haben, jetzt leben sie nur von ihren Fettreserven, eilen die Elbe stromauf zum 650 Kilometer entfernten Lachsbach. Dort angekommen, haben sie in ihrem Leben etwa 8000 bis 10 000 Kilometer zurückgelegt.

Fünf Prozent aller Lachse freilich verschwimmen sich – diese Erinnerungslücke hat Mutter Natur in weiser Voraussicht vorgesehen. Ein Erdrutsch oder eine andere Naturkatastrophe könnte ja den Weg zu den Laichgewässern versperrt haben, dann wären die Lachspopulationen erloschen. Die Verirrten aber garantieren, dass auch neue Flüsse und Bäche besiedelt werden. Auch andere Fischarten könnten die Elbe wieder erobern. Die Flundern etwa. Einst wanderten sie vom Meer ins Süßwasser, selbst bei Dresden wurden Flundern gefangen. Nachdem es der Lachs geschafft hat, könnten auch Flundern wieder auftauchen. Andere Fische haben diesen Wasserweg schon wieder neu erobert. Das Flussneunauge war während der DDR-Zeit ausgestorben. Doch ein Taucher hat in der Wesenitzmündung wieder eines dieser seltsamen Tiere entdeckt. Das Flussneunauge ist streng genommen gar kein Fisch, sondern ein sogenanntes Rundmaul. Etwa armlang und aalartig sehen die Tiere aus. Sie ernähren sich vornehmlich vom Blut anderer Fische. Mit ihrem Saugmaul heften sie sich an andere Fische und raspeln mit scharfen Zähnen deren Fleisch ab.

Stör wird wohl nie wiederkommen

Das Flussneunauge ist ebenso ein Wanderfisch wie der Maifisch. Auch dieser galt als ausgestorben, bis bei Meißen 1991 wieder ein Exemplar gefangen wurde. Zurückkommen könnten auch Meerneunauge, Meerforelle und Nordseeschnäpel. Als verschollen in der sächsischen Elbe galten außerdem Quappe, Barbe, Nase, Zope und Welse. Sie wurden in den letzten Jahren wieder entdeckt. Allerdings keine Chance mehr hat der einst größte Elbfisch, der bis zu 2,5 Meter lange Stör. Durch den Flussausbau sind die Laichstellen, tiefe Kolke mit starker Strömung, endgültig verloren.

Unterwegs auf leisen Pfoten

*Luchse sind die heimlichen
Herren des nächtlichen Waldes*

Die Morgendämmerung war hereingebrochen und kündigte einen nebelverhangenen Novembertag an, als ein Fahrer der Kirnitzschtalbahn in der Sächsischen Schweiz ein überaus seltenes Erlebnis hatte. Auf einer Wildwiese, hinter der die Kirnitzsch murmelt, entdeckte er ein großes Tier. „20 Meter von der Straße entfernt saß das Tier im kurzen Gras, war bestimmt im ersten Moment genauso erschrocken wie ich", berichtet der Fahrer. Der Schreck wich dem Erstaunen über die außergewöhnliche Begegnung. „Deutlich konnte ich die langen Ohrpinsel erkennen, das Tier duckte sich nach Katzenart, schaute mich direkt an. Mir war fast sofort klar, dass es ein Luchs war." Während der Fahrer seine leere Straßenbahn zum Stehen brachte und die Tür öffnete, um das Tier besser beobachten zu können, verschwand der Luchs auch schon, setzte mit großen Sprüngen hinter der Bahn über die Straße und war im Wald verschwunden. „Rehe oder Füchse bekommen wir schon öfter mal zu Gesicht, aber einen Luchs hat bisher keiner meiner Kollegen getroffen", meint der Fahrer. Was den Luchs veranlasste, auf der Wiese zu verharren, während sich ein gelbes Ungetüm näherte, ist nicht nachzuvollziehen. Dem Fahrer jedenfalls gelang damit eine der seltenen Sichtbeobachtungen des scheuen Raubtieres in der Sächsischen Schweiz. Hier, vor allem im Nationalparkgebiet, hat die Katze eine Heimat gefunden.

Kaum mehr als eine Handvoll

Ein dichtes Dach bilden die Kronen der Bäume in der hinteren sächsischen Schweiz, verbergen dunkle Schluchten, enge Dickungen und wie von Titanenhand aufgetürmte Felsen. Diese reich strukturierte Landschaft, die tausend Verstecke und geheimnisvolle stille Wege in dichtem

Die heimlichen Katzen lassen sich nur
sehr selten von einem Menschen überraschen.

Wald und im Fels bietet, ist die angestammte Heimat des Luchses. Die Katzen sind Einzelgänger. Je nach Nahrungsangebot und Versteckmöglichkeiten erstrecken sich ihre Reviere über Dutzende bis Hunderte Quadratkilometer. Im Elbsandsteingebirge sind die Reviere eines einzelnen Tieres vermutlich größer als 150 Quadratkilometer. Kaum mehr als eine Handvoll Luchse dürfte hier leben. Vom Menschen fast unbemerkt gehen sie ihrem heimlichen nächtlichen Treiben nach. Bei ihrer Scheu und ihrer geringen Zahl ist es kein Wunder, dass sie oft wochen- und monatelang völlig unbemerkt bleiben – bis ein Abdruck ihrer Pfote, ein gerissenes Reh oder eine der seltenen Zufallsbegegnungen mit dem Menschen von ihrer Anwesenheit künden.

Stummelschwanz und Pinselohren

Der Luchs ist der unbestrittene Herr des Waldes in der sächsischen Schweiz. Natürliche Feinde, wie den Wolf, kennt er hier nicht. Nahrungskonkurrenten sind allenfalls Fuchs und Uhu, doch die begnügen sich mit wesentlich kleinerer Beute als der Luchs. Und wehe dem Fuchs, der dem Luchs in die Quere kommt. Dann kann es Meister Reinicke passieren, dass er schnell selbst zur Beute wird. Bis zu einem Meter hoch und etwa einen Meter lang können Luchse werden, vor allem die Männchen – die Kuder, die größer sind als ein Weibchen – die Luchsin. Charakteristisch sind der Stummelschwanz, das typische Katzengesicht mit dem breiten Backenbart und den Pinselohren und vor allem die hohen, kräftigen Beine. Variieren kann die Färbung der Luchse. Ihr sandbraunes Fell wird unterbrochen von wenigen, undeutlichen dunkelbraunen Streifen auf dem Rücken und Flecken vor allem auf den Oberschenkeln. So wird der Luchs in seiner natürlichen Umgebung fast unsichtbar. Wenn die Dämmerung herabfällt, das Dunkel den Wald in einen schwarzen, undurchdringlichen Mantel hüllt und die Geräusche der Nacht – ein leises Knacken im Unterholz, der Laut eines aus dem Schlaf gerissenen Vogels – die Stille durchbrechen, ist die Stunde der Luchse gekommen. Dann verlassen sie ihre Verstecke und Ruheplätze weitab der lärmenden Touristenpfade, um auf Jagd zu gehen. Nur selten sind sie auch tagsüber unterwegs. Die Katzen haben das Jagen perfektioniert. Ein Luchs bewegt sich absolut lautlos, kein Zweig knackt unter den schweren Pfoten, kein Gebüsch raschelt, wenn der Luchs es durchquert. Auf Samtpfoten pirscht der Jäger – so wie es Hauskatzen vermögen. Bei der Beute sind Luchse nicht wählerisch.

Rehe sind bevorzugte Beute

In der Sächsischen Schweiz dürften vor allem Rehe auf seinem Speisezettel stehen, selbst Mufflons sowie junge oder schwache Rothirsche und Wildschweine werden erjagt. Doch genauso nimmt der Luchs auch mit Mäusen, Kaninchen oder Hasen vorlieb. Scheinbar ziellos durchstreift er sein Revier, legt dabei viele Kilometer zurück, ab und zu stehenbleibend, um zu lauschen und zu sichern. Stößt er auf Fährten anderer Tiere, kann die Jagd beginnen. Der Luchs folgt den Fährten in der Regel nicht. Doch sie signalisieren ihm Beute. Rehe und Hirsche legen oft keine großen Entfernungen zurück, sie wechseln von ihren Einständen, in denen sie sich des Tags verbergen, oft nicht weit zum nächsten Futterplatz. Darauf haben Luchse ihre Jagd abgestellt. In Schleifen durchkämmen sie das Gebiet, in denen verstärkt Fährten auftauchen.

Die Chance, so auf Beute zu stoßen, ist recht hoch. Geduckt und lautlos, jedes Versteck nutzend, pirscht sich der Luchs an. Ist der Augenblick für den Angriff günstig, schnellt er hervor, mit gewaltigen Sätzen bis drei Meter Länge, mühelos jedes Hindernis wie umgestürzte Bäume überwindend. Der Jäger muss schnell sein, die Beute überraschen und anspringen. So hat das Reh auch seine Chance. Nur jeder zweite bis vierte Angriff des Luchses hat Erfolg. Selbst Verletzungen beim Luchs durch das wehrhafte Gehörn der Böcke sind keine Seltenheit. 1994 wurde ein Luchs in der Böhmischen Schweiz beobachtet, der einen Frischling angriff, aber vor der wütenden Bache schleunigst Reißaus nehmen musste. Bemerkt das Reh das Raubtier rechtzeitig, kann es in gewaltigen Sätzen fliehen. Luchse verfolgen ihre Beute oft nur wenige Meter weit. Wird ein unachtsames Reh aber überrascht, springt der Luchs auf seinen Rücken, krallt sich fest und reitet regelrecht auf seiner Beute. Ein Biss der kräftigen Eckzähne in die Kehle des Rehes tötet es fast sofort. Seltener legen sich Luchse auf die Lauer. Auf einem erhöhten Standort erwarten sie ihre Beute, um sie dann anzuspringen. Doch diese Jagd birgt viele Ungewissheiten für den Luchs.

Das Spitzzohr ist zurück. Luchse fühlen sich
in der Sächsischen Schweiz wieder heimisch.

Kommt überhaupt Beute vorbei und wenn, kann er sie mit wenigen Sprüngen erreichen? Die Wahrscheinlichkeit ist recht groß, dass der Luchs nach Stunden des Wartens seinen Ansitz ergebnislos und hungrig räumt. Ein große Beute wie ein Reh bietet Nahrung für Tage. Was nicht verzehrt wird, versteckt der Luchs, allerdings meist nicht sehr sorgfältig. In den folgenden Nächten kehrt er an diese Orte zurück und spart sich die aufwendige, mühevolle Jagd. Oft genug geht der Luchs aber auch leer aus bei seinen nächtlichen Streifzügen, dann muss die Katze auch einmal mehrere Tage hungern. Luchse jagen nur, was sie zum Leben brauchen. Übergriffe auf Haustiere oder gar auf Menschen wurden im Elbsandsteingebirge nie bekannt.

Fell und Fleisch waren begehrt

„Allhier habe ich Joh. Gottfr. Puttrich, königl. Förster aus Hinterhermsdorf einen Luchs mit einem Selbstschuss erlegt anno 1743." Diese Inschrift auf einem Stein im Ziegengrund galt dem letzten, auf sächsischer Seite des Elbsandsteingebirges erlegten Luchs. Gnadenlose Jagd und die Rodung von Wäldern hatten dem einst weitverbreiteten Raubtier den Garaus gemacht. Zwischen 1656 und 1680 wurden in Sachsen allein 191 Luchse erlegt. Begehrt waren nicht etwa nur die seidenweichen, dichten Felle, die teuer gehandelt wurden. Als wohlschmeckend wurde auch ihr Fleisch betrachtet, das selbst bei Majestäten die Sonntagstafel zierte. Diesem Verfolgungsdruck konnten die Luchse nicht standhalten. Da sie recht große Reviere bewohnen, riss der Abschuss riesige Lücken zwischen den einzelnen Tieren. Vom Frühjahr 1928 wurde berichtet, dass auf den Wiesen am Kirnitzschbach mehrere Rehe gefunden wurden, die scharfe Krallenverletzungen aufwiesen und denen die Köpfe fehlten. Die Beute wurde dem Uhu zugeschrieben, doch Nahrungsuntersuchungen bei Uhus zeigten später, dass Rehe nicht erjagt werden. So wird heute vermutet, dass ein Luchs der Jäger war. Bis 1936 gab es mehrere dieser Hinweise auf Luchse. Dann war es für fast zwei Jahrzehnte wieder still um die große Katze, bis sich Mitte der fünfziger Jahre wieder Rissfunde und Spuren häuften. 1956 wurde der Luchs zum erstenmal wieder gesichtet, in den darauffolgenden Jahren wurden die Sichtbeobachtungen bis heute immer häufiger.

Das lässt darauf schließen, dass der Luchs nun wirklich wieder daheim ist im Elbsandsteingebirge und nicht nur auf langen Wanderungen Rast einlegt. Zumal selbst Jungtiere beobachtet werden konnten. Woher die Luchse stammen, ist ungewiss. Möglich ist eine Zuwanderung aus Tschechien oder der Slowakei, wo Luchse im Altvatergebirge und den Karpaten leben. Möglich ist aber auch eine Zuwanderung aus Polen. Osteuropa bietet den Luchsen noch weite Lebensräume. In Deutschland lebt er außerdem im Bayerischen Wald und im Fichtelgebirge.

Die Sinnesschärfe der Luchse ist sprichwörtlich. „Er hat Augen wie ein Luchs" freilich ist übertragen gemeint. Die Sehschärfe der Luchse übertrifft die der Menschen bei weitem. Luchse erkennen einen fliegenden Raubvogel auf drei Kilometer Entfernung. Kaum weniger fein entwickelt ist ihr Gehör. In einem Versuch hörte der Luchs den Ton einer Trillerpfeife auf 4,5 Kilometer Entfernung, ein Hund brachte es nur auf 2,8 Kilometer. Beim Laufen zieht der Luchs seine Krallen ein, Fellbüschel zwischen den Zehen sorgen dafür, dass er im Schnee kaum einsinkt. Wenn die Nächte schon wieder etwas kürzer werden und der ärgste Frost des Winters vorbei scheint, dann kann man die sonst so stillen und leisen Katzen mit viel Glück hören. Ein heiseres Miauen stoßen die Luchsinnen aus, und die Kuder antworten mit einem Knurren. Dann kann es auch zu erbitterten Kämpfen zwischen den Einzelgängern kommen, nämlich wenn sich mehrere Kuder für eine Luchsin interessieren. Nach etwas über zwei Monaten, im April und Mai, werden die Jungen geboren, meist zwei bis drei. Um die Aufzucht kümmern sich die Luchsinnen meist allein, kein einfaches Unterfangen, denn die jungen Luchse sind – ganz nach Katzenart – verspielt und tollen ausgelassen umher. Sie klettern auf Bäume, balgen und kugeln sich, springen umher oder üben Anschleichen und Pirschen. Erwachsene Luchse klettern kaum noch auf Bäume, höchstens auf der Flucht. Ein knappes Jahr bleiben die Jungluchse meist bei der Mutter, dann beginnt für sie der Ernst des Lebens. Wie alt Luchse werden können, ist nicht genau erforscht. In Gefangenschaft bringen sie es auf 13 oder 14, selbst auf 25 Jahre. In freier Wildbahn aber setzt die Abnutzung des scharfen Gebisses mit zunehmendem Alter wahrscheinlich eher biologische Grenzen.

Der Poltergeist mit dem Auto-Tick

Steinmarder lieben die „Höhlen" am Straßenrand

Intelligent sind die Steinmarder. Das Gewicht ihres Gehirns ist im Verhältnis zum Körpergewicht um mehr als das Doppelte größer als bei ihren Verwandten Dachs und Iltis.

Kurz bevor die Dämmerung endgültig ihr schwarzes Tuch über das Wäldchen breitet, schiebt sich eine spitze Schnauze aus dem Unterholz. Aufmerksam blinzeln die schwarzen Knopfaugen, die Nase ist schnüffelnd erhoben. Die Luft scheint rein, und in seltsamen Sprüngen überquert das langgestreckte Tier den schmalen Weg und verschwindet entlang der Sträucher auf der anderen Seite. Ein Steinmarder hat soeben seinen Pirschgang angetreten. Längst sind die kleinen Raubtiere nicht mehr nur in Felslandschaften und Wäldern zu Hause. Der Steinmarder – neben dem Fuchs das häufigste Raubtier in unseren Breiten – ist dem Menschen in dessen Siedlungen gefolgt. Denn Menschen – das wissen die Steinmarder mindestens seit dem Mittelalter – sorgen für leicht erreichbare Nahrung und gemütliche Höhlen.

Paarung im Sommer, Nachwuchs im Frühjahr

Reisighaufen, Stallungen, Schuppen oder auch Dachböden sind beliebte Tagesverstecke. Ein Steinmarder hat mehrere solche Plätzchen, die warm und mollig sind und je nach Bedarf aufgesucht werden. Haust der Marder über unseren Köpfen, dann kann es laut werden. Denn obwohl die etwa katzengroßen Raubtiere auf Samtpfoten schleichen – zu bestimmten Jahreszeiten werden sie zu Poltergeistern. Hopsend, jagend, balgend vergnügen sich die Jungtiere. Dazu quietschen, keckern und fiepen sie. So mancher dachte schon an Einbrecher, wenn es bei Familie Steinmarder richtig rund geht. Was so spielerisch aussieht, ist allerdings eine ernste Schule fürs Leben. Denn im Spiel mit den Geschwistern üben die Jungtiere ihr Verhaltensrepertoire, das sie später zu schnellen und gewandten Jägern werden lässt. Sorgen im Frühjahr und Frühsommer die Jungtiere für Unterhaltung unterm Dach, so sind es im Juli und August wieder die Alten. Wenn sich Steinmarder paaren, geht bei den normalerweise lautlosen Jägern wieder die Post ab. Steinmarderweibchen wollen erobert werden. In wilder Jagd saust das Männchen – der Rüde – der Fähe hinterher und beißt sie als Höhepunkt auch noch ins Genick. Die befruchteten Eizellen speichert das Weibchen, die zwei bis vier Jungen werden erst Mitte April geboren. Das robuste Liebesspiel der beiden wird begleitet von einem lauten Kreischen. Kein Wunder, wenn es so mancher Hausbewoh-

Autofahrer-Schreck. Die possierlich aussehenden Steinmarder legen mit ihren scharfen Zähnen jährlich rund 160.000 Autos lahm.

ner mit der Angst zu tun bekam. Ein Trost mag sein, dass Marder Einzelgänger sind. Die Fähen halten Reviere, ebenso die Rüden. Die Rüdenreviere sind größer und können die mehrerer Weibchen überlappen. Gegen Eindringlinge gehen die Revierinhaber forsch zur Sache. Die Größe des beanspruchten Gebietes hängt vom Nahrungsangebot ab. In der Stadt begnügen sich manche Tiere mit gerade 3000 Quadratmetern, in Wald und Feld können es Quadratkilometersein. Auf Jagd und um ihre Reviergrenzen zu markieren und zu kontrollieren, legen die aktiven kleinen Räuber große Strecken zurück. Über zehn Kilometer kann ein Nachtpensum betragen. Dabei gehen sie niemals. Typisch für Steinmarder sind kraftvolle Sprünge.

Pech gehabt – statt Süßem gab es Saures

Steinmarder und ihre Verwandten – die viel selteneren Baummarder – sind keineswegs blutrünstige kleine Ungeheuer. Dass die Tiere ihren Opfern das Blut aussaugen, ist barer Unsinn. Allerdings töten sie größere Beute mit einem Würgegriff an der Gurgel – das mag zur Legendenbildung beigetragen haben. Ein Steinmarder kann schon mal einen ganzen Hühnerstall leerräumen, obwohl er die vielen Broiler gar nicht verzehren kann. Das hat nichts mit Blutrünstigkeit zu tun. Doch wenn das Federvieh wild um sein Leben flattert, löst das bei den räuberischen Eindringlingen eine Art Reflex aus. Wer flattert, gehört geschnappt. Ruhig dasitzende Hühner dagegen werden verschont, wenn der Steinmarder schon Beute im Stall ergattert hat. Doch Marder haben es freilich nicht nur auf Hühner abgesehen. Sie lieben auch deren Eier. Diese werden in Gänze vorsichtig ins Maul genommen und abtransportiert. Die gewandten Tiere sind so geschickt, dass sie mit dem Ei im Fang sogar eine senkrechte Wand hinaufklettern können. Menschen sorgen für etwa die Hälfte der Steinmarder-Nahrung. Eine der wenigen Untersuchungen dazu stammt aus der Oberlausitz – 1000 Steinmardermägen wurden dort analysiert. Demnach ernähren sich die kleinen Raubtiere hauptsächlich von Mäusen und Ratten, Haustieren wie Hühnern und Tauben, fressbaren Abfällen und Wildvögeln. Eichhörnchen, Igel oder Katzen gehören selten zum Speiseplan. Es sei denn, der Marder frisst überfahrene Tiere. Wählerisch sind die schnellen Jäger nicht. Auch Insekten und in der Oberlausitz Fische und Frösche werden verzehrt. Eine Vorliebe haben Marder offenbar für Süßes. Denn auch mit reifen Pflaumen oder Kirschen stopfen sie sich den Magen voll. Einem Steinmarder wurde seine Naschsucht zum Verhängnis, als er mit dem Kopf in einem Marmeladenglas steckenblieb. Statt Süßem gab es Saures, als der Besitzer des Hauses dazukam, in dem der Marder räubern wollte.

Werden Marder nicht überfahren, können sie bis elf Jahre alt werden. Manche freilich bringt auch ihre Neugier vorzeitig unter die Erde. Nicht selten werden Marder in Trafostationen gegrillt, wenn sie ihre scharfen Zähne in den falschen Draht schlagen. Einer schaffte es gar, im Braunkohlekraftwerk Boxberg zwei Blöcke mit einem kräftigen Biss lahmzulegen. Auch wenn sie nicht rechtzeitig aus der Autohöhle verschwinden, wird es schnell brenzlig.

Ist die Beute zu groß für ein Mahl, kommt sie in die „Speisekammer". Marder haben für alles ein Plätzchen – selbst eine Stelle als „Toilette". Die Tiere sind so reinlich wie Katzen und mindestens ebenso verspielt und intelligent. Das Hirngewicht im Verhältnis zum Körpergewicht ist bei Mardern um mehr als das Doppelte größer als bei ihren Verwandten Dachs und Iltis. Die graubraunen Steinmarder mit dem weißen, gegabelten Kehlfleck sind überaus geschickte Kletterer. Übertroffen werden sie jedoch von ihren Verwandten, den Baummardern. Die beiden Arten sehen sich zum Verwechseln ähnlich. Nur dass Baummarder einen eher gelblichen, abgerundeten Kehlfleck haben und ein wenig rundere Ohren, mit denen Marder übrigens ausgezeichnet hören können. Die in Sachsen auf der Roten Liste stehenden Baummarder haben mit menschlicher Nähe nicht so viel am Hut. Sie bleiben lieber in den Wäldern und dort gleich auf den Bäumen. Baummarder gehen nur ungern auf den Boden. In den Wipfeln aber können sie ihr Geschick voll ausspielen. Die etwa 70 Zentimeter langen Tiere springen drei bis vier Meter weit von Baum zu Baum.

MOLLIG WARM

Zuerst in Winterthur in der Schweiz nisteten sich Steinmarder in Auto-Motorräumen ein. Das war 1978. Seitdem hat sich diese Vorliebe über Süddeutschland nach Osten und Norden verbreitet. In Stuttgart weist schon bis zu einem Drittel der im Freien geparkten Fahrzeuge Marderspuren auf. Kleine Autos mit engen Motorräumen haben meist nichts von Mardern zu befürchten. Sie lieben große Motor-„Höhlen". Steinmarder zernagen in Autos mit Vorliebe Dämmmaterial, Kühlwasserschläuche und Zündkabel. Ein Trost: Bremsschläuche werden meist in Ruhe gelassen.
Junge Marder spielen gern in Auto-„Höhlen". Da ist es schön gemütlich, und es gibt viel zu erkunden – mit den Zähnen. Ältere Marder schlafen dort – erstens ist der Motorblock vielleicht noch mollig warm und zweitens ist es dunkel und sicher. Dabei hinterlassen die Tiere ihre Duftmarken. Das kann wieder andere Marder auf den Plan rufen, vor allem wenn das Auto mit den fremden Duftmarken ins eigene Revier eindringt.

Sieben Punkte auf sechs Beinen

Marienkäfer sind die Sympathieträger unter den Insekten

Zwischen den Stacheln einer Distel hangelt sich ein Marienkäfer weiter, der mit Tautropfen überzogen ist.

Sie sind aus Schokolade oder Plüsch. Sie zieren Glückwunschkarten, Kinderkleidung und Briefmarken. Es gibt sie als Glückssymbole, Kettenanhänger, Spielzeug oder Faschingskostüm. Über sie wurden Verse geschmiedet und Lieder geschrieben. Jedes Kind kennt und mag sie: Marienkäfer. Kein anderes Insekt hat es zu solcher Beliebtheit gebracht. Während die krabbelnde Zunft bei uns eher Gleichgültigkeit oder sogar Abscheu hervorruft, ist der Marienkäfer der Sympathieträger unter allem, was da kreucht. Marienkäfer gibt es auf der ganzen Welt. Etwa 5 000 Arten sind derzeit bekannt. Doch laufend werden neue Arten beschrieben. Aus Europa sind 227 Arten bekannt, aus Deutschland 72. Davon sind immerhin 66 in Sachsen nachgewiesen. Der bekannteste Marienkäfer bei uns ist der Siebenpunkt.

Marienkäfer entwickeln gewaltigen Appetit

Die Punkte haben mit dem Lebensalter der Käfer allerdings nichts zu tun. Zweipunkt-, Siebenpunkt- oder Vierzehnpunkt-Marienkäfer sind eigenständige Arten. Marienkäfer werden in unseren Breiten etwa ein Jahr alt. Dazu müssen sie den Winter überstehen. Siebenpunkt-Marienkäfer bewohnen die Krautschicht. Wiesen und Felder, Wegraine oder Teichränder sind ihr Universum. Bei gutem Wetter sind die Marienkäfer eifrig in Bewegung auf der Suche nach Beute. Geschäftig eilen sie Halm für Halm hinauf. Der Siebenpunkt-Marienkäfer kann seine Beute sogar auf zwei bis drei Zentimeter Entfernung sehen. Andere, kleinere Marienkäferarten entdecken ihre Beute erst beim Zusammenstoß. Pollen und Mehltaupilze, Spinnmilben, Mottenschildläuse, Blattläuse, Schildläuse und die Larven verschiedener Insekten gehören zur Beute der Marienkäfer. Auch an Süßkirschen sollen viele Marienkäferarten Geschmack finden. Marienkäfer entwickeln einen gewaltigen Appetit, vor allem die eierlegenden Weibchen. Der tägliche Nahrungsbedarf eines Siebenpunkt-Marienkäfers liegt bei 100 bis 160 Blattläusen. Dabei kommt den emsigen Marienkäfern entgegen, dass die Beutetiere oft in ganzen Kolonien leben. Da ist die Tafel reich gedeckt. Doch mitunter hat der sechsbeinige Jäger auch Pech. Manche Blattlausarten können einen Stoff ausscheiden, der dem Marienkäfer besonders bei niedrigen Temperaturen die Mundwerkzeuge verklebt. Dann bleibt dem Marienkäfer nichts anderes übrig, als sich mit den Vorderbeinen die Beißwerkzeuge zu reinigen. Die Blattläuse gehen derweil stiften. Einige Blattlausarten können auch Alarm-Stoffe ausscheiden. Dann wissen die anderen in der Blattlaus-Kolonie Bescheid und verkrümeln sich. Außerdem erhalten die Blattläuse manchmal Schützenhilfe. Ameisen halten sich die Blattläuse fast so wie Kühe in einer Farm – weil sie ein Sekret fressen, dass die Läuse ausscheiden. Ihre Farm verteidigen die Ameisen dann auch gegen anrückende hungrige Marienkäfer. Etwa Ende April werden die Marienkäfer in ihren Winterquartieren aktiv.

Im Wonnemonat Mai erwachen bei den Marienkäfern die Frühlingsgefühle. Bis hinein in den Juni erfolgt die Fortpflanzung. Ein besonderes Vorspiel fehlt, dafür kann die Paarung einige Stunden dauern. Das etwas kleinere Männchen ergreift die Flügeldecken des Weibchens und hakt sich fest. Eine einzige Kopulation reicht aus, um dem Weibchen dauernde Fruchtbarkeit zu geben. Die Weibchen können die Spermien nämlich speichern. Doch es finden bis zu 20 Paarungen statt – mit wechselnden Partnern.

80 Zentimeter pro Minute auf Nahrungssuche

Ganze 1,3 Millimeter lang sind die Eier des Siebenpunktes. Das Weibchen befestigt die Gelege – bis zu 60 Eiern – gern an der Unterseite von Blättern. Durchschnittlich bringt es ein Siebenpunkt-Weibchen auf etwa 800 Eier. Dann kommt es auf die Temperatur und die Luftfeuchtigkeit an. Nach fünf bis zehn Tagen schlüpfen die Larven. Sie entwickeln einen gewaltigen Appetit. Sie halten sich an dieselbe Beute wie die Eltern, robben eifrig Halme hinauf und Blätter entlang. Doch neigen die Siebenpunkt-Larven auch zu Kannibalismus. Schon geschlüpfte Tiere verzehren die Geschwister, die noch im Ei stecken. Selbst ausgewachsene Siebenpunkt-Marienkäfer können bei massenhaften Auftreten übereinander herfallen. Dreimal häuten sich die Larven, jedesmal sind sie größer und schwerer. Ein ausgewachsener Siebenpunkt-Käfer bringt es immerhin auf etwa 36 Milligramm. Wenn junge Larven auch die Blattläuse noch nicht völlig zerkleinern und verputzen können, so spritzen sie ein Sekret hinein und saugen die Blattläuse aus. Hungrige Larven robben auf Nahrungssu-

Auf einem Gänseblümchen sitzt ein Marienkäfer und genießt die Sonnenstrahlen.

che bis zu 80 Zentimeter pro Minute. Eine Siebenpunkt-Larve stopft sich in diesem Stadium mit 420 Blattläusen voll. Die Nachkommen eines einzigen Marienkäferweibchens vertilgen im Schnitt etwa 130 000 Blattläuse. Einen Tag vor Verpuppung stellen die Larven das große Fressen ein. Drei bis sechs Wochen vergehen zwischen Schlupf aus dem Ei und Verpuppung. Die Larve heftet ihren Hinterleib an ein Blatt oder die Rinde eines Baumes. Nach bis zu 48 Stunden hat sich die gefräßige Marienkäferlarve in eine stille, bräunlich gefärbte Puppe verwandelt. Nun hängt wieder alles von der Temperatur ab. Bei nur 15 Grad Celsius Umgebungstemperatur dauert es 15 Tage, bei 25 Grad Celsius nur vier Tage, bis der Käfer in ganzer Pracht hervorkrabbelt.

In nur drei Stunden bis 78 Millionen Käfer

Bei jungen Siebenpunkten dauert es noch eine Weile, bis ihr Panzer das satte Rot der Elterntiere zeigt. Oft sind sie noch etwas heller. Den Rest des Sommers futtert sich der Nachwuchs Vorräte an, um den Winter zu überstehen. Anfang Oktober fliegen die Siebenpunkt-Marienkäfer in die Winterquartiere. Warme, geschützte Plätzchen werden bevorzugt. In Gesträuchen und Bäumen überdauern sie in größeren Kolonien die kalte Jahreszeit. Zum Abschluss ihrer Entwicklung schwärmen die Käfer aus. Dabei kann es zu Massenflügen kommen. Die leichten Tierchen treibt der Wind vor sich her. Bei Wind aufs Meer hinaus gelangen sie auf die Wasseroberfläche und schwimmen dank eines inneren Luftraumes. Später können sie millionenfach wieder an Land getrieben werden. Zuletzt 1989 an der Ostseeküste wurde solch gewaltiger Massenflug beobachtet. Am fünf Kilometer langen Weststrand des Darß kamen am 22. Juli 1989 in nur drei Stunden 27 bis 78 Millionen Siebenpunkt-Marienkäfer an.

VON HERRGOTTSWÜRMCHEN BIS MUTSCHEKIEBCHEN

Wohl für keine andere Tiergruppe dürften soviele Volksnamen existieren wie für Marienkäfer. Diese im gesamten deutschen Sprachraum verbreitete Bezeichnung könnte schon recht alt sein. Marienkäfer sollen geheiligte Tiere der altnordischen Liebes- und Fruchtbarkeitsgöttin Freyja gewesen sein. Später könnte er in die Verehrung der Mutter Maria einbezogen worden sein. Angeblich soll diese neun Tage jedem zürnen, der einen solchen Käfer getötet hat. Über 1700 verschiedene Namen für die Krabbeltiere sind bekannt. Die meisten tauchen in Dialekten und Mundarten auf. Viele Namen der kleinen Käfer haben einen göttlichen, heiligen oder himmlischen Bezug. Marienkäfer heißen auch Muttergotteswürmchen, Jungfraukäferl, Jesus-Chäferli, Johanniskäfer, Himmelwürmel, Himmelmiezchen, Himmelsengelchen, Sonnenkindchen, Marienpferd, Sommergäulchen, Himmelsziege, Gotteslämmchen, Goldschäfchen, Fliegewürmchen, Erbsenkühchen, Glückskäferle, Mähkälbchen oder Mutschekiebchen.

Kleiner Kraftprotz mit Sehschwäche

In der Erde vollbringt der Maulwurf athletische Höchstleistungen

Nur selten kommt der Maulwurf ans Tageslicht.

Die Erde wackelt. Dann bebt sie. Dann bröckelt sie. Dann hebt sie sich. Ein paar Krumen kollern zur Seite. Dort, wo sich eine grüne Wiese streckte, türmt sich nun ein Hügel. Der Urheber dieser Landschaftsgestaltung aber hat sich nicht einmal blicken lassen. Der kleine Kerl ist längst wieder unterwegs in seinem unterirdischen Reich. Er schiebt sich emsig durch seine Gänge, gräbt, baut, räumt auf, jagt und wacht. Ob Sonne oder Regen, Tag oder Nacht – das überirdische Treiben ist dem Maulwurf gleich. Er hat sich vor dem hektischen Treiben auf der Erde schon vor Hunderttausenden von Jahren in deren Bauch zurückgezogen. Oder besser in die Fettschicht. Maulwürfe graben ihre Gänge nur etwa einen Meter tief. Und das auch nur im Winter, wenn der Frost die oberen Erdschichten in eisigem Griff hält. Winterschlaf kennt der kleine Bursche nicht, und so muss er seiner Beute folgen. Regenwürmer, die den Großteil seiner Nahrung ausmachen, und verschiedene Insektenlarven schätzen im Winter ebenfalls die frostfreien Regionen. Doch sowie es wärmer wird, geht es wieder in die oberen Etagen von Maulwurfs Behausung. Eine Maisonette-Wohnung gewissermaßen. Drei Ebenen – eine direkt unter dem Rasen, die zweite etwa 70 Zentimeter tief, die dritte etwa einen Meter tief – bewohnt der Maulwurf.

Der Schwanz dient als Blindenstock

Zwölf bis 15 Zentimeter lang ist ein Maulwurf, ganze 80 Gramm schwer. Doch der kleine Kerl vollbringt Höchstleistungen. Sein Gangsystem kann Hunderte Meter lang sein. Die Erde drückt der Maulwurf, wenn er in tieferen Schichten buddelt, in die Seiten seiner Stollen. Bis zum 24fachen seines Körpergewichtes kann er dabei an Druck ausüben. Nach vorn schiebt er immer noch das 20fache seines eigenen Gewichtes. Für vergleichbare Leistungen müsste ein 80 Kilogramm schwerer Mann etwa 1600 Kilogramm stemmen. Selbst die weltbesten Schwergewichtler schaffen nur ein Bruchteil davon. Freilich ist der Maulwurf von der Natur auch entsprechend ausgerüstet worden. Die Hälfte seiner gesamten Muskelmasse sitzt in den Schultern und den Vorderfüßen mit den Grabhänden. Fünf Finger mit kräftigen, stumpfen Krallen dienen dem Schaufeln, ein Sichelbein ohne Krallen dem Auflockern der Erde. Braucht der Maulwurf

Die Grabhand des Maulwurfs ist ein universelles Werkzeug.

Luftröhren oder hat er einfach zuviel Material abgebaut, geht's zur Erdoberfläche hinaus. So entsteht ein Maulwurfshügel. Die können sogar bis zu 70 Zentimeter hoch werden und einen Meter Umfang erreichen. Freilich begnügt sich der kleine Bursche meist mit unspektakuläreren Bauwerken. Auch sonst sind Maulwürfe ihrem unterirdischen Treiben hervorrragend angepasst.

Wenn es auch nicht stimmt, dass Maulwürfe blind sind, so ist ihr Sehvermögen nicht gut ausgeprägt. Hell und Dunkel können sie allerdings unterscheiden. Unter Tage können sie mit ihren Augen eben nicht allzuviel anfangen. Hören kann der Maulwurf nur niedere Frequenzen, weil deren Schall im unterirdischen Röhrensystem besonders weit trägt. Ohrmuscheln besitzt er gar keine – dergleichen Anhängsel sind in den runden, engen Gängen, durch die der Maulwurf seinen walzenförmigen Körper schiebt, eher störend. Ohren und Augen kann der Maulwurf mit Hautfalten verschließen, so dass kein Staub eindringt. In seinem unterirdischen Reich orientiert sich der Maulwurf vor allem mit seinem Tastsinn und mit seiner Nase. Der zwei bis 2,5 Zentimeter lange Schwanz dient praktisch als Blindenstock. Wie an der Schnauze sitzen auch an ihm Tasthaare. Der Schwanz hat ständig Kontakt zum Boden oder zu den Wänden, wenn der Maulwurf durch seine Gänge kriecht. Empfindlich reagiert der kleine Kerl bei Erschütterungen. Auf einer Pferdekoppel mit den trampelnden Vierbeinern über dem Kopf ist es ihm zu ungemütlich – da sucht der Maulwurf freiwillig das Weite.

Auf Gesellschaft legt der schwarzbehaarte Pelzträger keinen Wert. Maulwürfe sind Einzelgänger. Wehe dem Artgenossen, der das Einsiedlerdasein seiner buddelnden Zunft ignoriert. Da wird es unter der Erde richtig ungemütlich. Mit ihren spitzen und scharfen Zähnen fahren die Inhaber eines Stückchens Erde auf den Konkurrenten los, der keine Gnade erwarten darf. Da aber der Wunsch nach Abgeschiedenheit in der ganzen Sippe verbreitet ist, respektieren die Maulwürfe zumeist fremdes Territorium. 200 bis 2 000 Quadratmeter groß sein kann ein Maulwurf-Revier. Das ist je nach Nahrungsangebot verschieden. Bei jedem Gang durch sein unterirdisches Reich setzt der Maulwurf Duftmarkierungen, die eindeutig den derzeitigen Wohnungsinhaber anzeigen. Stirbt ein Maulwurf nach drei bis vier Jahren eines natürlichen Todes, bekommt die Nachbarschaft schnell Wind davon. Wenn die Duftmarken nicht ständig erneuert werden, verschwindet der Respekt vor gegnerischem Terrain. Schon 15 Stunden nach dem Tod eines Maulwurfs wurde dessen Revier von Artgenossen in Beschlag genommen, wie Untersuchungen ergaben. Nur wenn die Maulwürfe die Liebe entdecken, riskieren sie einen Besuch bei der Nachbarin.

Nach fünf Wochen müssen die Jungen ausziehen

Männliche Maulwürfe dehnen dann ihr Revier etwa um das Doppelte aus und bauen fleißig neue Gänge, um Kontakt zur Weiblichkeit zu bekommen. Ist der Nachbar freilich auch ein Mann, erkennt das der Maulwurf an den Duftmarken und muss sein Glück eben an einer anderen Seite seiner Behausung suchen. Ende Februar, Anfang März ist Paarungszeit. Die Jungen werden im Mai bis Juni geboren. Etwa drei bis vier kommen nackt und blind zur Welt. Fünf Wochen lang können sie in ihrem kuscheligen Nest bleiben, betreut die Mutter die Kleinen liebevoll. Danach aber will sie wieder ihre Ruhe haben. Ziemlich rabiat vertreibt Mutter Maulwurf ihren Nachwuchs aus den heimischen Gängen, damit sie auf eigenen Schaufelfüßen stehen. Wenn rund um Mutters Behausung alle Reviere belegt sind, bleibt den Kleinen nur der Landweg, um sich eigene Territorien zu suchen. Ein gefährliches Unternehmen. Denn oberirdisch sind die sonst in der Erde recht gut geschützten Maulwürfe fast völlig wehrlos. Leichte Beute für Greifvögel und Füchse, Marder und Katzen. Zwar kann sich ein Maulwurf innerhalb weniger Sekunden vollständig eingraben, doch seine Jäger sind meist schneller.

Unter der Erde dagegen droht dem Maulwurf höchstens Gefahr, wenn ein Fuchs oder Dachs mittels Ausgraben an Beute kommen will. Eine gelegentliche Überschwemmung dagegen muss der Maulwurf nicht fürchten – wenn es nicht gar zu dick kommt. Zum einen kann er selbst recht gut schwimmen, zum anderen ziehen sich Maulwürfe bis hinauf in ihre Hügel zurück, wenn das Grundwasser steigt. In permanent überflutete Gebiete zieht der Maulwurf erst gar nicht. Genauso, wie er Sandboden meidet, weil seine Gänge im bröckeligen Baugrund ständig einstürzen würden. Gelegentliche Einbrüche im Gangsystem steckt der kleine Kerl dagegen mit stoischer Ruhe weg. Er ist sowieso fast ständig in seinen Gängen unterwegs, um zu jagen, sein Revier zu markieren und eingestürzte Stellen zu reparieren. Nach Mitternacht, am Vormittag und am späten Nachmittag ist der Maulwurf jeweils für vier bis fünf Stunden aktiv. In der Zwischenzeit ruht er sich aus. Dazu besitzt er auf jeder Etage einen oder sogar mehrere Ruheräume – ausgepolstert mit einem kuscheligen Nest aus trockenem Gras. Hier betreibt der Maulwurf auch intensive Körperpflege an seinem samtschwarzen Fell. Dem fehlen die Deckhaare, damit sie beim Rückwärtskrabbeln im engen Gang nicht abbrechen können. Dem Maulwurf genügt sein dichtes und wärmendes Wollkleid. Das war übrigens in den 20er Jahren auch bei den Damen beliebt. Professionelle Maulwurfsjäger stellten den kleinen Burschen nach, um Kürschner mit Pelzen zu beliefern.

Vorratskammer mit gelähmten Würmern

Ebenfalls auf jeder Etage unterhält der Maulwurf Vorratskammern. Zumeist verputzt er seine Beute gleich im Gang. Der Maulwurf jagt nicht aktiv, er nimmt, was ihm vor die Füße fällt. Emsig eilt er durch sein Gangsystem, und wehe dem Regenwurm, der seinen Schwanz hineinhängen lässt. Der Maulwurf packt ihn mit den Vorderpfoten, drückt ihn, damit sich der Darm mit Pflanzenresten entleert und verzehrt den Regenwurm. Auch vor dessen Eiern macht der Insektenfresser nicht halt. Nur wenn er satt ist, hortet er die Beute. Mit einem Biss in ein bestimmtes Segment des Körpers lähmt der Maulwurf den Regenwurm, um ihn dann in eine Vorratskammer zu legen. Später kann er dann die noch lebende, aber bewegungsunfähige Mahlzeit fressen.

Pflanzenteile wie Wurzeln und Knollen interessieren den Maulwurf nicht. Sind die im Garten angebissen, so geht das aufs Konto einer Wühlmaus. Oft genug freilich muss der Maulwurf für deren Vergehen an Tulpenzwiebeln und Veilchenwurzeln büßen. Denn Falle und Gift, für die Übeltäterin bestimmt, werden nicht selten dem unschuldigen Maulwurf zum Verhängnis. Dabei ist es verboten, dem schwarzen Pelzträger dermaßen an den Kragen zu gehen. Maulwürfe sind nach Bundesartenschutzverordnung besonders geschützte Tiere. Vom Aussterben bedroht sind sie nicht.

ERD-BELÜFTER

So wenig er stört, wenn er an Feldrainen, auf Wildwiesen oder am Wald tätig ist, so unangenehm kann seine Anwesenheit im Garten ausfallen. Doch Vorsicht: Maulwürfe gehören laut Bundesartenschutzverordnung zu den besonders geschützten Tieren. Sie dürfen nicht getötet werden. Jeder Gärtner kann zumindest stolz sein, wenn ein Maulwurf in seinem Terrain herumspaziert. Das heißt nämlich erst einmal, dass der Boden in Ordnung ist. Obendrein sorgt der emsige Wühler für Belüftung des Erdreichs und macht sich über gefräßige Insektenlarven her. Doch oft kommt kein Entzücke auf, wenn der Maulwurf etwa den gepflegten englischen Zierrasen oder die Blumenrabatte zur Minna macht. Gestattet ist, Maulwürfe zu vergrämen. Schikanieren kann man den Schwarzpelz mit aufgeschnittenen Knoblauchzehen oder dieselgetränkten Tüchern in seinem Gang. Ständiges Getrampel über seinen Gängen nervt das erschütterungsempfindliche Tier ebenfalls.

Jäger mit unendlicher Geduld
Mäusebussarde sind die häufigsten Greifvögel

Mit scharfen Augen beobachtet der Bussard seine Umgebung.

Fast scheinen die Krallen die Wipfel der alten Kiefern zu streifen. In rauschender Fahrt saust der Bussard über das kleine Wäldchen dahin. Zwei, drei Flügelschläge und er schraubt sich in blaue Höhe. „Hiijää" hallt laut und durchdringend sein hoher Schrei über Wald und Felder. Dann plötzlich hockt er sich hin. Der Bussard zieht die Flügel an und kippt vornüber. Im Sturzflug rast er auf die Bäume zu. Kurz davor breitet er die Schwingen aus und fängt sich ab. Erneut steigt er auf. Hochdroben schwebt das Weibchen. Offenbar hat es Interesse an der Flugschau. Bald umkreisen sich beide, schrauben sich abwechselnd in die Luft um dann wieder der Erde zuzurasen. Spielerisch und elegant umwerben sich die Bussarde in den ersten wärmenden Sonnenstrahlen des Jahres.

Ende Februar, Anfang März haben die Mäusebussarde die Fastenzeit so gut wie überstanden. Beinahe übermütig feiern die großen Vögel jetzt Hochzeit. Der Winter ist für die Bussarde wie für die meisten Tiere eine harte Zeit. Vor allem, wenn Schnee die Wiesen und Felder zugedeckt hat. Dann lässt sich keine Maus – die bevorzugte Nahrung der Bussarde – blicken. Ist der Winter hart müssen nicht wenige Tiere verhungern. Ersatznahrung ist schwer zu beschaffen. Manche Bussarde lauern am Straßenrand, um aufzusammeln, was die Zivilisation plattmacht. Nicht selten kommen sie ebenfalls unter die Räder, wenn sie gerade versuchen, einen überfahrenen Hasen vom Asphalt aufzuklauben. Mit etwas Glück erwischen sie einen ebenfalls geschwächten Singvogel. Doch mit seinen breiten Flügeln und dem kurzen Schwanz ist der Mäusebussard im Flug bei weitem nicht so schnell und wendig wie etwa ein Wanderfalke. Er hat kaum eine Chance, einen gesunden Vogel in der Luft zu greifen.

Auch ist er nicht so stark und mit so kräftigen Krallen ausgerüstet wie etwa ein Habicht. Der ist ein Draufgänger, der Hühner und Enten schlägt, dass die Federn stieben. Der große Bussard dagegen muss mit kleinen Mäusen vorlieb nehmen. Die Nager machen meist weit über die Hälfte seiner Nahrung aus. Vor allem Feldmäuse kommen ihm unter die Krallen. Aber auch Wühlmäuse und Maulwürfe greift sich der Bussard. Frösche, Kröten, Schlangen, Eidechsen und Aas ergänzen seinen Speiseplan. So sind Mäusebussarde beobachtet worden, die Kreuzottern fingen. Dabei kann aus dem Jäger allerdings auch ein Opfer werden. Denn Mäusebussarde sind nicht immun gegen den Biss der Giftschlange. Ihrer Vor-

Mit den Krallen voran fährt der Jäger auf seine
Beute nieder. Die kurzen, kräftigen Fänge fassen
die Maus, die Krallen durchbohren sie.

sicht und ihrem Geschick bleibt es überlassen, ob sie Freude an der sich in ihren Krallen ringelnden Beute haben. In einem Bussardhorst jedenfalls wurde auch schon ein toter Vogel neben einer lebenden Schlange gefunden.

Knorrige Bäume, hügelige Wiesen

Die Hohe Straße zwischen Lichtenhain und Ulbersdorf windet sich über einen Höhenrücken. Schon vor Hunderten Jahren rumpelten hier zwischen Kirnitzsch- und Sebnitztal die Planwagen durch die Sächsische Schweiz. Bauern wanderten zum Markt. Schon seit langem ist dieser

Höhenrücken auch eine Einflugschneise für Vögel. Zugvögel meiden den Wald, der von hier aus vor ihnen liegt. Ausgedehnt zieht sich das dunkelgrüne Schachbrettmuster der Fichten in der Sächsischen Schweiz und im Erzgebirge hinauf zum Horizont. Der Höhenrücken ist Rastplatz für Schneeammer und Ringdrossel, Bergfinken, Ohrenlärchen, Ortolane und Schafstelzen. Und er ist beliebt bei den Bussarden. Kleine Täler und sanfte Hänge, hügelige Wiesen und alte Einzelbäume prägen das Bild. Industrielle Landwirtschaft mit Riesenfeldern flach wie ein Eierkuchen sucht man hier vergebens. So blieb ein ideales Jagdrevier für den Bussard, zumal das kleine Wäldchen nicht weit ab auch noch Gelegenheit zum Nestbau bietet.

Kein Bussard gleicht dem anderen

Bussarde sind verträglich. Konkurrenz wird geduldet. Für einen Bussard ist es kein Problem, wenn schon im Nachbarbaum der nächste Artgenosse womöglich auf die gleiche unvorsichtige Maus lauert. Während andere Greifvögel wie die Wanderfalken mit Krallen und Hakenschnabel allem nachsetzen, was ein Nahrungskonkurrent im Jagdrevier sein könnte, hat ein Bussard damit keine Probleme. Deshalb ist er auch unser buntester Greifvogel. Bei keinem anderen variiert das Federkleid so stark. Bussarde können graubraun, rötlichbraun oder dunkelbraun sein mit Federsäumen von weiß bis rostrot. Die Bauchseite ist fast weiß bis dunkelbraun gefärbt. Selten gleicht ein Bussard dem anderen. Selbst Geschwister können völlig unterschiedlich aussehen. Bei anderen Greifvögeln sorgt das Gefieder dafür, Artgenossen auf Distanz zu halten. Da Bussarde geselliger sind, können sie sich Individualität leisten. Ungemütlich wird der Mäusebussard nur, wenn die Nachbarn sogar auf die Bude rücken. Die unmittelbare Nestumgebung wird erbittert verteidigt. Der Hausherr macht schnell deutlich, wer das Sagen hat, wenn ein fremder Bussard dem Brutrevier zu nahe kommt. Gewöhnlich dreht der Eindringling beeindruckt ab, wenn der Revierinhaber im Angriffsflug auf ihn zugeschossen kommt.

DIE BEUTE: FELDMÄUSE

Feldmäuse sind hauptsächliche Beute vom Mäusebussard. Die Nager tummeln sich vornehmlich auf Äckern und Weiden. Feldmäuse leben in Kolonien zusammen. Sie bauen sich ein unterirdisches, weit verzweigtes Gangsystem und Baue. Sie werden etwa 12 Zentimeter lang und wiegen 30 bis 50 Gramm. Oberirdisch flitzen die graubraunen Nager auf ausgetretenem Pfaden. Sie legen Wechsel an, die es ihnen ermöglichen, auf schnellstem Wege in dem Bau zu eilen, wenn Gefahr im Anzug ist. Ständig suchen Feldmäuse etwas zu knabbern. Auf Feldern mit Wintergetreide oder Luzernefeldern nagen sie im Frühjahr auf oft großen Stücken die unteren Blätter der Pflanzen ab.

Samenstände beißen sie gewöhnlich ab und schleppen sie zu ihrem Futterplatz. Die Nager sind ausgesprochen fruchtbar. Bis zu zwölf Junge kommen pro Wurf zur Welt. Schon im Alter vom fünf Wochen kann eine weibliche Feldmaus ihrerseits wieder Junge gebären. Diese Frühreife ist einzigartig unter dem Säugetieren. Die Jungen wachsen außerordentlich schnell. Kein Wunder, dass eine Feldmauskolonie bei guten Bedingungen förmlich explodieren kann.

Ausreichend Futter und gute Witterungsbedingumgem lassen die Nager dann schnell zur Plage werden. Schon im Mittelalter waren Mäuseplagen gefürchtet. Man versuchte den Nagern gar mit göttlichem Beistand beizukommem. Bayernherzog Albrecht V. ordnete im 16. Jahrhundert zum Schutze der Saaten Gebete wider die Feldmäuse in allen Kirchen an. Mehr Erfolg dürfte der Schutz der natürlichen Feinde der Feldmäuse versprochen haben. 1571 folgte die Bayerische Verordnung, wegen der Mäuseplage die Jagd auf Füchse einzustellen. 1648 durften die Rotröcke sogar drei Jahre Lang nicht gefangen oder geschossen werden.

Kleine Raufbolde mit Bambi-Image

Von wegen sanftmütig – Rehe können ganz schön austeilen

Durch ihr goldfleckiges Fell sind die Kitze gut getarnt. Zudem haben sie so gut wie keinen Eigengeruch. Selbst Hunde können kleine Rehe nicht erschnüffeln.

Mit scheinbar letzter Kraft hievt sich die Wintersonne über den Horizont. Der Schnee auf dem Feld glitzert weiter unberührt von den dürftigen Strahlen. Doch trotz der winterlichen Szenerie rührt sich der Frühling. Der Winterweizen hat kecke grüne Sprossen getrieben, und erste vorwitzige Grashalme sprießen auf dem Acker. Eine Einladung an das kleine Rudel Rehe, das vorsichtig am Waldrand steht und prüft, ob die Luft rein ist. Sieben graubraune Körper schieben sich zögerlich aus dem Dickicht. Nervös spielen die großen Ohren. Die Nase erhoben, wittern die Tiere, ob die Luft rein ist. Das Leittier schließlich beginnt zu fressen. Sofort senken sich die Köpfe. Das Rudel macht Frühstück. In Familie sind die Rehe an den gedeckten Tisch gekommen. Man kennt sich, man schätzt sich. Tanten, Schwestern, Mütter, Töchter und Nichten mögen es sein, die da gemeinsam stehen. Vielleicht auch ein Sohn oder Neffe – Rehböcke werden im Rudel geduldet, haben allerdings nichts zu melden. Im späten Herbst finden sich die Tiere zusammen.

Die Verwandtschaft erkennt sich am Geruch. Fremde haben es schwer, in solch ein Rudel aufgenommen zu werden. Gemeinsam übersteht sich die karge Jahreszeit besser. Viele Ohren hören mehr, in Ruhepausen wärmen sich die Tiere. Ein Leittier bestimmt den Gang der Dinge. Die Tiere einigen sich ohne Kampf auf eine Führerin. Erfahrung, Gesundheit und Kinder bringen Anerkennung. Problemlos gibt die Chefin ihre Rolle auch wieder ab, und ein anderes Tier übernimmt. Eine Musterfamilie. Rehe leben ständig auf dem Sprung. Mindestens eines der Tiere im Rudel hat den Kopf oben, während die anderen weiterfressen. Trotz ihrer großen Augen sehen Rehe nicht besonders scharf. Sie haben einen „Augenfehler". Ihr Augenhintergrund ist ungleichmäßig gewölbt. Rehe sehen Punkte als Striche, Bilder nur unscharf und verzerrt. Nur große Gegenstände werden entdeckt. Der „Augenfehler" hat aber einen Vorteil: selbst kleinste Bewegungen werden durch die Verzerrung sofort wahrgenommen. Außerdem sehen Rehe nach hinten. Die seitliche Stellung der Augen macht es möglich.

Rehe sind drogensüchtig – Vorliebe für Heilpflanzen

Irgendetwas hat die Rehe erschreckt. Ruckartig heben sich die Köpfe. Das Leittier stößt einen Warnruf aus und springt los. Die anderen hinterher. In

Eine Ricke mit ihrem Kitz beobachtet aufmerksam ihre Umgebung.

wenigen mächtigen Sprüngen geht es zum Waldrand. Drei bis vier Meter weit können Rehe springen. Auch im Hochsprung legen sie beachtliche Marken vor. Bei Verfolgung schaffen sie Zäune von bis zu drei Metern Höhe. Dauerläufer aber sind sie nicht. Schnell tauchen sie in sicherer Deckung unter und verharren dort. Bald darauf geht es wieder auf Nahrungssuche. Rehe haben einen kleinen Magen, der bis zu siebenmal täglich gefüllt sein will. Zwischen den Mahlzeiten käuen sie wieder oder ruhen. Im Winter ist die Futtersuche ein harter Job. Mit dem Frühjahr aber wächst den Rehen das Futter wieder ins Maul. Dann können sie es sich auch leisten, wählerisch zu sein. Mit ihrem feinen Geruchssinn unterscheiden die Rehe Kräuter und Knospen, Triebe und Gräser, Beeren und Farne. Für manche Pflanzen haben die kleinen Hirsche regelrechte Vorlieben. Rehe sind nämlich drogensüchtig. Viele der von ihnen gern genommenen Pflanzen und Kräuter schätzt auch der Mensch als Heilpflanzen. Wenn das Grün überschwänglich im Angebot ist, kommen die Kitze zur Welt.

Ende Mai, Anfang Juni ziehen sich die hochträchtigen Rehe zurück und suchen einen versteckten Platz. Andere Rehe werden jetzt rigoros vertrieben, sollten sie zu nahe kommen. Auf einer hochgewachsenen Wiese oder in der Nähe eines Gehölzes kommen die Kleinen zur Welt. Zumeist haben Rehe zwei Junge, auch Drillinge und sogar Vierlinge sind möglich. Schon wenige Minuten nach der Geburt versuchen die Kitze aufzustehen, nach einer bis drei Stunden gehen sie die ersten Schritte ihres Lebens. Die Geschwister verlieren sich allerdings kurz nach der Geburt aus den Augen. Denn die Kitze laufen auf noch wackeligen Beinen auseinander und suchen sich Verstecke. An Büschen oder im hohen Gras legen sie sich nieder. Eine Vorsichtsmaßnahme der Natur. Sollte ein Feind über ein Kitz stolpern, ist das andere wenigstens in Sicherheit. Doch die gerade katzengroßen Rehkinder wissen, mit Gefahr umzugehen. Ihre Verstecke sind meist gut geschützt gegen Einsichten von oben durch Greifvögel und Füchse. Bei Gefahr drücken sie sich an den Boden und sind durch ihr goldfleckiges Fell gut getarnt.

Kitze haben so gut wie keinen Eigengeruch. Selbst Hunde mit ihren ausgeprägten Spürnasen können kleine Rehe nicht erschnüffeln. Und schließlich ist die Mutter selbst ständig in der Nähe. Ein leisen Fiepen verrät ihr: Der Nachwuchs hat Hunger. Ein Angstlaut, und sie eilt dem Kleinen zu Hilfe. Mit ihren harten Hufschalen können Rehmütter ordentlich austeilen. Die sonst eher schreckhaften Tiere schlagen Füchse in die Flucht und versuchen manchmal, selbst Menschen zu vertreiben.

Etwa Anfang Juli macht sich die kleine Familie gänzlich auf die Hufe. Mama führt und die Kleinen halten sich eng im Windschatten – so können sie die Mutter ständig riechen. Will die mal allein sein, kommandiert sie dem Nachwuchs, sich hinzulegen. Sie flüchtet kurz in Windrichtung und stoppt abrupt. Die hinterdrein rennenden Kitze überholen die Mutter und haben sie damit plötzlich aus der Nase verloren. Jetzt kann sich die Alte verdrücken, während sich der Nachwuchs in der nächsten Deckung niederlässt. Oder auch nicht.

Beliebte Spiele: Bocksprünge und Kopfstoßen

Schon mit zwei Monaten machen sich Kitze selbstständig und gehen spielen. Eine Lieblingsbeschäftigung. Manchmal finden sich sogar mehrere kleine Familien zu Spielgruppen zusammen. Doch Herumtollen bleibt Sache der Kinder – die Alten machen nicht mit. Die Kitze rennen davon, laufen einen Bogen, stoppen plötzlich und machen einen Bocksprung mit allen Vieren. Mit Partner ist es noch schöner: Dann laufen die Kleinen voneinander weg, um sich nach einem Bogen zu treffen und voreinander zu springen. Später kommt ein neues Spiel dazu: Kopfstoßen. Nach dem Schieben und Drängeln folgt wieder ein Bocksprung. Ist kein Geschwisterchen in der Nähe, müssen mal ein Strauch oder Pflanzen als „Gegner" herhalten. Im Juli und August hält die Mutter wieder nach einem Freier Auschau. Dann endlich schlägt die Zeit für die Rehböcke. Schon ab März haben sie Reviere besetzt. Freilich nur die stärksten Böcke, die eifersüchtig wie kleine Könige über ihr Territorium wachen. Nur erfahrene Rehböcke verteidigen ihr Revier erfolgreich und über mehrere Jahre, denn die Konkurrenz ist groß. Rund um sein Gebiet zieht der Bock und attackiert scheinbar wahllos Bäume. Doch dahinter steckt System. Der Bock verletzt die Rinde und „schmiert" die Stelle dann mittels Drüsen an seinem Kopf mit einem Sekret ein. Diese Stellen sind wie Namensschilder an der Tür: Hier wohne ich! Regelmäßig werden die Duftmarken erneuert. Besondere Vorlieben hegen Böcke für Bäume, die nicht in „ihren" Wald passen, etwa Exoten. Übertreten Konkurrenten die unsichtbaren Grenzen, gibt es Krach. Eindringlinge werden gnadenlos angegriffen. Will es der Neue auf einen Kampf ankommen lassen, dann bekommt er ihn. Zunächst mustern sich die zwei Kontrahenten. Dann wird imponiert und gedroht. Die Böcke recken den Hals und machen sich so groß als möglich.

Im Stechschritt wird in den Kampf gezogen

Nutzt dieses Aufplustern nicht, wird Kampfeslust gezeigt. Den Kopf gesenkt, mit den Vorderhufen über den Boden scharrend, werden Scheinstöße mit dem Geweih ausgeführt, ohne den Gegner wirklich zu berühren. Der eigentliche Kampf wird im Stechschritt eröffnet. Die Gegner kra-

Rehe leben ständig auf dem Sprung. Stößt das
Leittier einen Warnruf aus, flüchtet das Rudel.

chen aufeinander, verhaken ihre Geweihe, schieben und stoßen, drehen sich auch mal im Kreis und verhaken sich erneut. Verletzungen sind nicht selten, denn die spitzen Geweihe sind gefährliche Waffen. Der Schwächere gibt auf. Er flieht. Der Sieger jagt ihm hinterher, manchmal über Hunderte Meter. Dann dreht er ab und reagiert seinen Übermut meist noch an einem Baum ab. Mit der Brunft endet die große Zeit der kleinen Hirsche. Im Herbst verlieren die Böcke ihr Geweih und werden wieder friedlicher. Die Ricken tragen schon den neuen Nachwuchs in sich, kümmern sich aber über den Winter noch um ihre Kitze. Rehe haben eine Eiruhe entwickelt, das heißt, die befruchteten Eizellen liegen vorerst auf Eis. Die Kitze sollen ja nicht vor dem späten Frühjahr, wenn das Nahrungsangebot wieder reich ist, zur Welt kommen. Und die Alten können sich im Herbst von den Strapazen der Liebe erholen. Die im Sommer befruchteten Eizellen beginnen deshalb erst im Dezember zu wachsen. Wenn sich der neue Nachwuchs ankündigt, werden die Kitze vom Vorjahr von Muttern vertrieben oder machen sich gleich selbst in ihr eigenes Leben auf. Doch man sieht sich zumeist wieder. Wenn der Winter naht, finden sie sich wieder in Rudeln zusammen, um mit Tochter, Schwester oder Nichte die kalte Jahreszeit zu überstehen.

Ein Überlebenskünstler in rotem Pelz

Rotfüchse sind listig und schlau

Er hört gut, er sieht ausgezeichnet, sein Geruchssinn ist ausgeprägt.

Die Waldzunge leckt über den Bahndamm ins Feld hinein. Von Neschwitz aus war es nur eine kurze Fahrt durch die Oberlausitzer Heide- und Teichlandschaft. Vorbei an breiten Schilfgürteln, die graubraun vertrocknet im Winde rascheln und den vielen Teichen, die unter einer glitzernden Eisschicht schlafen. Abgeschnitten durch den Schotterwall stehen die Bäume im Waldzipfel an vorderster Front. Unwillig schütteln die Kiefern ihre Äste unter dem eisigen Wind, der über den Acker heranjagt. Die trockenen Gräser vom vorigen Jahr verbeugen sich elegant. Der kleine Waldzipfel hat Bewohner. Untermieter. Gänge führen in die Erde hinein. Im Halbkreis vor den Röhren sind Sand und Erde zu einem kleinen Wall angewachsen. Die Größe der unterirdischen Behausung lässt sich ahnen: Der lebhafte Grasbewuchs am Waldboden gedeiht nur hier in diesem kleinen Hügelland, wo ständig neue Erde zu Tage gefördert wird. Ein Bewohner des Waldzipfels hat seine Visitenkarte ausgelegt. Ein regelrechter Trampelpfad zieht sich durch den Schnee zu einer der Röhren. Trockenes Gras, zurechtgeschnitten auf einige Zentimeter Länge, liegt entlang dieses Weges verstreut. Ein Dachsweibchen hat sich daran gemacht, den Kessel auszupolstern, in dem ihr Nachwuchs bald zur Welt kommen soll. Doch sie wohnt nicht allein im Bau. Mitmieter ist eine Füchsin. Ihre Spuren aber ohat der Schnee verdeckt und der Wind verweht.

Untermieter bei Familie Dachs

Am Tage hat es sich die Fuchsfähe im Bau gemütlich gemacht. Erst wenn die Dunkelheit hereinbricht, hält es sie nicht mehr unter der Erde. Vorsichtig arbeitet sie sich bis zum Ausgang der Höhle vor. Sie lässt sich Zeit. Aufmerksam lauscht sie, wittert, prüft, ob die Luft rein ist. Dann erst verlässt sie den Bau. Gegen Mitte Januar ist Ranzzeit. Dann werden die Füchse liebestoll. Mit heiserem Bellen durchstöbern die Rüden ihr Revier, die Fähen antworten mit einem klagenden Rufen. Nach der Hochzeit zieht sich die Füchsin wieder in ihren Bau zurück, den sie sich für die Jungenaufzucht ausgewählt hat. Solch ein luxuriöses Heim, wie es der Dachsbau ist, muss gar nicht sein. Füchse sind da nicht wählerisch.

Trockene Bewässerungsrohre, eine Strohmiete oder eine ruhige Ecke in einer Feldscheune tun es auch. Nach etwa 50 Tagen Tragzeit, mit dem

Anbruch des Frühlings, werden die Jungen geboren. Mit Dachsens kommt die Füchsin aus. Die beiden gehen sich einfach aus dem Weg. Der Bau im Waldzipfel ist groß genug. Mindestens 40 Jahre ist er alt, 14 Röhren führen an die Oberfläche, in drei Etagen wird unter Tage gewohnt, bis zu drei Metern tief. Als Baumeisterin betätigt sich das Dachsweibchen. Füchse sind eher grabfaul. Sie selbst würden sich nicht so tief einwühlen, ein bis 1,5 Meter reichen schon, um es gemütlich zu haben. Wenn die Dachsin den Bau erweitert und in Schuss hält – um so besser. Ansonsten ließe sich auch ein Kaninchenbau umarbeiten oder eine Höhle im Bahndamm graben. So wenig anspruchsvoll Füchse bei der Wahl ihrer Behausung sind, so wenig sind sie es auch beim Fressen. Nur Fleisch sollte es schon sein. Selbst Aas wird nicht verschmäht. Freilich wurden auch schon Füchse gefangen, die sich den Magen mit reifen Pflaumen oder Kirschen vollgeschlagen hatten. Wenn Schmalhans Küchenmeister ist, dann probieren Füchse selbst Getreidekörner. Doch das ist selten. Reinecke hat einen ganz besonderen Küchenmeister – den Menschen. Und der deckt den Tisch reichlich.

Wenn Ruhe eingekehrt ist in den menschlichen Siedlungen, dann schlägt seine Stunde. Müllkippen und Komposthaufen bieten Fressbares – Schlachtabfälle oder Wurstreste. Hauskatzen, Hühner und Enten sind leicht zu jagende Beute. In der Oberlausitz hat eine Untersuchung bei über 800 Füchsen ergeben, dass Haustiere und Abfälle ein Drittel ihrer Nahrung ausmachen. Als Hühnerdieb muss sich der Fuchs wohl beschimpfen lassen. Das Kinderlied „Fuchs, du hast die Gans gestohlen" trifft aber den Falschen. Keiner der 800 Füchse hatte Gänsefleisch im Magen.

Mäuse sind Leckerbissen

Vom Waldrand aus dehnt sich das Feld. Noch bedeckt Schnee weite Flächen. In der Ferne ragt ein Kirchturm über die roten Ziegeldächer eines kleinen Lausitzer Dörfchens. Die Nähe menschlicher Siedlungen ist dem Fuchs längst nicht mehr unangenehm. Das größte heimische Raubtier – mit Schwanz etwa einen Meter lang – hat sich angepasst. Selbst in Stadtzentren taucht der Fuchs mittlerweile auf, räubert etwa in Zoologischen

Füchse sind immer vorsichtig und misstrauisch.

Gärten. Der Fuchs hat die Kurve gekriegt – dank seiner Schläue und seiner Anspruchslosigkeit an Nahrung und Behausung.

Spuren am Waldrand. Hier ist der Fuchs entlanggeschnürt. In einem lockeren, federnden Trab, lautlos und aufmerksam horchend. Weite Strecken kann er so zurücklegen. Doch in seinem Revier hat er feste Pfade. Hier kennt er jeden Grashalm. Wenn sich etwas verändert, ist Reinecke sofort misstrauisch. Tagelang wird die Stelle begutachtet, ob Gefahr droht. Erst wenn alles vertraut ist, wird die Deckung des Waldrandes verlassen. Auch das Feld bietet dem Fuchs begehrte Leckerbissen.

Ahnungslos piepst die Maus. Sie hat ihren Jäger, der 50 Meter und mehr entfernt sein kann, gar nicht bemerkt. Anders der Fuchs. Wie ein Schlag durchzuckt ihn das Geräusch. Mit seinen großen Ohren entgeht ihm so etwas nicht. Füchse haben ein hervorragendes Gehör, noch besser ausgeprägt als ihr Geruchssinn oder ihr Sehvermögen. Niemals wird der Fuchs den Fehler begehen, nun heranzustürmen. Lautlos schleicht er vielmehr herbei. Einmal piepsen und der Fuchs merkt sich die Stelle. Selbst, wenn er einen Bogen schlagen muss, um gegen den Wind zu kommen. Dann folgt ein Satz, wie eine Feder schnellt der Jäger vor, landet von oben auf der Maus und packt mit der langen Schnauze zu. Auch Igel, Hasen, Vögel und ihre Eier stehen auf der Speisekarte. Obwohl der Fuchs schnell ist, bis zu 50 Stundenkilometer in voller Flucht, hetzt er seiner Beute kaum hinterher. So kann der Fuchs an einem Hasen auch völlig interessenlos vorbeischnüren, wenn er ihn nicht mehr überraschen kann.

Im Zickzack die Straße entlang

Schließlich bietet auch eine Straße Beute. Füchse können regelrechte Spezialisten werden. Manche patrouillieren Nacht für Nacht im Zickzack das Asphaltband ab, um überfahrene Tiere einzusammeln. Gesunde Rehe oder Wildschweine kann der Fuchs nicht überwältigen. Angefahrene eher. Mit einem reichlichen halben Kilo Fleisch kann sich der Fuchs den Magen füllen – obwohl er selbst nur fünf bis acht Kilo schwer ist. Ist die Beute reichlich, wird sie mit seinem Sekret wie mit einem Etikett versehen und vergraben. Diese Verstecke findet der Fuchs immer wieder – anders als das Eichhörnchen etwa, das regelmäßig vergisst, wo es die Nüsse gehortet hat. Ende Februar wird Leben einziehen im alten Dachsbau hinterm Bahndamm. Dann werden die jungen Füchse geboren, sechs bis sieben in der Oberlausitz. Drei Wochen bleiben sie im Schutz der dunklen Höhle, dann verlassen sie den Bau. Die kleinen Fellknäuel bleiben in der Nähe der Eingänge, während Mutter auf Jagd geht. Als Jungtiere sind sie schiefergrau, erst mit zunehmenden Alter werden sie zum Rotfuchs. Dann bekommt ihr Rückenfell den rötlichen Schimmer, Bauch und Brust werden weiß.

Junge Füchse müssen viel lernen

Die Mutter schleppt Beute heran. Etliche Mäuse kann sie in ihrem Fang hamstern, bevor sie zum Bau zurückkehren muss. Manchmal beteiligt sich auch der Rüde an der Jungenaufzucht, doch das ist wohl eher selten. Er darf dann Beute zum Bau bringen, hinein darf er nicht. Da beißt ihn die Alte weg. Junge Füchse müssen viel lernen. Nur weniges ist angeboren, der Mäusesprung etwa. Lernen heißt spielen. So tollen die Jungfüchse am Bau umher, springen nach dem Schwanz ihrer Geschwister, balgen sich oder kämpfen mit einem liegengebliebenen Hühnerflügel. Denn gerade ordentlich sind Füchse nicht. Kommt die Mutter um, so können selbst Adoptivmütter einspringen. So ist beobachtet worden, dass andere Fähen sich um die fremden Jungen kümmerten und aufzogen.

Natürliche Feinde haben die Füchse kaum noch. In der Oberlausitz greift schon mal ein Seeadler oder ein Uhu nach den Jungfüchsen, woanders aber sind diese mächtigen Raubvögel längst ausgerottet. Ebenso wie Wölfe, eigentlich die nächsten Verwandten der Füchse, die aber ihre Vettern nicht verschmähen. Selbst die Tollwut ist in Sachsen dank der Impfung stark zurückgedrängt. So bleibt allein der Mensch als übermächtiger Feind.

Winterpelz war einst begehrt

Bis zur Mitte unseres Jahrhunderts stand der Fuchs kurz vor der Ausrottung. Mit Falle, Schrot und Blei ging es ihm an den Kragen. Sein begehrter Winterpelz mit der dichten Unterwolle zierte dann wiederum den Kragen manchen Mantels. Heute sprechen Experten davon, dass es so viele Füchse gibt wie nie zuvor. Zwar ist niemand mehr auf den Pelz von Reinecke erpicht, aber nachgestellt wird ihm dennoch heftig. In manchen Gegenden wird er schon als Plage angesehen. Dabei nutzt der Fuchs nur seine enorme Anpassungsfähigkeit eben an menschliche Eigenschaften wie Hühner zu halten, Igel zu überfahren oder wilde Müllkippen anzulegen. Vor allem unerfahrene Füchse – kaum einjährig – werden zur Strecke gebracht. Hat ein Fuchs diese Zeit überstanden und dazugelernt, kann er durchaus über zehn Jahre alt werden. Dass sich Reinecke dennoch weiter stark vermehrt, könnte daran liegen, dass Füchse ihre Geburtenrate regeln können.

In Jahren mit schlechtem Nahrungsangebot tragen selbst gedeckte Fähen ihren Nachwuchs nicht aus. Vielmehr verkümmern die Embryonen im Mutterleib. Nur ein Tier aus der Gegend bringt seinen Nachwuchs zur Welt. Füchse, sonst eher Einzelgänger, kümmern sich dann möglicherweise sogar gemeinsam um die Jungenaufzucht. In Jahren mit reichem Nahrungsangebot, aber bei hoher Sterblichkeit durch die Jagd, fahren die Füchse dagegen Vollgas in Sachen Nachwuchs.

Die Jungfüchse werden bereits selbst nach einem Jahr geschlechtsreif. Im Herbst nämlich ist Schluss mit der Mutterliebe. Die Jungen werden weggebissen, bis die Fähe schließlich wieder allein ist. Junge Füchse sind dann schon so groß wie ihre Eltern und gehen auf Wanderschaft, meist zehn bis 50 Kilometer weit, teilweise aber auch über 300. Finden sie ein unbesetztes Revier, das ihnen zusagt, werden sie sesshaft. Das Terrain wird markiert und gegen Geschlechtsgenossen verteidigt. Beißereien aber sind bei Reinecke selten. Die Kontrahenten knurren sich an, ziehen die Lefzen hoch, wedeln mit dem Schwanz, bis sich endlich einer der beiden trollt.

List und Schläue und ein wenig Dichtung

List und Schläue sagt man dem Fuchs nach. Viele Legenden erzählen davon. Etwa, dass sich ein Fuchs totstellt, bis eine neugierige Elster den vermeintlichen Happen inspizieren will. Dann wird sie selbst zur Beute. Oder dass Füchse Igel ins Wasser rollen, um den Stacheltieren dann ans Eingemachte zu gehen. Dichtung verschmilzt mit Beobachtung. So hat der Fuchs nur selten Wasser in der Nähe, um Igel zu ärgern. Eine Taktik, der Stachelkugel beizukommen aber mag so mancher schlaue Fuchs entwickelt haben. Füchse sind Wildhunde, also außerordentlich lernfähig.

Auf dem Feld vor dem Waldzipfel läuft ein Reh. Der Ricke folgt ein Kitz, freilich schon vom vorigen Jahr und fast so groß wie die Mutter. Goldbraun leuchtet das Fell in der Januarsonne. Erst eine unbedachte Bewegung macht die Ricke aufmerksam. In weiten Sätzen ergreift sie die Flucht, ist ihrem Nachwuchs bald um etliche Längen voraus. Das wäre der alten Füchsin unten im Dachsbau nicht passiert. Angeblich können Füchse sogar unterscheiden, was für ein Mensch da ihren Weg kreuzt: ein Jäger mit der gefürchteten Büchse oder nur ein harmloser Pilzsucher. Aber das ist vielleicht auch Jägerlatein.

Der König der Wälder

In allen größeren Waldgebieten sind die mächtigen Rothirsche zu Hause

Steil führt der Weg hinter Bad Schandau hinauf, windet sich durch einen dichten Fichtenforst. Immer höher hinauf geht es, die Fichten weichen Buchen, deren schlanke, silberhelle Stämme in den Himmel streben. Am Wegrand haben sich schmutzige Schneeflecke an den Boden geklammert, dunkel und matt glänzt der Boden, der sich mit Wasser vollgesogen hat. Scharf gezackt heben sich die Spuren ab. Einige Zentimeter lang, oval, zwei Halbmonden ähnlich, die einander zugekehrt sind. Hier sind Hirsche gewechselt. Für einen Wanderweg könnte man den Wildwechsel halten – dort, wo der Boden möglichst eben verläuft, Unterholz und Büsche eine Gasse lassen, zieht das Rotwild zu seinen Fressplätzen. Nicht selten hat sich der Mensch Wildwechsel als Wege auserkoren – denn die Tiere fanden den Pfad, auf dem sich mit möglichst geringer Anstrengung das Gelände am leichtesten überwinden lässt. Nur wenige Schritte weiter sind auch wir am Ziel, verlassen den Weg und erklimmen einen Ansitz.

Messerscharfe Sinne

Geduld und Ruhe braucht, wer Hirsche zu Gesicht bekommen will. Zwar sind sie die größten freilebenden Tiere in Deutschland, doch sie haben längst gelernt, den Menschen zu scheuen. Ihre Instinkte sind auf Flucht vor möglichen Gefahren geschaltet, ihre Sinne messerscharf. Vor allem verlässt sich das Rotwild auf seine feine Nase. Bei günstigem Wetter „erriechen" sie noch über viele hundert Meter entfernt ihre Umgebung und können dabei auch die Quelle des Geruchs sehr genau lokalisieren. Um ihren Nasen zu „helfen", zieht das Rotwild möglichst gegen den Wind und nimmt dabei selbst Umwege zu den Fress- oder Ruheplätzen in Kauf.

Im Winter leben die Rothirsche auf Sparflamme. Nahrung ist knapp und deshalb brauchen sie Ruhe, um nicht zuviel Energie zu verschwenden.

Legen sich die Tiere hin, achten sie stets darauf, dass der Rücken dem Wind zugekehrt ist. So sind sie sicher vor Überraschungen von hinten. Doch auch auf das Gehör können sich die Tiere verlassen. Die großen Lauscher sind erstaunlich bewegungsfähig. Vor allem Geräusche, die nicht in den Wald hineingehören, sind Alarmsignale. Weniger scharf ist das Sehvermögen ausgeprägt, vermutlich ist Rotwild farbenblind. Wahrgenommen werden allerdings Bewegungen, und da schon feinste über große Entfernungen.

Vor dem Anstand dehnt sich leicht ansteigend eine kleine Waldwiese. Braun und in Büscheln hockt vertrocknetes Riedgras am Rand, ein Schneefeld im Schatten der Bäume glänzt in schmutzigem Weiß. Noch ist es hell und der Himmel steht in fahlem Licht hinter den Baumwipfeln. Außer einer gelegentlichen Windbö, die dumpf brausend durch die Äste fährt, ist es völlig still. Nun heißt es warten, möglichst lautlos, ob sich die Rothirsche heute am saftlosen Grün der Wiese gütlich tun wollen.

Leben auf Sparflamme

Wenn sie kommen, sind sie einfach da. Völlig lautlos bewegen sich die großen Tiere, trotz ihrer Masse. Die männlichen Tiere im Nationalpark Sächsische Schweiz erreichen Gewichte von 120 bis 150 Kilogramm, Weibchen sind etwa ein Drittel leichter. Die Schulterhöhe beträgt bis 1,20 Meter. Doch das ist regional verschieden. Osteuropäische Hirsche werden bei weitem größer, Tiere aus den Karpaten können bis zu 250 Kilogramm auf die Waage bringen. Die Tiere sind sehr anpassungsfähig, so kommen die Hirsche in der Sächsischen Schweiz auch mit der Felslandschaft klar. Doch Unfälle sind nicht ausgeschlossen: In der Forstverwaltung Bad Schandau liegt das stattliche Geweih eines Hirsches, der abrutschte und in einer Felsspalte zu Tode stürzte.

Im Winter leben die Rothirsche auf Sparflamme. Nahrung ist knapp und so müssen die Tiere mit möglichst wenig Energieeinsatz auskommen. Selbst Hungerperioden können sie überstehen, in Amerika etwa wurden Hirsche beobachtet, die über einen Monat lang völlig ohne Nahrung auskamen. Jede Beunruhigung, jede Flucht kostet die Tiere Kraftreserven. So ist es wichtig, dass sie in ihren Ruhezonen, in denen sie viele

Stunden des Tages verbringen – in Dickungen, Unterholz und dichten Beständen – nicht gestört werden.

Rothirsche sind soziale Tiere. In Rudeln sind sie sicherer, können sich auch auf die scharfen Sinnesorgane ihrer Gefährten verlassen. Die kleinsten Rudel bestehen in der Regel nur aus einem Muttertier, ihrem Kalb und ihrem vorjährigen Kalb. Manchmal sind selbst die zweijährigen noch bei der Mutter. Zum Hochsommer, wenn die Brunft naht, schließen sich mehrere solcher Rudel zu größeren Gruppen zusammen. Dabei können auch junge männliche Hirsche sein – wenn sie es nicht vorgezogen haben, sich anderen Junggesellen anzuschließen und im Hirschrudel zu leben. Alte männliche Hirsche ziehen ein Leben als Einzelgänger vor.

Die Wiese liegt still, nichts rührt sich. Nur eine kleine Spinne im Anstand hangelt langsam an ihrem Faden hinauf. Langsam senkt sich die Dämmerung, färbt sich der bleigraue Himmel dunkel. Schon rückt der Wald zusammen zu einer dunklen Wand, die nicht einmal ahnen lässt, was hinter ihr vorgeht. Minuten dehnen sich zu Stunden. Jetzt – in der Dämmerung – beginnt die Zeit der Rothirsche, sie verlassen ihre Deckungen und Einstände, um vorsichtig durch den Wald auf Nahrungssuche zu ziehen. Obwohl nicht nachtaktiv, weichen die Tiere immer mehr auf die ruhigen Stunden des Tages aus – wenn sie sicher sind vor dauernden Störungen durch Touristen, Spaziergänger oder Pilzsucher.

Die Erfahrenste führt

Auch bei der Futtersuche bleiben die Tiere aufmerksam. Ständig geben sie Obacht, besonders die Leittiere, alte erfahrene Muttertiere. Nur wer ein Kalb führt, kann Leittier werden. Solch eine Position wird nicht erkämpft oder verteidigt, die anderen Tiere folgen freiwillig, darauf vertrauend, dass Muttertiere am misstrauischsten und wachsamsten sind. Taucht eine Gefahr auf, ist das Leittier dasjenige, welches das Signal zur Flucht gibt. Erst wenn das Leittier flieht, folgen die anderen, selbst, wenn eines die Gefahr eher erkannt haben sollte. Dann nimmt es den Kopf hoch, stellt die Ohren nach vorn und stampft wohl auch mit den Vorderhufen. Signal für alle, das Leittier prüft nun seinerseits die Situation und entscheidet: Flucht

Mit einem machtvollen Ruf röhrt der Hirsch während der Brunft sein Verlangen in den Wald hinaus.

oder Entwarnung. Nur wenn die Tiere unmittelbar erschreckt werden, fliehen sie in wilder Panik, ansonsten geht es in einem ruhigen Trab, den die Tiere stundenlang durchhalten können, zurück in sichere Deckung.

Äsungszeiten wechseln sich ab mit Ruhezeiten, in denen die Tier zurück in ihre Deckung ziehen und wiederkäuen. Wenn das Nahrungsangebot besser wird, im Mai und Anfang Juni, kommen die Kälber zur Welt.

Die Tiere werfen nur ein Jungtier, das dann streng erzogen wird. Selbst mit Tritten der harten Vorderhufe wird der bedingungslose Gehorsam des Kalbes erzwungen. Dabei haben aber gerade junge Tiere auch einen ausgelassenen Spieltrieb und können übermütig durch die Gegend tollen, springen, ausschlagen oder spielerische Kämpfe austragen.

Erbitterte Kämpfer

Die hohe Zeit der Hirsche naht im Herbst, wenn im September und zu Beginn des Oktober die Brunftzeit kommt, vor allem in kalten, trockenen, mondhellen Nächten zieht es das Rotwild zur Brunft. Dann wandern die größeren Rudel der weiblichen Hirsche zu oft jahrhundertealten Brunftplätzen. Ihnen folgen die männlichen Hirsche. Mit weit vorgestrecktem Kopf, leicht erhoben, röhren sie ihre Unruhe in den Wald hinaus – ein machtvoller Schrei, dert kilometerweit zu hören ist. Doch nur der stärkste und kräftigste Hirsch gesellt sich zu dem Rudel und umkreist es eifersüchtig. Die Rivalen halten sich in respektvoller Entfernung. Junge Hirsche wagen es oft gar nicht, dem Alten seinen Platz streitig zu machen. Doch fühlt sich einer stark genug, fordert er den Platzhirsch heraus. Dann kommt es auch zu schweren Kämpfen. Meist schreiten sich die Rivalen zunächst ab, demonstrieren ihre Kraft. Dann krachen sie auf kurze Entfernung mit den Geweihen aneinander. Das klingt, als wenn starke Stöcke gegeneinandergeschlagen werden. Den Kopf tief gesenkt, die starken Läufe in den Boden gestemmt, schieben sie sich über den Kampfplatz, jeder Muskel und jede Sehne zum Zerreißen gespannt. Bis zur völligen Erschöpfung können die Rivalen kämpfen. Wer aufgibt, muss blitzschnell sein und sich herumwerfend das Weite suchen. Hirsche versuchen wohl nicht, einander zu töten. Doch löst sich einer vom Kampf, setzt der andere nach. Trifft er ihn dabei mit seinem Geweih in der Seite, können schwere Verletzungen oder selten sogar der Tod des Rivalen die Folge sein.

In der Brunftzeit können Hirsche gefährlich werden. Freilich flüchten sie weiter vor dem Menschen, dem einzigen Feind, den das Großwild in Deutschland hat. Sind ihm aber die Fluchtmöglichkeiten verbaut, können Hirsche unter Umständen angreifen. Im Wildgehege Moritzburg, wo die Tiere naturnah gehalten werden, musste ein Pfleger diese Erfahrung machen. Ein Rothirsch, den er mit der Flasche aufgezogen hatte, griff ihn später in der Brunft an und verletzte den Mann schwer mit dem Geweih. Weil er den Respekt vor dem Menschen verloren hatte, musste er erschossen werden. Im Winter sehen die Tiere imposant aus. Noch tragen die Hirsche im Moritzburger Wildgehege ihr Geweih, das ältere Hirsche im Februar, jüngere etwas später abwerfen. Eng beieinander steht das Rudel, die Köpfe unverwandt dem Besucher zugewandt, die Lauscher nach vorn gedreht. Mächtig und gleichzeitig elegant wirken die männlichen Tiere, die jetzt im Winter noch eine dunkle Mähne an Hals und Brust tragen. Nicht umsonst trägt der Hirsch den Beinamen „König der Wälder".

Die Geweihe der Hirsche übrigens wachsen jedes Jahr neu, immer ein bisschen mächtiger. Erst alte Hirsche bauen in der Geweihstärke wieder ab. 15, selten bis 20 Jahre alt, können Hirsche werden. Sie sterben, wenn ihre Zähne abgenutzt sind und sie ihr Futter nicht mehr zermahlen können. Wenn sie ihr Geweih Ausgang des Winters abgeworfen haben, schieben sich die neuen Stangen aus dem Schädel. Etwa einen Zentimeter täglich kann das Geweih wachsen. Im fertigen Zustand im Hochsommer, rechtzeitig zu Brunft, wiegt es dann mehrere Kilogramm. Die Geweihe sind quasi Knochen, in der Wachstumsphase von einer feinen Haut umgeben, dem Bast. Ist das Geweih ausgereift, fegt der Hirsch – wetzt am Boden oder kratzt an Bäumen und Sträuchern, um die dann vertrocknete Haut loszuwerden. Bäume und Sträucher werden beim Fegen kaum beschädigt, der Hirsch geht eher vorsichtig zu Werk. Anders in der Brunft. Da werden Bäume zu imaginären Gegnern, die der Hirsch mit dem Geweih bearbeitet. Doch diese Schäden an Bäumen sind gering im Vergleich zum Verbiss. Nur wenige hundert Meter von unserem Anstand entfernt ist der Boden übersät mit jungen Buchen. An wenigen sind die Knospen, in denen schon der Saft sitzt, abgefressen. Knospen und Triebe, selbst Rinde, gehören zur normalen Nahrung des Rotwildes.

Die Zeit ist verstrichen, in der die Hirsche erfahrungsgemäß zum ersten Äsen erscheinen. Längst ist der Himmel schwarz, nur der Mond wirft noch ein fahles Licht auf die kleine Wiese. Außer ein paar Feldhasen aber zog es kein Tier hierher zur Futtersuche. Spuren freilich beweisen, dass erst vor kurzem Schwarzkittel, Hirsche und auch Füchse der Waldwiese einen Besuch abgestattet haben. Wir räumen das Feld, überlassen wieder den nächtlichen Herrschern ihr ureigenstes Element.

Harte Schale, weicher Kern
*Einheimische Schildkröten sind
ein Fall für Forscher geworden*

Einst waren die Tiere häufig und beliebt – vor allem im Suppentopf. Wegen ihrer Lebensweise im Wasser wurden die Schildkröten, so wie auch Biber, zum Fisch erklärt. So kamen die Katholiken auch in der Fastenzeit zu Fleisch. Dieser Appetit freilich hat den einst zahllosen Tieren den Garaus gemacht. Andere für die Panzertiere unglücklichen Umstände kamen hinzu und die Schildkröten wurden immer seltener. Dabei werden sie alt wie Methusalem. Wie alt, weiß keiner, weil sie ihre Erforscher überleben. 50 bis 60 Jahre alt werden sie wenigstens, möglicherweise über 100. In Polen wurden Tiere gefunden, die den polnischen Adler und Jahreszahlen vom Ende des vorigen Jahrhunderts im Panzer eingeritzt hatten. Sumpfschildkröten jedenfalls könnten die Tiere sein, die das höchste Alter aller Wildtiere in Deutschland erreichen. Auch stammesgeschichtlich können Schildkröten auf ein wahrhaft biblisches Alter verweisen. Sie existieren seit über 200 Millionen Jahren, sahen die Dinosaurier kommen und gehen und sind damit das älteste Erfolgsmodell der Landwirbeltiere. Die Suppentöpfe allerdings zeigten keinen Respekt vor soviel Ehrwürdigkeit. Nachgewiesene Vorkommen gibt es nur noch in Brandenburg. Dort leben heute etwa 50 Sumpfschildkröten. Jenseits der Neiße in Polen existieren wenige Exemplare. Die Hoffnung, dass auch in der deutschen Lausitz ein paar Tiere überlebt haben, trieb die Forscher mit einer speziellen Schildkrötenfalle an die Teiche und Tümpel. Geködert mit Rinderherz, dass die Tiere zwar in freier Wildbahn nicht fressen, aber als Häppchen offenkundig hoch schätzen. Die Mühe war umsonst. Keine einheimische Schildkröte ließ auch nur einen Schwanz sehen. Nur eine ungarische „Exil"-Sumpfschildkröte wurde bei Zittau gefangen. Freilich könnten den Forschern einzelne Exemplare trotzdem entkommen sein. Die Sumpfschildkröten leben extrem heimlich. Höchstens zweimal im Jahr

Bis zu 120 Jahre alt kann die Europäische Sumpfschildkröte, die einzige in Deutschland heimische Schildkrötenart, werden. In Sachsen ist sie verschollen.

verlassen sie ihr Heimatgewässer zu Überlandwanderungen. Ansonsten besteht ihr Tagesablauf im Fressen, Sonnenbaden und Ruhen. Sumpfschildkröten brauchen nicht viel, sind aber dennoch hochspezialisiert.

An Land gibt`s nichts zu futtern

Ein stilles stehendes Gewässer, selbst ein kleiner Tümpel, der Nahrung bietet, ist die Wohnstube der Sumpfschildkröten. Ein sandiger Boden, der von der Sonne richtig durchgebraten wird, die Kinderstube. Sumpfschildkröten nutzen nämlich Klärchens Kraft, um ihre Eier zu erbrüten. Die dafür geeigneten Trockenrasen und Sanddünen aber sind nicht überall zu finden. In der Lausitz allerdings wäre eigentlich beides – stille Gewässer und sandige Böden – vorhanden. Doch sind die Tiere längst so selten, dass sie kaum noch Partner zum Fortpflanzen finden können. Im Frühjahr werden die wechselwarmen Reptilien schon ab fünf Grad Celsius mobil und beginnen zu fressen. Ob sie allerdings dann auch schon verdauen können oder den Regenwurm für wärmere Stunden im Magen aufheben, ist unerforscht. Nach dem Winter fangen die Sumpfschildkröten erstmal richtig an zu futtern.

Regenwürmer, Blutegel, Asseln, Spinnen, Kleinkrebse stehen auf dem Speisezettel, tote Insekten werden von der Wasseroberfläche geschnappt, manchmal ergattern die Schildkröten auch eine Kaulquappe oder einen kleinen Fisch. Wasserpflanzen und Algen sind schwerer verdaulich als tierische Kost – sie werden deshalb nur an warmen Tagen gefuttert. Unter Wasser schwimmt die Schildkröte gewandt und auch schnell – eine Jägerin ist sie trotzdem nicht. Sie sammelt eher, was ihr vors Maul kommt. Sumpfschildkröten haben keine Zähne und keinen Schluckmuskel. Dafür besitzen sie Hornplatten im Maul. Wenn die Schildkröte Beute gepackt hat, hilft sie mit den krallenbewehrten Vorderbeinen nach, diese in Position zu bringen. Dann schießt der lange Hals ruckartig nach vorn, der Wasserstrom strudelt das Essen in den Magen. Durch die Nasenlöcher wird das Wasser wieder ausgepresst. Bei so ausgeklügelten Tischsitten ist klar: An Land ist Fastenzeit, da kann keine Sumpfschildkröte fressen. Im Mai beginnt die Fortpflanzungszeit. Die Männchen verteidigen ihre Reviere eifersüchtig gegen Rivalen. Schildkrötenmänner können richtig sauer werden. Mit ihren scharfen Hornleisten beißen sie so kräftig zu, dass beim Gegenspieler sogar Blut fließen kann. Dann wird das Weibchen so lange verfolgt, bis sich das kleinere Schildkrötenmännchen mit allen vieren auf dem Panzer des Weibchens festkrallen kann. Trifft ein Weibchen kein Männchen, ist das auch noch nicht so tragisch. Sumpfschildkröten haben einen Spermaspeicher. Fünf Jahre lang kann das Weibchen trotz Abstinenz auf diese Weise Eier befruchten.

Wanderungen mit Traditionen

Zehn bis höchstens 18 Eier, walzenförmig und mit harter Schale, wachsen im Körper des Weibchens heran. Da wird irgendwann der Panzer eng bei soviel Leibesfülle und sie hört auf mit Fressen. Würde ja doch nichts mehr reinpassen. Ende Mai bis in die erste Junihälfte ist dann die große Zeit für Sumpfschildkröten. Ihre Wanderung zu den Eiablageplätzen beginnt. Wenn die Gelbe Iris blüht, verlassen die Schildkröten ihre Gewässer. Die Wasserlilie und die Schildkröten sind wirklich synchron – mit Verblühen der Blumen endet auch der Wanderzug der Schildkröten.

Auch die Männchen steigen aus den Teichen, obwohl sie gar nicht mehr gebraucht werden. Warum, ist unklar. Die Weibchen aber haben gut zu tun. Hunderte Meter weit kriechen sie, ausgesprochene Wanderfreundinnen bringen es auf bis zu fünf Kilometer. Ziel ist sandiger Boden, möglichst frei und sonnig gelegen, am besten sogar eine Böschung gen Süden. Dabei pflegen die Sumpfschildkröten offenbar Traditionen. Sie kriechen teilnahmslos über nach menschlichem Ermessen hervorrragend geeignete Plätze hinweg, um Jahr für Jahr dieselben Sandhügel aufzusuchen. Mit den Hinterbeinen wird geduldig ein Loch gescharrt, etwa zehn Zentimeter tief. Da hinein werden die Eier gelegt, die wiederum vorsichtig mit den Hinterbeinen vor allzu hartem Fall bewahrt werden. Dann wird das Werk zugescharrt und der Sonne übereignet. Forscher tappen noch im Dunkeln, ob Schildkröten einen vierten Sinn besitzen, Infrarot und damit Wärmestrahlung wahrnehmen können. Ansonsten haben die Panzertiere scharfe Augen, Feinde werden schon auf 50 bis 100 Meter Entfernung wahrgenommen. Auch um den Geruchssinn scheint es gut bestellt, mit seiner Hilfe wird auch Beute aufgespürt. Außerdem hören Schildkröten offenbar tiefere Frequenzen – so wie das Trampeln einer Kuhherde. Der Tritt einer Kuh zermalmt den Panzer der Schildkröte. Panzer ist übrigens lebendes Gewebe. Dieses Gebilde aus Knochen hält wohl dem Gebiss eines Fuchses stand, ein Wildschwein aber kann eine Schildkröte zerknacken. Die Reise über Land ist für eine Sumpfschildkröte eine gefährliche Angelegenheit. Nach der Eiablage kehrt das Tier deshalb schnell in sein Gewässer zurück. Den Rest des Jahres lässt es sich die Schildkröte im Teich gutgehen. Im Sommer tummeln sich die Tiere agil im warmen Wasser. Ihre Vorzugs-Körpertemperatur von 28 Grad Celsius lässt sie beweglich und mobil sein. Sinkt bei den wechselwarmen Tieren die Körpertemperatur ab, suchen sie sich ein sonniges Plätzchen und lassen sich aufheizen. Der dunkle Panzer hilft den Schildkröten, 28 Grad Körperwärme zu erreichen, selbst wenn die Luft zehn Grad kälter ist. Im Herbst gibt es noch einmal einen kleine-

Durch Entwässerung der Sumpfgebiete und der Bebauung der Ufer wird den Schildkröten immer mehr Lebensraum genommen.

ren Schildkröten-Wanderzug. Manche Tiere überwintern nämlich an Land, gut verborgen und vor Frost geschützt unter Laubschichten oder Wurzeln. Die im Teich verstecken sich im Schlamm und tauchen höchstens zwei bis dreimal am Tag zum Luftholen auf. Bei niedrigen Umgebungstemperaturen sind auch die Lebensfunktionen der wechselwarmen Reptilien nahezu bei Null. Die Jungtiere schlüpfen ab Ende August. Wenn sie Glück hatten. Denn 70 Prozent aller Gelege werden von anderen Tieren aufgefressen. Weiß man, dass statistisch auch nur aller drei Jahre die Sonne so tüchtig scheint, dass sie die Eier ausgebrütet, lässt sich ermessen, wie wenige Jungtiere am Ende schlüpfen. Zumal auf den Nachwuchs auch noch Störche, Reiher, Kraniche oder Hechte lauern. Häufig bleiben die Kleinen deshalb nach dem Schlupf den Herbst und Winter erstmal in der schützenden Höhle. Das bisschen Futter, dass sie bei den kalten Temperaturen brauchen, liefert ihnen ein Dottersack.

Der Lockruf der Heimat
Die Lausitz ist das storchenreichste Gebiet in Deutschland

Ein Schwarzstorch stolziert über eine Wiese. Er ist ein geschickter Jäger. Blitzschnell stößt er mit dem Schnabel zu, wenn er mit seinen scharfen Augen eine Beute entdeckt hat.

Die Mittagspause ist vorbei. Laut dröhnt Musik über den Hof, in der Werkstatt hallen Hammerschläge. Männer in Overalls laufen geschäftig hin und her. Den Kopf leicht angewinkelt, schaut der Storch vom Dach der alten Scheune in Wartha dem Geschehen da unten zu. Fast unbeweglich steht er, nur hin und wieder wendet er ohne Hast den Kopf und äugt. Im Horst neben ihm, auf dem First des ziegelroten Daches, brütet seine Gefährtin. Nur die Schnabelspitze schaut über den Nestrand. Ab und an erhebt sich die Störchin, wendet vorsichtig die drei Eier, putzt und glättet ihr Gefieder, um dann den künftigen Nachwuchs gleich wieder zu wärmen. Storchenalltag in der Lausitz, wo jetzt Brutzeit herrscht. Anfang April kommen die Störche aus ihren warmen Winterquartieren im Süden Afrikas zurück. Die Zugvögel sind heimatverbunden – sie bleiben ihrer Region treu. Und so werden die Lausitzer Störche in den Dörfern sehnsüchtig erwartet. Der große weiße Vogel mit den schwarzen Federn an den mächtigen Schwingen, dem roten Schnabel und den roten Beinen gehört zum Dorf wie der Plausch mit dem Nachbarn über den Gartenzaun, wie die Wiesen, Wälder und Teiche, die die Landschaft hier ausmachen.

Zwei Tonnen schwere Horste

Meist treffen die Männchen zuerst ein. Sie besetzen dann einen Horst, manchmal den, den sie schon jahrelang innehatten, und warten auf die Weibchen, die nur wenige Tage später folgen. Manche Storchenehen halten über viele Jahre, andere wechseln öfter die Partner. Mit Akribie widmen sich die Störche nun dem Horstausbau. Bis einen Meter lange, daumenstarke Äste schleppen die Störche heran. Mit Grasbatzen, Pferdeäpfeln oder Zweigen wird das Ganze dann komfortabel ausgepolstert. Jahrzehntealte Horste werden so über zwei Tonnen schwer und können eine Höhe und einen Durchmesser von fast zwei Metern erreichen. Wir fahren ins wenige Kilometer entfernte Brösa. Hochauf ragt der alte Schornstein der längst still gelegten Schnapsbrennerei. Ein offenbar ideales Plätzchen für das Storchenpaar, das hier in luftiger Höhe seinen Nachwuchs ausbrütet. Störche entwickeln Vorlieben für bestimmte Horste. Ist das auserkorene Plätzchen schon besetzt, kann es zu heftigen Kämpfen kommen. Im Nestrevier duldet der Storch keine Eindringlinge. Wenn heftiges Klappern nicht hilft, den unerwünschten Gast zu vertreiben, fahren die Störche mit ihren Schwingen und den spitzen Schnäbeln aufeinander los. Dann kann sogar Blut fließen. Doch sonst sind die knapp einen Meter großen Vögel, die etwa neun bis 14 Jahre alt werden, friedliebend. Sie erscheinen sogar zutraulich, wenn sie in den Dörfern auf den Dächern von Scheunen und Häusern, auf Masten oder Türmen stehen und gerade zur Paarungszeit den langen Hals nach hinten werfen und dabei angeregt mit dem Schnabel klappern. Das Treiben um sie herum scheint sie dabei wenig zu kümmern.

Vorlieben

Die meisten Dörfer im Landkreis Bautzen haben ihren Storchenhorst. Viele sind dieses Jahr besetzt. In Klix hängen Äste und Zweige in den Leitungen eines Lichtmastes. Einige Tage lang rackerte sich der Storch ab und versuchte, auf dem unsicheren Untergrund einen Horst zu bauen. Schließlich gab er auf und bezog ein Nest ganz in der Nähe auf dem Dach einer Scheune. In der Regel sind Störche bestrebt, bei der Horstwahl ihren Geburtsort zu imitieren. Ein auf einem Mast aufgewachsener Storch wird später einen Mast als Brutplatz bevorzugen, ein „Kirchturm-Storch" wird einen Kirchturm wählen. Die Störche mussten sich umstellen. Noch vor hundert Jahren brüteten viele in den Kronen alter Bäume. Vor allem Eichen waren bei dem großen Vogel beliebt. Schließlich entdeckten die Störche die Bequemlichkeit von Stroh- und Weidendächern. Ein bisschen gerupft und gezupft an den weichen Unterlagen ließen sich die Horste hier hervorragend verankern. Doch dann entwickelte der Mensch seine Vorliebe für glatte Ziegel- und Schieferdächer. Auf den spitzen Dachfirsten ließ sich fortan kein Ast mehr verankern. So wichen die Störche abermals aus und fanden heraus, dass es sich auf Masten hervorragend brüten lässt. Doch auch Schornsteine, Kirch- oder Schlosstürme erfreuen sich andauernder Beliebtheit. Etwa Mitte Mai beginnt die Brutzeit. Einen Monat lang wechselt sich das Storchenpaar ab – während einer immer am Horst bleibt, fliegt der andere auf Nahrungssuche. Störche sind nicht wählerisch und lauern bei weitem nicht nur Fröschen auf. Kleine Säugetiere stehen ebenso auf ihrem Speisezettel wie Fische, Insekten, Eidechsen oder

Jahr für Jahr basteln die Storcheneltern weiter an ihrem Horst. So können über die Jahre Gebilde bis zu einr Tonne Gewicht entstehen.

Schlangen. Der Storch ist dabei äußerst geschickt. Während er schreitet, späht er aufmerksam mit seinen scharfen Augen nach links und rechts, um schließlich blitzschnell mit seinem Schnabel nach einer Maus, einem Grashüpfer oder einem Käfer zu stoßen. Selbst Maulwürfe oder gar Ratten verschmäht der Storch nicht. An solch großer Beute aber kann er auch ersticken Erntetage sind für Störche Festtage. Gute Nahrungsgründe „sprechen" sich schnell herum. In kurzer Zeit finden sich etliche Störche zusammen, um hinter den Erntemaschinen leichte Beute zu machen. Mäuse oder Hamster sind oft verletzt und langsamer als gewöhnlich. Solche Beute wird oft zum Wasser getragen, mehrfach mit dem Schnabel eingetaucht, hin und her geschüttelt, damit sie besser rutscht. Dann packt sie der Storch, wirft den Schnabel zurück und lässt das Beutetier den Schlund hinabgleiten. Schlangen und Blindschleichen, die sich um den Schnabel wickeln, wirft der Storch hoch, fängt sie geschickt auf und schnappert sie durch den starken Schnabel, wobei er ihnen das Rückgrat bricht. Selbst Kreuzottern haben gegen den Großvogel nichts zu bestellen. In Notzeiten greift der Storch selbst auf Aas zurück. Auf ihrem Mast in Särchen fühlen sich die Störche sichtlich wohl. Während einer über den Eiern brütet, betreibt der andere auf dem Horstrand Körperpflege. Mit Hingabe lässt er jede Feder einzeln durch seinen Schnabel gleiten. Er streckt einen Flügel, legt dann wieder den Hals anmutig an und reinigt das Brustgefieder. Einen großen Teil ihrer Zeit verbringen Störche mit der Reinigung. Sind die Jungen dagegen etwa Mitte Juni geschlüpft, muss Nahrung herangeschafft werden. Etwa ein Pfund benötigen die Altstörche selbst pro Tag. Die Jungen werden zunehmend gefräßiger. In den ersten Tagen erhalten sie noch kleine Insekten und Würmer, die die Altvögel aus dem Schlund hervorwürgen. Doch bald machen sich auch die Jungtiere über Mäuse oder Fische her. Zwei bis drei Eier zählen heute die Gelege des Storches, höchstens zwei Jungtiere werden flügge. Noch Anfang dieses Jahrhunderts brüteten Störche über drei bis vier, sogar sechs Eiern. Der Rückgang ist bislang ungeklärt. Nicht selten findet sich unter dem Horst ein totes Junges. Vermutlich werfen die Eltern selbst das Jungtier aus dem Nest, wenn sie erkennen, dass es zu schwächlich und nicht überlebensfähig ist. Meist sind es schwach entwickelte Jungtiere, und in Zeiten des Nahrungsmangels muss das Futter für die Gesunden bleiben.

Refugium

Wir fahren in Richtung Milkel, über einen mit Pfützen übersäten Feldweg. In der Ferne leuchten die roten Ziegeldächer der Häuser durch mächtige alte Bäume, noch davor erheben sich die Mauern des Milkeler Schlosses. Durch die Wiesen, deren Gleichförmigkeit von Eichen und Büschen unterbrochen wird, fließt die Kleine Spree. In dieser abwechslungsreichen Landschaft ist der Storch zu Hause. Doch auch hier hat der Mensch die Landschaft verändert. Die Wiesen wurden melioriert, die Kleine Spree in einem Bett aus Schotter und Steinen zum Geradeauslauf gezwungen. Die Büsche und Bäume beiderseits des kleinen Flusslaufes wurden in den 70er Jahren gefällt. Nun strahlt die Sonne direkt aufs Wasser und die Kleine Spree wächst zu. Doch noch kann der Storch hier leben, gut leben. Die Lausitz ist heute wahrscheinlich die storchenreichste Gegend in Deutschland. Das Storchenparadies in der Lausitz täuscht über die tatsächliche Entwicklung. Während sich hier der Bestand positiv entwickelte, schrumpfte er in ganz Deutschland dramatisch zusammen.

Die wichtigste Maßnahme zum Schutz des Storches vor dem Aussterben ist der Erhalt seines Lebensraumes. Teich- und Feuchtgebiete, Wiesen und Flussniederungen, unterbrochen von Gebüsch, Wald und Wiesenrändern. Die Trockenlegung von Wiesen und ihre Umwandlung in riesige Ackerflächen bringen die Nahrungsketten durcheinander, an deren Spitze der Storch steht. In der Lausitz kümmert sich der Förderverein Oberlausitzer Heide- und Teichlandschaft, unterstützt von zahlreichen ehrenamtlichen Helfern der Fachgruppen Ornithologie in den Landkreisen, um den Erhalt des Weißstorches. Ohne die Hilfe der Menschen könnte der einzige Großvogel, der sein Leben so eng an das der Menschen geknüpft hat, nicht überleben. Vor allem die Horstpflege spielt eine zentrale Rolle, so wie auch der Horst im Leben des Storches eine zentrale Rolle spielt.

Fleißige Helfer

Auf die spitzen Dächer werden Dachreiter gesetzt, damit das Nistmaterial Halt findet. Maste werden aufgestellt, die von den Störchen gern angenommen werden. Drei alte Schornsteine in Guttau, Spreewiese und Brösa wurden saniert und gerichtet, damit sie als Storchennistplatz erhalten bleiben und nicht abgerissen werden müssen. Auch die ständige Kontrolle der Nester gehört zur Pflege des Storches.

Nicht selten schleppen die Vögel Plastmaterial oder Düngemittel-Tüten als Nistmaterial in den Horst. Dann kann es vorkommen, dass sich die Jungen darin verheddern und zugrunde gehen, oder Regenwasser läuft nicht mehr ab und der Storchennachwuchs verkühlt sich oder ersäuft gar. Im Biosphärenreservat Oberlausitzer Heide- und Teichlandschaft und in der Lausitz findet der Weißstorch noch gute Nahrungsbedingungen. Zurzeit läuft eine Erfassung seiner Jagdgebiete, um sie auch gezielt erhalten zu können. Nur wenige Meter über den Wiesen von Milkel schwebt der Storch heran. Mit kräftigen Flügelschlägen der über zwei Meter klaffenden Schwingen fliegt er, um dann wieder in einen kurzen Gleitflug überzuge-

> Jeder zehnte nach Deutschland zurückkehrende Storch nimmt Kurs Sachsen.

hen. In seinem Schnabel trägt er Äste und Zweige, die er zu seinem Horst auf einem Turm des Milkeler Schlosses trägt. Gestreckt, die Füße und den Schnabel leicht nach unten geneigt, segelt er in einem eleganten Bogen das Nest an, um sich unter heftigem Flügelschlagen niederzulassen. Die Störche begrüssen sich mit Geklapper, dann lädt der eine sein Baumaterial ab und lässt sich auf dem Dach nieder. Hier wird er auch übernachten, während der andere weiter brütet. Sind die Jungen groß, ungefähr im Hochsommer, verliert der Horst an Bedeutung. Dann übernachten Alt- und Jungtiere lieber auf Bäumen, bisweilen auf einem Fuß stehend, dessen Gelenk sie wie ein Scharnier einrasten können und so trotzdem sicheren Stand haben. Jagen und fliegen müssen die Jungtiere nicht lernen. Diese Fähigkeiten sind ihnen angeboren, doch sie müssen üben. So kann es vorkommen, dass so mancher Jungstorch bei Flugversuchen abstürzt und sich Verletzungen zuzieht. Angeboren ist den Störchen auch ihr Zugtrieb.

Auf einem Bein steht ein Storch vor der rot-glühend untergehenden Abendsonne auf einem Hausdach.

In der letzten Augusthälfte ist für die Lausitzer Störche die Zeit gekommen, in den warmen Süden zu ziehen. Dann sammeln sie sich zu großen Verbänden, nicht selten bis zu 100 Tiere, und machen sich auf die Tausende Kilometer lange, gefahrvolle Reise. Auch noch vier Wochen später funktioniert der Zugtrieb, im November aber schon nicht mehr. Vermutlich beeinflusst der Stand der Gestirne das Zugverhalten erheblich. Störche fliegen auf alten Pfaden, die auch die Jungstörche bei ihrem ersten Flug nach Afrika schon kennen. Bis zu 200 Kilometer täglich können sie zurücklegen. Störche, die östlich der Weser leben, also auch die Lausitzer, ziehen über die Türkei und das Schwarze Meer hin zum Nil, dem sie dann stromauf in die warmen Gefilde folgen. Störche, die westlich der Weser leben, wählen dagegen den Weg über Spanien und Gibraltar, folgen dann der Nordküste Afrikas ebenfalls bis zum Nil, um sich dann mit ihren „östlichen" Gefährten zu vereinen. Dieser Rhythmus ist vermutlich jahrtausendealt. Ebenso wie ihre Rückkehr im Frühjahr, wo sich die Menschen in der Lausitz seit Jahrhunderten freuen, wenn „ihr" Storch den Weg vom fernen Afrika in die Heimat zurückgefunden hat.

ADEBAR ALS GLÜCKSSYMBOL

„Auf unsrer Wiese geht etwas, watet durch die Sümpfe ..." beginnt ein Kinderlied. Märchen erzählen von „Kalif Storch", erste Aufklärungsversuche bei kleinen Kindern enden häufig beim Klapperstorch, der die Kinder bringt. Hochzeitspaaren werden Störche vorangetragen, Sprichworte und Wetterregeln befassen sich mit dem langbeinigen Gesellen, Störche zieren Münzen und Briefmarken. So manche Gaststätte heißt noch heute „Zum Storch", und in manchen Orten wie in Milkel in der Lausitz ist er Wappenvogel. Kaum ein anderer Vogel spielte und spielt eine so große Rolle im Leben der Menschen wie der Storch. Vermutlich entstand diese enge Beziehung, als Adebar (indogermanisch – Sumpfgänger, althochdeutsch – Glücksbringer) sich auf das Leben der Menschen einstellte, Rodungen ihm Lebens -und Nahrungsräume eröffneten. Hinter den Pflügen der Bauern fand der große Vogel Nahrung, in den Dörfern auf den Dächern höherer Bauwerke geeignete Nistplätze. Einstmals kündeten Türmer durch Blasen mit dem Horn die Ankunft der Störche, und noch heute ist sie Tagesgespräch in den Dörfern. Kommen Störche weiß zurück, folgt ein trockenes Jahr. Sind sie schmutzig, gibt es viel Regen, erzählt der Volksmund. Überfliegt der Storch das Haus einer Wöchnerin im Bett, gibt es nach einem Jahr erneut Nachwuchs. Sieht ein Mädchen den ersten Storch nach dessen Ankunft fliegend, kommt es noch im gleichen Jahr auf den Brautwagen. Ein Storch auf dem Dach soll vor Blitzschlag und Feuersbrunst schützen. Auch über den Storch selbst erzählte der Volksmund Geschichten. So soll er stets eine gerade Jungenzahl aufziehen und überzählige aus dem Nest werfen. Damit bezahlt er dem Hausherrn den Mietzins. Kleinvögel trägt er auf seinem Rücken nach Afrika. Vor der Abreise wird Storchengericht gehalten. Alle schwächlichen Jungstörche werden getötet. Ebenso ergeht es untreuen Weibchen.

Die Nacht gehört ihm
Der Uhu fühlt sich in der Sächsischen Schweiz wieder wohl

Wir stellen den Geländewagen unweit der Straße ab und machen uns durch den Wald auf den Weg. Noch fällt fahles Licht durch die Bäume. Ab und an löst sich ein dicker Regentropfen aus den mächtigen Fichten und platscht auf den Boden, der vom Nieselregen der letzten Tage gefährlich glatt ist. Die Dämmerung ergreift nur langsam Besitz von diesem ohnehin trüben und wolkenverhangenen Novembertag. Es sind nur einige Minuten Fußmarsch. Ulrich August, Mitarbeiter der Nationalparkwacht, geht voran, er kennt hier jeden Stein im hinteren Teil des Nationalparkes Sächsische Schweiz. Seit mehr als 25 Jahren begleitet Ulrich August den ungekrönten König der Nacht im Elbsandsteingebirge: den Uhu. Ihm sind wir auf der Spur. Die größte Eule weltweit, der europäische Uhu, hat hier wieder ein Zuhause gefunden. Wenn er auch keine natürlichen Feinde hat – der Mensch hat das wehrhafte Tier an den Rand der Ausrottung gedrängt, gegen ihn ist der König der Nacht wehrlos. Ausgerüstet mit den Waffen der Natur – einem scharfen Schnabel und handtellergroßen Fängen mit vier Zentimeter langen Krallen, mit einem ausgezeichneten Hör- und Sehvermögen –, ist er doch chancenlos, wenn der Mensch ihm nachstellt.

Die Weibchen werden größer als die Männchen, sie können bis zu dreieinhalb Kilogramm auf die Waage bringen. Ihre Flügelspannweite erreicht 1,80 Meter, aufgerichtet ist der Uhu über einen halben Meter groß. Wir wissen nicht, ob wir die großen Eulen überhaupt zu Gesicht bekommen. Auf Bestellung geht hier in der freien Natur nichts. Die Tiere lassen sich in ihrem Reich nicht beobachten wie im Zoo. Hier sind sie die Herren, dem Menschen überlegen, und sie meiden ihn. Mit seinem scharfen Gehör erfasst der Uhu das leiseste Knacken, seine Augen nehmen Bewegungen wahr, wenn wir noch nicht einmal ahnen, dass ein Uhu auch

In den Felsen der Sächsischen Schweiz ist die größte Eule – der europäische Uhu – zu Hause. Die Tiere erreichen Flügelspannbreiten von bis zu 1.80 Metern. Bis auf den Menschen brauchen sie keinen Feind zu fürchten. Sie sind die ungekrönten Könige der Nacht.

nur in der Nähe ist. Mit seinem braunen Federkleid ist der Uhu hervorragend an die Dunkelheit angepasst. Einzig seine Augen können ihn verraten. Wie glühende Kohlen leuchten sie, hellorange, bei Jungtieren dagegen noch zitronengelb. Im Horst, beim Füttern der Jungen oder beim Fressen, schließt der Uhu die Augen. Über Borsten am scharfen Hakenschnabel, fast wie der Schnurrbart einer Katze, ertastet er den Kontakt mit den Jungen. Gerät der Uhu in Wut, werden seine Augen noch dunkler, dann sprühen sie regelrecht Funken, und der Schnabel ist fauchend aufgerissen.

Doch der Uhu ist ein stiller Jäger, er muss sich nur sehr selten verteidigen. Natürliche Feinde hat die große Eule nicht. Mit der Dämmerung beginnt seine Zeit, er verlässt den Wald und die Felsen, um über Feldern und Wiesen zu jagen. Noch aus 100 Metern Höhe hört er das Rascheln einer Maus. Der Uhu jagt mit den Ohren, sein Sehvermögen nutzt ihm in der Dunkelheit nichts. Er hört um ein Vielfaches besser als der Mensch.

Tauben, Krähen und Igel auf dem Speiseplan

Niederwild, wie Rebhühner oder Hasen, findet der Uhu in der Sächsischen Schweiz kaum. Die intensive Landwirtschaft der letzten 30 Jahre hat deren Lebensgrundlagen vernichtet und diese Tiere stark dezimiert. Doch der Uhu ist nicht wählerisch. Tauben, Enten und Krähen, selbst Habicht, Turmfalke oder Mäusebussard stehen auf seinem Speisezettel, ebenso verschmäht er auch kleinere Eulen nicht. Den Waldkauz beispielsweise oder die Waldohreule. Doch solche Beute ist ebenfalls rar und deshalb nur selten ein Uhu-Mahl. Ende der siebziger und in den achtziger Jahren profitierte der Uhu von der menschlichen Unordnung. Auf zahlreichen Müllkippen und Schutthalden in der Sächsischen Schweiz vermehrten sich die Wanderratten – eine willkommene Beute für die Uhus. Ab und an greift er sich auch einen vorwitzigen jungen Fuchs oder einen Wildschwein-Frischling. Oft erbeutet er Igel. Der Uhu hat keine Mühe mit dem Stacheltier. Er frisst es mit Haut und Haar – Unverdauliches wie die Stacheln oder die Bauchhaare würgt die große Eule als Gewölle wieder heraus. An Gewöllefunden können die Naturschützer den Speiseplan des Uhus genau verfolgen. Doch der Uhu kommt bei weitem nicht jede Nacht zum Zuge. Der König der Nacht muss manchmal tagelang fasten – was ihm aber wenig ausmacht. Er ist dafür in der Lage, bei einer Mahlzeit so viel Fleisch in sich hineinzuschlingen, dass der Mensch im selben Verhältnis zum Körpergewicht 130 Mittagsportionen auf einmal essen müsste.

Die Horstplätze werden streng geheim gehalten

Wir erreichen unseren Anstand. Vor uns senkt sich eine Wiese, hinüber zu hohen Fichten, hinter denen eine Felswand aufsteigt. Wir unterhalten uns nur noch im Flüsterton, bleiben im Schatten eines hohen Baumes. Kein Laut ist zu hören. Nur eine Amsel fängt plötzlich an zu zetern, hat sie uns oder gar den Uhu ausgemacht?

Ulrich Augst ist öfter hier. Er gehört zu den wenigen Eingeweihten, die die Plätze der Uhus in der Sächsischen Schweiz kennen. Die Horstplätze werden streng geheim gehalten. Nur die zuständigen Förster und die Betreuer müssen sie kennen, um Störungen der großen Eulen zu vermeiden. Aber nicht einmal der Chef von Ulrich Augst, der Leiter der Nationalparkverwaltung, kennt die Plätze. Die „Geheimniskrämerei" ist der beste Schutz für die Uhus.

Wir lauschen hinüber zu den kahlen Felsen. Jetzt im Spätherbst ist der Ruf des Uhus, dem er seinen Namen verdankt, selten zu hören. Höchstens wenn er zur Jagd abfliegt, kündigt er es an. Lebhafter geht es zur Balz zu, die für die kälteharten Vögel schon im ausgehenden Winter beginnt. Dann ist sein Ruf oft kilometerweit zu hören.

Der Uhu-Ruf in der Sächsischen Schweiz verstummte Anfang dieses Jahrhunderts völlig. War die große Eule noch vor 150 Jahren in Sachsen fast überall heimisch, so wurde ihr später gnadenlos nachgestellt wie allen großen Vögeln. Jäger in den Alpen schmückten sich mit Trophäen von bis zu 200 getöteten Adlern. Eine Jagdstatistik von 1884 aus Böhmen weist 22 geschossene Falken, 133 getötete Uhus und über 30 000 erlegte Habichte und Sperber aus. Der Uhu verschwand in der Sächsischen Schweiz immer mehr, 1910 schließlich soll einer Überlieferung zufolge ein Bergsteiger den vermutlich letzten Uhu im Elbsandsteingebirge mit einem Revolver über den Haufen geschossen haben. Danach war der Uhu für Jahrzehnte in der Sächsischen Schweiz ausgerottet. Erst 1933 wurde wieder eine erste Brut beobachtet, 1934 schlüpften die ersten drei Jungvögel. 1936 kam ein

Wie Plüschtiere sehen die jungen Uhus aus.

zweiter Brutplatz hinzu, 1938 ein dritter und vierter. Die Uhus sind im Laufe der Jahre ihren Brutplätzen treu geblieben. Noch heute brüten sie an denselben Plätzen.

Bis Mitte der sechziger Jahre pegelte sich der Bestand auf drei bis vier Paare ein. Doch Anfang der Siebziger brach die Uhu-Population wieder zusammen. Vermutet wird, dass Pestizide daran schuld waren. Daran gingen auch die Wanderfalken zu Grunde, die erst jetzt wieder angesiedelt werden konnten. Beide Vögel nahmen über ihre Nahrung das Gift auf. In der Böhmischen Schweiz aber hatte sich eine Restpopulation erhalten. Von hier besiedelten wohl die Uhus die Sächsische Schweiz erneut. 1972 gab es noch ein Paar, 1975 waren es dann wieder zwei, und seit 1980 kam fast jährlich ein Uhu-Brutplatz hinzu.

Die Sächsische Schweiz ist damit das wichtigste Rückzugsgebiet für den Uhu im Freistaat. Insgesamt leben in Sachsen etwa 32 Paare, neben dem Elbsandsteingebirge auch noch im Zittauer Gebirge, im Erzgebirge, im Raum Riesa und in der Oberlausitzer Heide- und Teichlandschaft. Thüringen kann noch über 60 Uhu-Paare vorweisen, in der Altbundesrepublik wurden über Jahre hinweg Tausende Uhus aus Zoologischen Gärten wieder ausgewildert, nachdem der Bestand dort auch drastisch zurückgegangen war.

Strommaste werden den Eulen zum Verhängnis

So erfreulich sich die Uhu-Population in den letzten Jahren auch entwickelt hat, von einem sicheren Bestand kann nicht gesprochen werden. Zu viele Gefahren lauern, selbst im geschützten Nationalpark. Immer wieder wird den Tieren die „verdrahtete Landschaft" zum Verhängnis. Seit 1950 wurden in der Sächsischen Schweiz 13 tote Uhus gefunden, die mit Mittelspannungsleitungen kollidierten oder sich einen Schlag holten. Und das dürfte nur ein Bruchteil sein, denn der Fuchs ist oft schneller bei den toten Tieren. Auch Menschen stellen der großen Eule offenbar immer noch nach. Ulrich Augst fand vor Jahren in Nordböhmen einen erschlagenen Jung-Uhu, die Eisenstange lag noch daneben. In der Sächsischen Schweiz wurde zweimal ein Horst geplündert. 1991 verschwanden zwei, 1992 drei Jungtiere. Dass sich ein Fuchs über die Jungen hermachte, ist ausgeschlossen. Die Felsspalte, in der der Nistplatz liegt, wurde völlig ausgeräumt. So als wollte einer die Uhus vertreiben. Ein Überleben aber ist den großen Eulen nur garantiert, wenn sie vom Menschen toleriert und geduldet werden.

Ulrich Augst macht den Uhu aus. Er weiß, wonach er zu suchen hat. Ein ungeübter Beobachter hätte das Tier nicht entdeckt. In einer Rinne in der Felswand hockt die große Eule, dicht neben einer kleinen Kiefer. Selbst mit Feldstecher ist für mich nicht viel mehr als ein brauner Fleck zu erkennen. Das Tier scheint völlig regungslos vor sich hinzudösen. Noch ist die Zeit für den Uhu nicht gekommen. Ein Altvogel bestimmt Ulrich Augst. Er kennt fast jeden der Uhus, kann sie untereinander unterscheiden. Gleich in der Nachbarschaft der Uhus lebt auch ein Sperlingskauz. Er ist nicht minder selten als sein großer Verwandter. Der Sperlingskauz ist das Gegenstück des Uhus – nur starengroß, gilt er als kleinste europäische Eule. Seit 1963 erst brütet er in der Sächsischen Schweiz, etwa 20 Paare leben derzeit hier. Auch der seltene Waldkauz und die Waldohreule, sie schmückt die Naturschutzschilder, sind im Elbsandsteingebirge beheimatet. Seit 1984 brüten die Uhus in dieser Gegend. Ein bis zwei Junge pro Jahr haben sie aufgezogen, manchmal aber auch gar keines. 1986 zum Beispiel starben beide Jungvögel, wahrscheinlich aus Nahrungsmangel. Sie wurden von den Alttieren gefressen. Kein Fall von Kannibalismus: Wenn das Junge nicht mehr ruft und schon kalt ist, halten es die Alten für ein totes Beutetier.

Ein dünner hoher Ruf zerreißt plötzlich die Stille. Das Junge der Uhus schreit nach Futter. Obwohl schon groß genug, wird es von den Altvögeln immer noch mitgefüttert. Irgendwo links des Ruheplatzes, in den alten Kiefern, hat es sich niedergelassen. Am Vortag fiel die Jagd vermutlich buchstäblich ins Wasser, bei dem dauernden Regen sind die Uhus wahrscheinlich nicht auf Nahrungssuche geflogen, sagt Ulrich August. Der junge Uhu ist irgendwann Anfang Mai geschlüpft. Während der Brutzeit, die auch schon mal im Februar beginnen kann, versorgt das Männchen die Uhu-Familie. Bei der Jagd sind die Tiere kaum zu beobachten. Fünf bis sieben Quadratkilometer groß sind die Reviere, im Nationalpark grenzt mittlerweile fast ein Revier an das andere. Auf Koppelpfählen, Maulwurfshügeln oder Erdschollen – Hauptsache ein wenig erhöht – lassen sich die Uhus nieder. Ulrich August bekam einen jagenden Uhu mehr durch Zufall zu Gesicht: Als sein Wagen im Schlamm stecken blieb und er zu Fuß auf dem Heimweg war, entdeckte er die große Eule. Der Kopf des Uhus ist fast ständig in Bewegung, um 270 Grad kann er ihn drehen. Die asymmetrischen Ohren erfassen das leiseste Rascheln. Der Uhu jagt völlig lautlos im Gleitflug – Flügelschlagen würde die leisen Geräusche des Beutetieres unter Umständen übertönen.

Der Jungvogel scheint ungeduldig darauf zu waren, dass die Alten endlich auf Nahrungssuche gehen. Immer wieder bettelt er, wechselt den Platz. Doch die Altvögel stört das wenig. Im letzten fahlen Dämmerlicht des Tages hockt der Uhu immer noch unbeirrt auf seiner Felskante. Schon steigen Nebelschwaden aus den Fichtenwäldern empor. In wenigen Minuten werden Fels und Wald zu einem schwarzen Schatten verschmelzen. Wir räumen unser Versteck und ziehen uns zurück. Die anbrechende Dunkelheit gehört dem König der Nacht allein.

In rasendem Flug durch die Lüfte

Wanderfalken sind erfolgreich wieder angesiedelt worden

Wanderfalken sind hochspezialisiert. Sie erjagen nur Vögel, und diese ausschließlich im Flug.

Der Himmel fängt gleich über den Baumwipfeln an. Feucht und schwer hat sich der Nebel an den Sandsteinfelsen festgesetzt, kein Windhauch vertreibt die milchweiße Watte, die nur wenige Meter Sicht bietet. Schräg steigt ein Hang zur Felswand hinauf, nur ein Teil des Massivs scheint als konturlose dunkle Masse aus dem Nebel hervor. Mannshohe kleine Birken und noch kleinere Kiefern wachsen am Hang. Zwischen verharschten schmutzigweißen Schneeflecken, die sich in schattigen Rinnen und Senken beharrlich halten, liegen riesige Sandsteinblöcke. 1838 brach hier ein Teil der Wand mit lautem Getöse nieder, verstreute Trümmerstücke. An dem so entstandenen steil aufragenden Fels befindet sich der bekannteste Brutplatz der Wanderfalken in der Sächsischen Schweiz. Heute ist Fastentag bei den Wanderfalken. Der Nebel, macht auch die Jagd für die Vögel unmöglich. So stehen die Chancen gut, dass die Wanderfalken hier ausharren, sie aber zu beobachten, erscheint fast aussichtslos.

Pestizide machten ihnen den Garaus

Doch noch vor wenigen Jahren wäre es sowieso unmöglich gewesen, diese Großfalken an Brutplätzen in der Sächsischen Schweiz beobachten zu wollen. Denn sie waren ausgestorben. Vor allem DDT-haltige Pestizide machten den Wanderfalken nicht nur in Sachsen, sondern in weiten Teilen Europas den Garaus. Als Raubvogel am Ende der Nahrungskette stehend, waren die Wanderfalken vom unkontrollierten Einsatz der chemischen Insektenvernichtungsmittel besonders betroffen. 1964 verschwanden sie im Erzgebirge, 1965 im Zittauer Gebirge, 1966 in der Dübener Heide und 1972 schließlich auch in der Sächsischen Schweiz. Seit 1989 wurden jährlich junge Wanderfalken, die aus Zuchtstationen stammen, in der Sächsischen Schweiz ausgewildert. Mit Erfolg. Den engagierten Fachleuten der Nationalparkverwaltung ist es mittlerweile gelungen, den stolzen Falken in Sachsen wieder heimisch zu machen. Ein schmaler Pfad, steil ansteigend, bringt uns direkt unterhalb der glatten Felswand. Der Gipfel liegt 60 Meter über uns, lässt sich durch den Nebel hindurch nur erahnen. Dass die Falken hier wieder zu Hause sind, davon zeugen dennoch deutliche Spuren. Zuerst taucht eine Taubenfeder auf. Im Heidekraut, zwischen traurig vergilbten Blättern, hängen Federn vom Star, vom Buchfink, von Wacholder- und Rotdrossel. Sie alle sind zur Beute der Wanderfalken geworden.

Gejagt werden nur fliegende Vögel

Wanderfalken sind hochspezialisiert. Sie erjagen nur Vögel, und diese ausschließlich im Flug. Hoch über Wald, Fels und Wiese ist ihr Revier, sind sie Könige und gefürchtete Feinde der gefiederten Schar. Am Boden hat ein Wanderfalke nichts verloren, in der Luft aber kann er alle Vorteile als flinker Jäger ausspielen. Schneller als jeder andere Vogel kann ein Wanderfalke auf seine Beute herabschießen. Im Steilstoß erreicht er sagenhafte 360 Stundenkilometer, ein Geschoss der Lüfte, bewehrt mit spitzen Krallen und scharfem Schnabel. Um solche unvorstellbaren Geschwindigkeiten entwickeln zu können, ist der Falke dem Leben in der Luft ausgezeichnet angepasst. Die langen Flügel sind schmal und spitz, mit ihnen lässt sich in der Thermik segeln, aber ebenso geeignet sind sie, schnell und wendig die Beute zu verfolgen. Sein Körper hat die Form eines Tropfens, ist aerodynamisch so ausgefeilt, dass der Luftwiderstand den Vogel kaum bremst. In dem runden Nasenloch, gleich über dem scharfen Schnabel, sitzen bei den Falken Zäpfchen. Sie dienen dazu, den Fahrtwind beim schnellen Flug zu brechen. Bei über 300 Sachen würden dem Falken vom Druck sonst die Ohren dröhnen.

Erst jeder zehnte Jagdversuch sitzt

Wanderfalken haben verschiedene Jagdmethoden. Hoch am Himmel ziehen sie ihre Kreise, spähen nach Beute aus. Ist ein fliegender Vogel gesichtet, setzen sie zum Steilstoß an, ziehen den Kopf in die Schultern zurück und legen die Schwingen an, um sich in ein niederrasendes Projektil zu verwandeln. Andererseits sitzen sie auch gern auf einem Anstand, etwa einer Krüppelkiefer, hoch auf einem Felsen, der guten Überblick gewährt. Dank ihres hervorragenden Sehvermögens entgeht den Falken fast nichts. So ist beobachtet worden, wie sie eine fliegende Taube über fünf Kilometer Entfernung ausgemacht haben. Ist Beute erst erspäht, starten sie, ziehen hoch in den Himmel, um ihren Steilstoß anbringen zu können. Selbst in Gemeinschaft wird gejagt, zusammen mit dem Partner. Dann stoßen die Falken abwechselnd auf den verfolgten Vogel nieder. Doch obwohl Wanderfalken in der Luft nicht ihresgleichen haben, sind die Beutetiere bei weitem nicht chancenlos.

Falken sind nicht wählerisch. Von der Blaumeise bis zur Stockente reicht ihr Beutespektrum. Dennoch – nur jeder zehnte Jagdversuch bringt Erfolg. Denn der Steilstoß birgt auch Unwägbarkeiten. Der Falke muss den Ort des Aufeinandertreffens mit der Beute berechnen, die unterschiedlichen Flugstile verschiedener Vögel einbeziehen. Sein Vorteil sind Schnelligkeit und Überraschung. Bemerkt beispielsweise eine Taube den heranschießenden Falken noch rechtzeitig, so kann auch sie blitzschnell die Richtung ändern, ihren eigenen Flug verzögern oder beschleunigen. Dann stößt der Falke vorbei, der seinen rasenden Sturzflug kaum korrigieren kann. Erfahrene Falken drehen manchmal schon 500 Meter vor dem Ziel wieder ab, wenn sie feststellen, dass sie entdeckt worden sind. Doch Wanderfalken können ihre Beute auch verfolgen, dann mitunter kilometerweit. Sie erreichen dabei Geschwindigkeiten von etwa 200 Stundenkilometern. Doch das schafft die Taube auch. So ist es eine wilde Jagd durch die Luft, bei der Gewinner und Verlierer nicht feststehen. Oft versucht der hinterherjagende Falke, die fehlenden Meter durch einen kurzen Sturzflug zu überbrücken, alle Geschwindigkeit auszuspielen. Schafft es der verfolgte Vogel jedoch, vor dem Falken in Wald oder Gebüsch zu flüchten, so ist er in Sicherheit.

Ein Laut durchbricht die Stille, drei hohe Schreie, kurz hintereinander. Aus der Nebelwand gleitet ein Falke hervor, dreht über uns ab und verschwindet im sanften Segelflug wieder. Eine Begegnung, nur wenige Sekunden lang. Mit seinen Schreien, dem „Lahnen", signalisiert der Falke seinem Partner, der irgendwo unsichtbar im Felsen hockt, dass keine Gefahr droht. Falken sind normalerweise stille Vögel. Doch jetzt ist Balzzeit, da sind die lauten Schreie öfter weithin zu hören. Hoch am Himmel umkreisen die Falken einander, wobei das Männchen versucht, noch höher zu steigen als das Weibchen. Dann ziehen sie sich in den Horst zurück, der nur während der Brutzeit genutzt wird. Nun herrscht vorerst wieder tiefe Stille, um den Nistplatz nicht zu verraten. Die Wanderfalken

Ein Wanderfalke mit seiner Beute.

der Sächsischen Schweiz horsten ausschließlich im Felsen. In Felsspalten, Klüften und Kaminen, gut geschützt vor Fuchs und Marder, haben sie ihr Domizil.

Das Männchen muss für Futter sorgen

Schon Ende März können die ersten Eier im Nest liegen. Nach 32 Tagen Brutzeit schlüpfen die Jungen, meist drei bis vier, seltener zwei oder gar fünf. Für das Falkenmännchen sind Brutzeit und Aufzucht der Jungen

Schwerstarbeit. Denn nun ist es allein zuständig für Futter – erst für das Weibchen, dann auch für die Jungen. Schon vor Tagesanbruch, nachts um drei Uhr, kann die Jagd beginnen und dauert noch an, wenn die Sonne längst untergegangen ist. Hat der Falke Beute gemacht, so trägt er sie in die Nähe des Horstes, wo er sein Weibchen mit lautem Schrei ruft. Dieses verlässt dann das Nest und das Männchen übernimmt das Brüten. Falken haben spezielle Übergabeplätze für die Beute. Von dort aus fliegt das Weibchen mit der Beute wiederum zu einem der auserkorenen Rupfplätze. Hier hockt sie dann und macht sich über die Beute her. Abwechselnd werden mit dem Schnabel die Federn ausgerissen und gefressen. Die Federn stieben dann, als ob Frau Holle die Betten ausschüttelt.

Jungfalken fliegen auf Brautschau

Sind die Jungen etwa zwei Wochen alt, so hilft das Weibchen wieder beim Beutefang. Doch die Männchen sind meist erfolgreicher. Sie sind kleiner als die Weibchen, damit noch schneller und wendiger bei der Jagd. 600 bis 700 Gramm wiegt ein Wanderfalkenmann, seine Gattin bringt dagegen 900 bis 1100 Gramm auf die Waage. Männchen erreichen eine Flügelspannweite bis 90 Zentimeter, Weibchen sogar über einen Meter. Die Jungtiere wachsen schnell. Nach 42 Tagen können Falkenmännchen fliegen, nach 46 Tagen die Weibchen. Die Jungfalken allerdings bleiben noch einen Monat am Horst, werden weiter gefüttert. Die Eltern bringen dann auch lebende Beute, lassen sie in der Luft fallen, um den Nachwuchs an den Beutefang zu gewöhnen.

Im August ziehen die Jungfalken aus der Sächsischen Schweiz weg. Das hat ihnen auch ihren Namen eingebracht. Die nordischen Populationen machen sich auf den Weg in südlichere Gefilde, nach Ungarn oder Frankreich oder nur nach Böhmen. Junge Wanderfalken aus Baden-Württemberg oder Bayern dagegen ziehen nicht. Ihnen ist es daheim offenbar schon warm genug.

Längst nicht alle Falken kehren an ihren Geburtsort zurück. Vor allem die Weibchen, die wohl weiter ziehen als die Männchen, lassen sich woanders nieder. Von den derzeit zehn Wanderfalken in der Sächsischen Schweiz sind alle sechs Männchen hier zur Welt gekommen, aber drei der vier Weibchen stammen aus anderen Regionen Deutschlands, aus Thüringen, dem Harz und Schleswig-Holstein.

Jetzt um diese Zeit lassen sich die nun fast einjährigen Wanderfalken irgendwo nieder, um den Rest ihres etwa 15jährigen Lebens dort zu verbringen. Entweder fanden sie bei ihren Wanderungen einen Partner oder sie gehen auf riesige Suchflüge. Wanderfalken müssen aneinander Gefallen finden, nicht jeder Partner wird akzeptiert. Stimmt aber die Chemie zwischen den beiden Vögeln, kann daraus eine jahrelange Partnerschaft werden. Kommt jedoch ein stärkerer Vogel, muss auch ein Partner weichen. Wanderfalken können dann erbittert kämpfen, ebenso, wie sie ihr Brutrevier gegen Eindringlinge verteidigen. Dabei stürzt sich immer das verteidigende Männchen auf das eindringende Männchen, während ein fremdes Weibchen vom heimischen Weibchen bekämpft wird.

Vorratshaltung für schlechte Zeiten

20 Meter über uns, in einer schmalen Felsenkluft, ist der vorjährige Horst der Falken. Nur eine schmale Felsspalte, lediglich Spuren von Kot verraten dem geübten Beobachter, dass hier die Wanderfalken hausten. Jedes Jahr haben sie in dem hunderte Meter langen Sandsteinmassiv einen anderen Brutplatz genutzt. Falken sind pingelig. Alte Horste sind ihnen zu beschmutzt, als dass sie wieder bezogen werden. So wird eben auch die Beute nie am Horst gerupft. Was Falken an Futter nicht benötigen, wird gehortet. Auch dazu haben sie spezielle Plätze und Verstecke im kühlen Fels. Schon eine Taube ist zuviel Futter auf einmal für einen ausgewachsenen Falken. 100 bis 120 Gramm Nahrung benötigt er am Tag. Was übrig bleibt, wird versteckt. Sind die Vorratskammern gut gefüllt, ist der Falke nicht darauf angewiesen, unbedingt Beute machen zu müssen. Und wenn die Jungen nach Futter schreien, kann das Falkenweibchen unabhängig vom Jagderfolg zu Tisch bitten. Dann wird etwas aus dem Vorrat geholt, bis die Jungen ihren Hunger gestillt haben. Der Rest wird säuberlich zurückgetragen. Wir verlassen den Falkenfels, steigen talwärts. Die Tiere sollen ihre Ruhe haben. Dazu bedarf es des Schutzes und des Verständnisses der Menschen, um diese einmaligen Jäger der Lüfte in der Sächsischen Schweiz zu erhalten.

Waschbär & Co

Fast unbemerkt haben sich in Sachsens Wäldern „Neubundesbürger" eingeschlichen

Der Festschmaus ist angerichtet. Erst vor wenigen Tagen wurden die jungen Karpfen in die Ullersdorfer Teiche eingesetzt. Einige der 15 Zentimeter großen Fischchen freilich haben den Umzug nicht überstanden und treiben jetzt tot im Schilf. Ein Schwarm Möwen macht sich lustvoll krei-schend über die Fischkadaver her, die Rohrweihe kommt angesegelt, greift elegant zu und zieht über die Bäume ab. Mit schweren Flügelschlägen startet ein Graureiher, der sich an der leichten Beute satt gefressen hat. Schon in der Morgendämmerung hat sich ein anderes Tier seinen Anteil am reich gedeckten Tisch geholt. Zur Hälfte aufgefressen, liegen zwei kleine Karpfen im Gras der Uferböschung. Nun wird der Mink irgendwo zufrieden schlafend in seinem Bau liegen. Gemeinsam mit seinem größeren Verwandten, dem Fischotter, teilt sich der Mink den Lebensraum am Wasser in der Oberlausitzer Heide- und Teichlandschaft. Er ist einer von drei „Neubundesbürgern", die in den vergangenen Jahren und Jahrzehnten in Deutschland Fuß gefasst haben.

Europäer ging, Amerikaner kam

Der Europäische Nerz ist in Deutschland längst ausgestorben, zählt in ganz Europa zu den am stärksten vom Aussterben bedrohten Raubtieren. Pelztierfarmen züchteten allerdings den amerikanischen Nerz, den Mink. Von dort entkamen seit den 30 Jahren etliche Tiere, von denen einige in freier Wildbahn überlebt haben. In der Oberlausitzer Heide- und Teichlandschaft dürften sich auch etliche Nachkommen jener Tiere tummeln, denen ein stark angeheiterter Mitarbeiter einer Pelztierfarm der Gegend zu unverhoffter Freiheit verhalf. Das Nachspiel freilich war für ihn weniger heiter als für die Nerze. Auch Waschbären, die den nordamerikanischen

Ein Waschbär an einem Baumstamm, wo er ein Vogelnest ausräumt.

Kontinent bis nach Panama bevölkern, schafften den Sprung aus der qualvollen Enge der Käfige in Pelztierfarmen in die deutschen Wälder, in denen sie es sich nun gut gehen lassen. Der Marderhund dagegen ist eher ein Einwanderer.

In China, der Mandschurei und dem Ussuri-Amur-Gebiet beheimatet, brachten die Russen das Pelztier seit Anfang des Jahrhunderts zu Tausenden in den europäischen Teil ihres Landes und ließen es laufen. Von dort erfolgte ein recht einmaliger Besiedlungs-Feldzug. Ende der 30er Jahre lebte der Marderhund bereits in Finnland und den baltischen Staaten, Ende der 50er Jahre war er in Polen heimisch, Mitte der 60er Jahre kamen die ersten über die Oder. Nach 30 Jahren hat sich der Marderhund nun auch im ostsächsischen Raum fest etabliert.

Die Natur ist mit einem Schlag erwacht. Die Sonne hat das erste zarte Grün auf die Birken gezaubert, tanzt in Kringeln über dem Teich, an dem vielhundertstimmig das Konzert der Rotbauchunken ertönt. Zitronenfalter umgaukeln die rotblühende Pestwurz auf dem Damm. Eine Beutelmeise webt kunstvoll an ihrer birnenförmigen Behausung, die am äußersten Ende eines Zweiges in luftiger Höhe leise hin- und herschwingt. Dunkel und schattig dagegen geht es unter den Wurzeln einer mächtigen Weide zu, die am Graben umgekippt ist und so eine große Höhle hinterlassen hat. Im dunklen Schlamm deutlich zu erkennen sind größere und kleinere Fußspuren. Abwechselnd nutzen Fischotter, Bisamratte und Nerz die kühle Behausung. Nach hundert Generationen in Gefangenschaft zeigen die Nerze zwar noch keine große Scheu vor dem Menschen, sind aber schnell zu ursprünglicher Lebensweise zurückgekehrt.

Isabell- oder silberfarbene, die als Zuchtformen die Kragen reicher Damen zieren sollten, nehmen nach wenigen Generationen wieder ein glänzendes Schwarz mit weißem Fleck an der Unterlippe an. So, wie sie von Mutter Natur geschaffen wurden.

Flach und gestreckt, mit Schwanz über einen halben Meter lang, sind die Nerze flinke Wassermarder. Fische, kleine Säugetiere, Vögel, Eier, Schnecken, Krebse oder auch Insekten stehen auf ihrem Speisezettel. Selbst Bisamratten – fast genauso groß wie die Nerze selbst – sind vor den kleinen Jägern mit dem scharfen Gebiss nicht sicher. Nerze sind recht gute Schwimmer, selbst mit kleinen Schwimmhäuten an den Pfoten ausgestattet – mit dem Fischotter freilich können sie nicht konkurrieren.

Einst in Europa verbreitet, kam der Marderhund vor etwa
30 Jahren aus seiner heutigen Heimat in Asien zu uns zurück.

Übler Duft dient der Verteidigung

Doch tauchen auch die Nerze bis zu 20 Sekunden, etwa um kleine Fische zu erjagen. Da ihr Sehvermögen unter Wasser allerdings stark eingeschränkt ist, sitzen sie am Ufer und äugen nach Beute, um dann blitzschnell ins Wasser zu fahren, mit allen vieren rudernd den leichtsinnigen Fisch zu packen und ans Ufer zu tragen. Ihr ausgesprochen dichter Pelz verhindert dabei, dass der kleine Körper auskühlt – ihm freilich haben sie auch die Quälerei in Pelztierfarmen zu verdanken. Eigentlich sind Nerze Einzelgänger, die Reviere bewohnen. Allerdings können sich, gerade im Winter, auch Gruppen bilden. So wurden an den Ullersdorfer Teichen am hellen Tag sieben Nerze beobachtet, die fröhlich keckernd den Weg entlanghopsten. In Gefahr geraten, können die kleinen Kerle in den höchsten Tönen quietschen und greinen wie kleine Kinder. Obendrein besitzen sie eine für die menschliche Nase gefährliche Waffe: Sechs Talgdrüsen, aus denen sie ein furchtbar riechendes Sekret absondern können – beinahe wie Stinktiere. In abwechslungsreichen Landschaften mit viel Wasser, Wäldern und Wiesen – der Oberlausitzer Heide- und Teichlandschaft, dem Spreewald, der Mark-Brandenburg, den Mecklenburger Seen und Schleswig-Holstein – ist der amerikanische Nerz nun zu Hause.

Die warmen Sonnenstrahlen, die über die Teiche, Wiesen und Wälder streicheln, haben auch den Marderhund wachgekitzelt. Irgendwo in seinem dunklen Erdbau reckt er die Knochen, schüttelt das struppig gewordene Fell. Marderhunde sind die einzigen Wildhunde, die Winterschlaf halten – eine Angewohnheit, die wohl auch in der deutschen Wahlheimat geblieben ist. Der Marderhund futtert sich dafür einen ordentlichen Speckgürtel an: 2 bis 3 Zentimeter reines Fett legt er sich auf die Rippen, wiegt im Winter noch einmal die Hälfte mehr als im Sommer.

Besondere Vorliebe für Heidelbeeren

Wo Felder mit kleinen und größeren Waldstücken wechseln, Hecken und Bäche die Landschaft auflockern, ist der Marderhund auf Nahrungssuche. Er ist ein echter Allesfresser. Ausschließlich nachtaktiv, streift er schnüffelnd durch sein Revier, verschlingt dabei, was ihm unter die Schnauze gerät: Insekten, Mäuse und Maulwürfe, Frösche, kleine Vögel, aber auch Mais, Weizen, Früchte wie Birnen oder Äpfel. Eine besondere Vorliebe scheint der Marderhund für Heidelbeeren entwickelt zu haben. Mit seinem dicken, langen Pelz, braungrau bis grauweiß mit schwarzen Haarspitzen, die sein Fell ein wenig verwaschen aussehen lassen, dem knapp einem Meter langen Körper auf kurzen Beinen und dem kleinen, buschigen Schwanz wirkt der Geselle plump und tapsig. Allerdings ist er flink genug, selbst Mäuse zu fangen.

Während Marderhunde in ihrer Heimat meist sechs bis sieben Jungtiere großziehen, sind es in Ostdeutschland etwa zehn. Selbst Würfe bis zwölf Nachkommen sind bekannt. Kein anderes Raubtier in Deutschland kommt auf so viele Nachkommen. Grund dafür dürften die wesentlich günstigeren Lebensbedingungen sein. So wurde auch oft die explosionsartige Vermehrung des Marderhundes befürchtet.

Während er allerdings beispielsweise in Finnland bereits als Raubtier Nummer eins die Wälder durchstreift, hat er es nach 30 Jahren in Ostdeutschland gerade mal geschafft, sich zu etablieren. Der Marderhund dürfte – schon wegen seiner ausschließlich nächtlichen Lebensweise – sogar der Unbekannteste unter allen dreien geblieben sein.

Verwandtschaft bei den Panda-Bären

Der zweite Amerikaner hält sich vor allem in der Gegend nördlich von Berlin, im Harz und im Raum Kassel auf. Doch auch in der Lausitz wurden Waschbären immer wieder mal beobachtet. Die putzigen Gesellen, größer als eine Katze, aber mit bis zu 20 Kilogramm Gewicht richtig „schwere Brocken", sind echte Kleinbären. Einer ihrer nächsten Verwandten ist übrigens der Panda-Bär.

Wie es sich für Peltze gehört, sind Waschbären gute Kletterer. Mit ihrem gestreiften Schwanz halten sie dabei die Balance selbst auf dünnen Ästen. Erdhöhlen, aber bevorzugt Baumhöhlen, etwa in den hohlen Stämmen alter Eichen, erwählen sich die Waschbären als Domizil. Mit Vorliebe räumen Waschbären offenbar Vogelnester aus und lassen sich die Eier schmecken. Selbst zu jagen ist den pummeligen Kleinbären nicht selten zu anstrengend, dagegen sind Straßen ein Anziehungspunkt. Denn dort sammeln sie allerlei überfahrenes Getier und vertilgen das Aas. Dabei können sie allerdings auch selbst unter die Räder geraten. Doch auch Regenwürmer oder Gräser, Blätter und Bucheckern stopft der Waschbär in sich hinein. Etwa die Hälfte seiner Nahrung ist tierischer Natur, die andere pflanzlicher.

Trotz seines Namens ist der Waschbär kein ausgesprochen reinliches Tier, das etwa eine Vorliebe für Bäder hegen würde. Vielmehr ist beobachtet worden, dass Waschbären ihre Nahrung, fest zwischen den Vorderpfoten haltend, im Wasser gern hin- und herrubbeln. Doch auch dies nicht, um nur sauber Gewaschenes zu verspeisen. Vielmehr wühlen sie in ihrer nordamerikanischen Heimat gern nach Schnecken und Muscheln im Uferschlick – das Rubbeln könnte eine Ersatzhandlung darstellen. In Verruf geraten sind Waschbär und auch Marderhund, weil sie an Geflügelfarmen kaum vorbeikommen: Was allgemein dem Fuchs an gestohlenen Enten zugemutet wird, kann durchaus auch auf das Konto dieser kleinen Jäger gehen.

Der amerikanische Nerz rückte aus Pelztierfarmen aus.

Toleranz für Pelzlieferanten

Die Schatten der alten Eichen an den Ullerdorfer Teichen werden länger. Die blauen Moorfrösche – in der Laichzeit tragen die Männchen diese wahrlich auffallende leuchtende Farbe – haben ihre Liebesrufe, die klingen, als ließe man eine Bierflasche auslaufen, eingestellt.

Zwei Schellerpel tauchen noch eifrig auf dem Teich, holen dabei vom Teichboden Schnecken und Gewürm. Ihre Weibchen brüten derweil still in Baumhöhlen einige Meter über dem Boden. Sind die Küken erst geschlüpft, hüpfen sie nach wenigen Stunden aus der luftigen Höhe hernieder, um fortan der Mutter über den Teich zu folgen. Sie gehören in diese Landschaft. Amerikanischer Nerz, Marderhund und Waschbär dagegen werden von Menschen nicht selten auch als Eindringlinge gesehen, die in der heimischen Fauna eigentlich nichts verloren haben. Dennoch haben sie sich ihre Nische erobert und lassen sich nicht mehr vertreiben. Und schließlich war es der Mensch selbst, der sie ihrer kostbaren Pelze wegen aus ihrer eigentlichen Heimat herausgeholt hat. Den neuen Bewohnern in Sachsens Wäldern sollte man darum auch mit Toleranz begegnen.

Brummige Süßmäuler

Die Gemeine Wespe ist unerwünscht und dreist

Gelb-schwarz geringelt saust es auf die alte Linde zu. Wespe um Wespe bremst vor der Höhle im Baumstamm ab, schwebt ein und landet. Dazwischen quillt ein unaufhörlicher Strom von Insekten aus dem hohlen Baum, hebt ab, nimmt Fahrt auf und schwirrt davon. Ein feines Brausen erfüllt die Luft um das Nest. Der Staat der Wespen brummt auf Hochbetrieb. Ein wohl organisiertes Chaos im milden Licht der Spätsommersonne. Im Umkreis von etwa 500 Metern gehen die Gemeinen Wespen auf Nahrungssuche. Keine Kaffeetafel ist vor ihnen sicher. Die Gemeine Wespe gehört neben der Deutschen Wespe zu den beiden Arten, die eine ganze Sippe in Verruf bringen. Sie zeigen im Gegensatz zu anderen Wespenarten keinen Respekt vor menschlichem Ruhebedürfnis an gemütlichen Spätsommertagen. Nach einem arbeitsreichen Sommer verlangen die Schwarz-Gelben ihren Anteil an Sonntagsbraten, Kuchen und Limonade. Was zur Plage am Kaffeetisch werden kann, beginnt unscheinbar.

Die Königin muss schuften

Die Königin ist im Frühjahr auf sich allein gestellt. Im März oder April brummt sie los, auf der Suche nach einem Platz für ihr Staatswesen: Ein hohler Baum, ein Mauseloch, eine Zwischenwand – Hauptsache eine Höhle. Geschützt vor Regen und Wind beginnt sie ein filigranes Werk. Morsches und verwittertes Holz holt die Königin, kaut es ordentlich durch, bis eine papierartige Masse entsteht. Streifchen für Streifchen, Schicht für Schicht baut sie im Mai bis Juni an, bis ein etwa tischtennisballgroßes, meist rundes Nest entstanden ist. Im Inneren legt sie papierne Waben an, in die Eier platziert werden. Der Grundstein für den Staat. Nach etwa einer Woche schlüpfen die ersten Larven. Die Königin brummt auf Hochtouren. Sie muss Futter für sich und die Brut heranschleppen – Fleisch und Nek-

Wespen sind Raubinsekten. Aber sie haben auch Appetit auf Süßes.

tar. Eine kritische Phase. Kommt die Königin wegen kaltem Wetter einige Tage nicht aus dem Bau, stirbt der Staat, bevor er entstanden ist. Etwa zehn Tage lang lassen sich die Larven füttern, bevor sie ihre Wabe verschließen, sich verpuppen, um schließlich eine Woche bis zehn Tage später ihr Leben als Arbeiterin zu beginnen. Emsig unterstützen sie nun die Königin bei der Aufzucht weiterer Nachkommen. Schnell vergrößert sich der Staat und bald muss die Königin das Nest nicht mehr verlassen. Auch sie wird nun von den Arbeiterinnen versorgt und bewacht. Ihre Aufgabe ist es, weitere Eier zu legen und für Nachkommen zu sorgen. Arbeiterinnen leben nur etwa drei Wochen. Also muss ständig Nachwuchs ran. Im Hochsommer regiert die Königin ein funktionierendes Allgemeinwesen.

Jäger, Wächter und Maurer

Die Arbeiterinnen haben viele Berufe. Sie sind Jäger und Wasserträger, arbeiten auf dem Bau, als Kellner, beim Wach- und Schließdienst oder an der hauseigenen Klimaanlage. Je nach Bedarf. Jede kann alles. Ständig wird der Bau erweitert, Innenwände werden abgerissen, es wird um- und angebaut. Aus der kleinen Kugel wachsen Wespennester von einem halben Meter Durchmesser und mehr heran. Sie beherbergen dann viele hundert Tiere. Vor allem aber gehen die Arbeiterinnen auf Jagd. Wespen sind Raubinsekten. Sie haben es auf Fliegen, Würmer, Schmetterlinge, Blattläuse und anderes krabbelndes Getier abgesehen. Auch frisches Aas wird nicht verschmäht. Entdecken sie ein Beutetier, stoßen sie zu, packen es mit kräftigen Kiefern und lähmen oder töten es mit einem schnellen Stich. In Windeseile wird die Beute portioniert. Mit scharfen Zähnen wird die Fliege zerlegt, Kopf, Flügel und Beine abgetrennt. Aus dem Muskelfleisch formt die Wespe ein Paket und schleppt es ins Nest. Dort warten schon hungrige Mäuler. Uneigennützig füttern die Wespen die Brut und die Königin. Die haben nicht nur Appetit auf Fleisch, sondern auch auf Süßes. Zucker gibt Kraft. Also schwärmen die Arbeiterinnen aus, fliegen Blüten an und lecken mit ihrer Zunge Nektar. Der wird im Magen gespeichert und bei den hungrigen Larven ausgespien. Genauso transportieren die Wespen Wasser heran. Steigen die Temperaturen im Nest an heißen Tagen über 35 Grad, wird der Bau gekühlt. Dazu verteilen die Wespen das Wasser im Bau und schwirren mit den Flügeln. Sofort sorgt der Luftzug für Abkühlung. Putzkolonnen sorgen im Nest für Sauberkeit. Eine Menge Zeit verwendet die Wespe für die eigene Körperpflege. Auch untereinander putzen sich die Tiere. Sie kennen sich und haben sogar Vorlieben. Nachts zum Schlafen hocken sich immer die selben Wespen nebeneinander, versucht eine andere mitzukuscheln, wird sie vertrieben. Am Eingang des Nestes hocken Wächter. Voller Aufmerksamkeit sondieren sie das Terrain. Bei einer Bedrohung schlagen sie Alarm. Dann lassen die Arbeiterinnen alles stehen und liegen und schwärmen blitzschnell aus. Den Störenfried macht die wütende Horde sofort aus. Offenbar riechen sie auch das Stachelgift: Wenn die erste Wespe gestochen hat, wissen auch die anderen, wer der Feind ist. Obendrein sind die kleinen Insekten schnelle Flieger. Einen rennenden Menschen holen sie spielend ein.

Wespennester im Garten sollten in Ruhe gelassen werden.

Dem Alkohol verfallen

Im Herbst kommt das brummende Allgemeinwesen aus dem Gefüge. Wenn die Arbeiterinnen nicht mehr genug Futter heranschaffen können, werfen sie Larven aus dem Bau. Obendrein betrinken sie sich. Reifes Obst zieht Wespen offenbar nicht nur wegen der Süße an. Die Insekten verfallen dem Alkohol, der in faulenden und gärenden Birnen, Äpfeln und Pflaumen entsteht. Durchaus mit Wirkung: Sie taumeln sogar im Flug. Die alte Königin stirbt, während in besonders großen Zellen neue Königinnen und Männchen heranwachsen. Die schwärmen aus, die jungen Königinnen werden befruchtet und verkriechen sich schnell in Baumstubben, unter Rinde oder in Dachböden. Ein körpereigenes Frostschutzmittel sorgt dafür, dass junge Königinnen selbst strenge Winter überstehen. Wespen sind ein Erfolgsprodukt der Evolution. Vielleicht ein Trost: Sie haben vor Jahrmillionen auch schon die Dinosaurier gestochen.

Wenn 3 000 Augen wachsam blicken

Scharen nordischer Wildgänse sind ein Naturerlebnis

Die Vogelscheuche wackelt ein bisschen mit ihren Lumpen. Der Wind geht übers Feld und zupft und lupft das weiße Laken, das wie ein Gewand an dem Holzgerippe schlottert. Weithin leuchtet die Scheuche über die kahlen, schwarzgebrochenen Äcker bei Baruth. Sie erschreckt niemanden. Denn es ist keiner da. Der Vogelschwarm, dem die Scheuche gilt, hat sich woanders niedergelassen. Irgendwo zwischen Bautzen und Niesky. Auf einem schönen, großen Feld, wahrscheinlich einem, wo vor kurzem noch hoch der Mais stand. Da liegen nach der Ernte viele leckere Körner und Kolben. Ein Festmahl für die wilden Gänse, die zu Gast sind in der Oberlausitzer Heide- und Teichlandschaft.

Überblick und Leckerbissen

Immer mehr Wildgänse schätzen sächsische Gastfreundschaft. Nicht nur in der Lausitz. Wurden hier Anfang der 80er Jahre allwinterlich mehrere hundert Gänse beobachtet, so zählen sie heute nach Tausenden. In den Elbniederungen bei Riesa und Torgau fühlen sich die großen Vögel nicht weniger wohl als im Teichgebiet der Lausitz. Die charakteristischen Schwärme tauchen in diesem Jahr fast überall am sächsischen Himmel auf. Nur die Gebirge sind kein Tummelplatz für wilde Gänse. Andere Wintergäste lassen es sich beiderseits der Straße Richtung Autobahn bereits gutgehen. Ein Schwarm Saatkrähen – aus dem kalten Russland nach Bautzen gekommen – hockt auf dem Acker. Eifrig hacken die Vögel mit ihren kräftigen Schnäbeln in den schweren Boden, holen die gerade

Im Formationsflug ziehen drei Wildgänse am Seeufer entlang.

gelegten Körner wieder heraus. Hin und her segeln die pechschwarzen Gesellen einen Meter hoch über die Straße, geradeso, als könnten sie etwas verpassen auf der anderen Seite dieses schwarzen, harten Streifens. Bald sind sie wieder eifrig beschäftigt mit Futtern und einem gelegentlichen zufriedenen Krächzen.

Über den Wald herangejagt kommt ein Schwarm Wacholderdrosseln. Auch sie sind Gäste in der kalten Jahreszeit. In schnellem Flug ziehen die amselgroßen Vögel über das Feld davon. Selten zu sehen, aber ebenfalls zu Gast während der Wintermonate sind in der Oberlausitz auch Singschwäne, Kornweihen, Rauhfußbussarde, Gänsesäger, Zwergsäger und Merline. In Autobahnnähe Richtung Porschwitz schließlich treffen wir die Gänse. Mitten auf einem weiten Schlag, zwischen trockenen Maisstubben, haben sie sich niedergelassen. Kein Feind kann sie hier ungesehen überraschen. 3 000 Augen blicken wachsam, 1 500 Hälse drehen sich. Gänse haben sehr scharfe Augen, können besser sehen als Menschen. Selbst kleinste Veränderungen in der Landschaft oder weit entfernt auftauchende Feinde entgehen den Gänsen nicht. Sie sind ausgesprochen vorsichtig. Die großen Felder bieten weiten Überblick, werden deshalb bevorzugt. Kein Fuchs und kein Jäger überrascht die misstrauischen Vögel. Die auf der Autobahn vorbeirauschenden Lastkraftwagen und Autos ignorieren die Gänse. Sie wissen: keine Gefahr. Anders klingt aber ein langsam vorbeituckernder Trecker auf einem Feldweg. Verdächtig nahe töfft es. Die dem Feldweg am nächsten sitzenden Gänse heben eine nach der anderen ab. Ein paar Flügelschläge bringen sie außer Reichweite einer eventuellen Flinte.

Reisen ganz in Familie

Dann plumpsen die Gänse zurück aufs Feld mit den verlockenden Maiskolben. Von wegen „dumme Gans". Gänse sind für eine Vogelart erstaunlich lernfähig. Dicht beieinander, aber bei der Vielzahl weit auseinandergezogen, stehen und sitzen die Gänse auf dem Feld. Sie halten Mittagsruhe. Den ganzen Vormittag haben sich die Tiere an fettem Mais gütlich getan, der nach der Ernte liegenblieb. Es sind fast ausschließlich Saatgänse, doch auch ein paar Blessgänse sind in der gewaltigen Schar auszuma-

Konrad Lorenz tut es Karl Witzleben gleich. Er spielt den Ersatzpapa für zwei kleine Wildgänse, deren Eier er in einem verlassenen Nest gefunden hatte und unter Rotlicht ausbrüten ließ.

chen. Einträchtig stehen sie nebeneinander. Die beiden nordischen Gänsearten sind zusammen angekommen, werden zusammen den Winter verbringen und gemeinsam wieder aufbrechen, wenn hoch im Norden der zaghafte Sommer naht. Aus dem nordöstlichen Skandinavien, dem Nordwesten Russlands und Sibirien stammen die Saatgänse, aus den arktischen Tundren die Blessgänse. Offenbar können die Tiere nonstop riesige Entfernungen zurücklegen, 2 000 Kilometer in anderthalb Tagen. Mitte Oktober treffen die ersten Trupps hier ein, Ende Oktober, Anfang November kommt die Mehrzahl. Es ist das Naturerlebnis des heraufziehenden Winters in Sachsen, wenn die Gänsescharen als Keilformation fliegend laut rufend am Himmel erscheinen. Solange die Rastgewässer eisfrei und die Felder schneefrei sind, fühlen sich die Gänse wohl. Dann können sie den ganzen Winter über bleiben.

Doch die kalten Winter der letzten Jahre ließen die Wildgänse aus der Lausitz weiterziehen nach Westeuropa – in die Rheinebene oder in die Niederlande. Die riesige Gänseschar auf dem Feld entschließt sich, das

Weite zu suchen. Als ob eine Gans das Kommando gegeben hätte, heben die anderthalbtausend Tiere ab. Wie eine Wolke steigen sie empor und kaum sind die Vögel in der Luft, setzt der Lärm ein. Jetzt hat jede Gans etwas zu schnattern. Solange sie am Boden standen, war Ruhe. Doch nun orientieren sich die Familienverbände. Denn nicht selten reist man bei Gansens ganz in Familie. Vater, Mutter und oft auch noch die Kinder treten den Flug nach Mitteleuropa gemeinsam an und halten dann auch in der Fremde zusammen. Gänse leben in Einehe. Zumindest die meisten. Ein Leben lang bleiben sie mit ihrem Partner beisammen. Kommt einer ums Leben, dann freilich vermählen sich Gänse auch neu. Doch Geschichten erzählen von trauernden Witwen und Witwern, die abends am See herzzerreißend schrien und klagten ob des Verlustes.

Mit Verwandschaft flattern

Wissenschaftler freilich sind da unterschiedlicher Auffassungen. Doch fest steht, dass Gänsefamilien, die durch Jagd oder schlechtes Wetter beim Zug getrennt werden, sich selbst nach Monaten wiedererkennen und erneut zusammenfinden können. Die grau-braunen Saatgänse auf dem Feld sehen für menschliche Augen alle haargenau gleich aus. Doch die Gänse „kennen" sich untereinander. Solange sie auf den Feldern fressen, haben sie Sichtkontakt, beim Flug hören sie feinste Unterschiede in den Stimmen und wissen, wo die Verwandschaft gerade flattert. Der riesige Gänseschwarm teilt sich, zerfällt in mehrere Trupps.

Meist sind einige Dutzend bis wenige hundert Tiere zusammen. Zu großen Ansammlungen wilder Gänse kommt es, wenn ein Futterplatz lockt oder wenn sich die Tiere am Schlafplatz einfinden. Wenn viele Gänse auf einem Feld einfallen, kann es auch Schaden geben. Denn ist kein Maisschlag zu entdecken, dann halten sich die Gäste auch gern mal an eine frische Saat. Ist die schon gut verwurzelt, passiert den Körnern nichts. Dann knipsen die Wildgänse mit ihrem Schnabel nur das erste zarte Grün ab, das Korn treibt später neu. Nur wenn die Saat noch nicht angewachsen ist, rupfen die Gänse auch die Körner aus dem Boden. Den ganzen Tag watscheln die Gänsescharen wachsam über die Äcker, fressen, ruhen, pflegen ihr Gefieder. Fällt die Dämmerung herein, suchen sie ihr Schlafgewässer auf.

Wie auf geheime Kommandos

In der Oberlausitz sind große Talsperren und Teiche Ruheplätze für Gänse. Wenn die Sonne nur noch ein Stück über den Wald lugt, kommen die Gänsescharen herangejagt. Ein Rauschen von schnell schlagenden Flügeln und ein Trompeten, Singen und Rufen bringen die Luft über dem Teich zum Vibrieren. Mit der schnell heranbrechenden Nacht kommen die Vögel wieder wie auf ein geheimes Kommando aus allen Richtungen. Innerhalb einer Viertelstunde vereinigen sich größere und kleinere Trupps über dem Teich zu einer Wolke, drehen misstrauisch einige Runden. Noch könnte der Seeadler in der Nähe sein. Doch die Luft ist rein, und laut schnatternd fällt die Gänsewolke plötzlich aufs Wasser nieder, um die Nacht schlafend auf dem Teich zu verbringen. Während ihre weißen Artgenossen in den Dörfern fett und zufrieden der Bratpfanne am Weihnachtstage entgegenwatscheln, stoßen die wilden Gänse noch einmal den Triumphschrei der Freiheit aus.

VERLIEBTE GANS

„Der junge Ganter probt mit Mut und Kraft. Er sucht etwa darin andere Ganter, darunter auch solche, vor denen er normalerweise Angst hat, anzugreifen und zu vertreiben, wohlgemerkt aber nur, wenn die Umworbene zusieht. In ihrer Gegenwart prahlt er durch Zur-Schaustellung seiner Körperkraft. Selbst um kleine Strecken zurückzulegen, die jede nicht verliebte Gans vernünftigerweise zu Fuß durchschreiten würde, fliegt er auf, beschleunigt seinen Abflug stärker als jede normale Gans es je tut, um, bei der Dame angekommen, scharf abzubremsen. Er benimmt sich in dieser Hinsicht also genau wie ein junger Mann auf einem Motorrad oder einem Sportwagen.

aus: Konrad Lorenz „Über das Balzverhalten der Graugänse"

Dickschädel und Weiber-Wirtschaft

Wildschafe fühlen sich auch in Sachsens Wäldern heimisch

Die Wintersonne hat ihre Kraft zusammengenommen und einen Keil getrieben zwischen den fast schwarzen Horizont und den dunklen Morgenhimmel. Ihren Sieg feiert sie mit ein wenig Rot und ein wenig Gold, mit denen sie die Wolken an diesem Morgen übertüncht. Stück für Stück dehnt die Sonne den lichthellen Spalt aus – bis sich der klare, sonnige Wintertag unter blauem Himmel abzeichnet. Wärme allerdings zaubert sie keine auf Wald und Feld. Frostig und wie erstarrt zieht sich der Acker sanft abfallend hinunter zum Wald, der dann steil ins Kirnitzschtal in der Sächsischen Schweiz abfällt und sich erst jenseits des Baches wieder hinaufschwingt zum Kirnitzschberg.

Einzig in Bewegung ist das kleine Rudel Mufflons, das zögernd den Waldrand entlangzieht. Es sind vier Tiere, ein junger Widder und drei Schafe. Langsam setzen sie Schritt vor Schritt. Die Köpfe gesenkt, knabbern sie an braunen, vertrockneten Gräsern am Feldrain. Doch immer wieder hebt eines der Tiere den Kopf, dreht ihn, wittert, prüft, ob die Luft rein ist. Die Mufflons sind sehr vorsichtige Tiere. Nie sind alle gleichzeitig am Fressen, wenigstens eines der Wildschafe behält argwöhnisch die Umgebung im Auge. Mufflons sind tagaktiv, als einzige der großen Tiere in Sachsen. Hirsch, Reh, Wildschwein und Fuchs haben ihre Aktivitäten längst in die schützende Dämmerung oder Nacht verlegt. Mufflons aber sind bei Tageslicht unterwegs, höchstens über Mittag ziehen sich die Tiere zurück, um zu ruhen und wiederzukäuen. Derzeit denkt das kleine Rudel gar nicht an Ruhe. Der junge Widder versucht vielmehr seine Chancen bei den weiblichen Mitgliedern des Rudels. Vom schützenden Waldrand fort treibt er sie auf das Feld, dann hinunter in eine Senke. Minuten später taucht das Rudel wieder auf, quer über das Feld galoppierend. Der kleine Widder hat keine

Als einzige der großen Wildtiere in Sachsen sind die Mufflons am Tag unterwegs. Auch deshalb sind sie argwöhnisch.

Chance. Wennschon, dann warten die Schafe auf „richtige Männer". Die lassen sich an diesem Tag nicht blicken. Ältere Widder ziehen meist einzeln. Sie sind an den Hörnern zu erkennen. Die sogenannten Schnecken wachsen nicht an der Spitze, vielmehr dreht sich das Horn aus dem Kopf, schiebt sich vor. Jedes Jahr ein bisschen mehr, vor allem in den ersten Lebensjahren. Die Hörner weisen sogar Jahresringe auf. Außerdem werden Widder im Alter weißhaarig. Die weiße Schnauze und Brille, die ein Widder trägt, werden immer größer, bis die dunklen Wildschafe einen fast weißen Kopf haben.

Duelle unter Starken

Junge Widder schließen sich auch in Rudeln zusammen. Im späten Herbst allerdings zieht es alle zu den Schafrudeln. Die gestandenen Widder klappern die Rudel in der Nähe ab, um nach brunstigen Schafen Ausschau zu halten. Mufflonwidder sind Dickschädel. Das müssen sie auch sein, denn Streitigkeiten legen sie mit dem Kopf bei. Kämpfe untereinander sind jedoch nicht allzu häufig. Zunächst wird vor Auseinandersetzungen mit einem Rivalen abgewogen, ob dieser stärker sein könnte. Widder haben ein feines Gespür dafür, ob der Kontrahent kleinzukriegen ist oder ob man selbst etwas auf die Hörner bekommt. Bei vermutet stärkeren Gegnern jedenfalls geht der schwächere klugerweise gleich seiner Wege. Rechnen sich jedoch beide gute Chancen aus, den härteren Schädel und die größere Kraft zu besitzen, dann geht es zur Sache. Ein Kampf unter Widdern ähnelt stark einem Duell. Zunächst beäugen sich die Streithähne. Dann nehmen sie Aufstellung, Kopf an Kopf. Langsam schreiten die Widder nach hinten, bringen einen Abstand von 20 bis 30 Meter zwischen sich. Schließlich werden die Köpfe leicht gesenkt und die Widder brausen los. Immer schneller wird der Sturmlauf, bis die beiden aufeinanderkrachen. Wenn zwei Widder sich streiten, ist das weithin zu hören. Wie Gewehrschüsse hallt es durch Wald und Feld, wenn die etwa 35 Kilogramm schweren und etwa einen dreiviertel Meter großen Tiere aufeinanderprallen. So ganz spurlos freilich geht es manchmal nicht ab, wenn Widder sich die Schädel anschlagen. Trotz einer weichen Masse im Horn und stoßdämpfenden Stirnzapfen, die den mit aller Gewalt und Wucht geführten Schlägen wenigstens etwas von ihrer Härte nehmen. Dennoch können ernsthafte Blessuren auftreten. Die Widder sind meist ziemlich benommen, bevor einer der beiden einsieht, dass er doch besser die Schafe in Ruhe und das Feld dem Kontrahenten lässt. Gehirnerschütterungen sollen gar nicht so selten sein. Außerdem können Teile des Hornes abplatzen oder abbrechen. Im schlimmsten Fall kommen die Streithähne nicht mehr voneinander los. Es ist jedoch sehr selten, dass sich zwei Widder im Kampf mit ihren Gehörnen hoffnungslos ineinander verhaken. Wenn doch, sterben die Tiere. Ist kein Gegner vorrätig, produzieren sich Widder trotzdem. Vor allem ältere, die offenbar die Protzerei nicht lassen können. Ohne echten Gegner werden dann eben Bäume als Feind auserkoren. Mit Wucht und Schwung gehen die Widder auf Bäume los, das es nur so kracht. Hauptsache, die Mädels schauen zu.

Die prächtigen, kraftvollen Muffelwidder und ihre mausgrauen Schafe leben seit Jahrzehnten auch in den sächsischen Mittelgebirgen.

Alter vor Schönheit

Während Widder ihre Schädel derart auf Belastbarkeit testen, warten die Schafe ruhig ab. Die Kerle spielen nur von Dezember bis März eine größere Rolle im Leben eines Mufflonschafes. Ansonsten herrscht Weiberwirtschaft, ziehen die Schafe gemeinsam im Rudel umher. Nur zum Ablammen verlässt ein Schaf das Rudel. Ein, seltener zwei Lämmer werden zur Welt gebracht. Schon nach wenigen Stunden können die Kleinen aufstehen und laufen. Das müssen sie auch. Nach zwei bis drei Tagen zieht das Mutterschaf dem Rudel hinterher.

Mufflons besitzen Duftdrüsen zwischen den Hufen und hinterlassen für empfindsame Nasen eine Spur. Die Tiere können nicht nur sehr gut sehen, sondern auch riechen. So findet die frischgebackene kleine Familie in den Schutz der Gemeinschaft zurück. Das erfahrenste und älteste Schaf, das aber noch Nachwuchs haben muss, ist automatisch das Leitschaf. Es kennt jeden Tritt und jeden Pfad in der Gegend, hat im Laufe der Jahre etlichen Gefahren ins Auge geblickt. Die weitere Rangfolge im Rudel geht nach Alter. Auch beim Fressen. Die alten Schafe fressen die leckersten Gräser. Selbst wenn ein starker Widder beim Rudel steht, hat das Leitschaf das Sagen. Mufflons sind eher stille Tiere. Ältere blökende Muffel besitzen Vorfahren, die intime Begegnungen mit Hausschafen hatten. Reinrassige Mufflons warnen sich mit einem zischenden Pfeifen, höchstens unterstützt von einem energischen Stampfen mit dem Vorderhuf. Ein solches Signal reicht und das Rudel geht ab. Die Wildschafe können beim rasenden Galopp beachtliche Geschwindigkeiten erreichen, gewaltige Sprünge absolvieren. Das Leitschaf gibt die Richtung vor. Der stärkste Widder darf den Schluss machen und versuchen, etwaige Verfolger abzuschrecken. Das kleine Rudel hat sich getrollt.

Die Tiere sind im Wald verschwunden und nicht wieder aufgetaucht. Nahrung finden die anspruchslosen Wildschafe sowohl im Wald als auch auf dem Feld. Gräser und Kräuter, selbst vergilbt, werden abgeweidet. Vertrocknete Brennesseln sind für manche Tiere wahre Leckerbissen. Früchte wie Kastanien, Eicheln oder Bucheckern werden genommen. Mufflons können aber auch an der Rinde und an den Trieben von Bäumen knabbern. Wegen dem Verbiss an jungen Bäumen in Sachsens Wäldern möchte mancher Forstmann die Mufflons am liebsten aus den Wäldern schießen. Dabei wurden die Tiere eingebürgert, weil sie als attraktives Wild obendrein dem Ruf der Schafe als genügsame Futterverwerter alle Ehre machen.

URSPRÜNGLICH AUS VORDERASIEN

Die Heimat der Wildschafe liegt auf Korsika und Sardinien. In grauer Vorzeit gelangten Vorfahren der Mufflons aus Vorderasien auf die Mittelmeerinseln. Jahrtausende lebten sie hier ohne Feinde. Im 16. Jahrhundert entdeckte Europa die anspruchslosen Schafe, die Einzug hielten in Wildgatter des Wiener Hofes. 1780 wurden die ersten Mufflons in Europa ausgewildert – in den Apeninen Norditaliens. Fast alle europäischen Länder wilderten die Tiere aus, selbst in den USA, in Argentinien und auf Inseln im Indischen Ozean wurden Mufflons freigelassen. Zu Beginn des 20. Jahrhunderts wurden erste Tiere in Deutschland angesiedelt.

Schwein sein ist schön

Von wegen dummes Schwein – Schwarzkittel sind hochintelligent

Herrlich, wie die Schwarte juckt.

Fett und schwarz glänzt der Ackerboden. Der Feldweg dazwischen bummelt dem Wald zu. Eine Misteldrossel singt verzückt gegen den schweren, regnerischen Himmel an. Vor diesem Sauwetter haben sich die Wildschweine längst in den Schutz der Felsen nahe Rathmannsdorf in der Sächsischen Schweiz zurückgezogen. In der Nacht aber haben die Wildschweine dem Acker einen Besuch abgestattet. Noch frische Spuren im feuchten Boden verraten sie. Doch noch haben die Bauern keine Leckereien in der Erde versteckt. Die Rotte ist hier nur entlanggezogen. Eine Sauerei aber haben sie auf einer kleinen Wiese am Waldrand angerichtet. Loch an Loch, daneben aufgeworfen die Grasbüschel, sieht die Wiese aus wie umgepflügt. Hier haben die Schweine Insektenlarven und Regenwürmer ausgegraben. Wildschweine lassen sich von ihrer Nase leiten. Feinste Geruchsmoleküle werden in den langen Riechkanälen im Rüssel erschnüffelt. Selbst ein Maiskolben vom vorigen Herbst, der untergepflügt wurde, sticht ihnen verlockend in die Nase. Der Rüssel ist gleichzeitig das Werkzeug, um an die Leckereien heranzukommen. Zäh wie Hartgummi ist die Nasenscheibe, mit der sie Gras und Erde beiseiteschieben, bis das Objekt der Begierde schmatzend verzehrt wird.

Auf leisen Sohlen den Hochsitz erkundet

Im Wald sind die Schweine die Gärtner. Indem sie den Boden umwühlen und Forstschädlinge vertilgen, vergraben sie auch Eicheln oder Buchekern. Doch längst haben die Wildschweine die Vorteile der modernen Landwirtschaft für sich entdeckt. Ein großer Maisschlag ist für eine Rotte Schweine nichts anderes als ein gedeckter Tisch zu einem andauernden Fressgelage. Keine mühsame Sucherei und Wühlerei. Einfach nur die Stengel umdrücken und ordentlich reinhauen. Steht der Mais hoch, verlassen die Tiere den Schlag zum Teil überhaupt nicht mehr. Fein säuberlich bleiben die Maisstauden am Rande des Feldes stehen – schließlich wollen sich die Schweine in Ruhe gütlich tun. Im Inneren des Feldes aber kann eine große Rotte von 20 und mehr Tieren dafür sorgen, dass kaum ein Kolben übrigbleibt. Kein Wunder, dass sich Landwirte die Haare raufen, wenn sie von einer Rotte Wildschweine heimgesucht wurden. Wildschweine profitieren von der Umwandlung der Natur in eine Kulturlandschaft. Während

Schon wenige Stunden nach ihrer Geburt sind
Frischlinge auf den Beinen und tollen herum.

andere Arten zurückgedrängt wurden, deckt der Mensch mit Kartoffeln oder Mais den Schweinen erst richtig den Tisch. Freilich landen sie selbst oft als Gulasch auf den Tellern. Denn die Bauern halten die Jäger immer wieder an, Wildschweine zu schießen. Längst sind die Borstentiere nur noch im Schutze der Dunkelheit unterwegs. Und sie sind schlau – die intelligentesten Wildtiere in Sachsen. Von wegen dumme Schweine. Von Jägern sind Wildschweine beobachtet worden, die zwar Appetit auf den Mais hatten, mit dem sie in der Nähe des Hochsitzes geködert werden sollten. Doch zuvor umrundeten die Schweine höchst vorsichtig und auf leisen Sohlen den Hochsitz. Den Rüssel hoch erhoben, um zu schnuppern, ob ein Jäger auf dem Ansitz wartet. Fuhr ihnen schließlich der Wind in den Rüssel und brachte den gefährlichen Menschengeruch mit, waren die Schweine verschwunden. Die älteste und damit erfahrenste Bache führt die Wildschweinrotte. Im Trupp bleibt man ganz in Familie. Die Töchter, die selbst schon Mütter sein können, folgen. Die Keiler sind Einzelgänger, stoßen nur in der Paarungszeit von Ende Oktober bis Januar zu den borstigen Damen. Dann sind sie Pascha. Kein anderer Keiler wird in der Nähe geduldet. Lässt sich der Nebenbuhler nicht durch wütendes Grunzen und Knacken mit den

Hauern vertreiben, gehen die Konkurrenten aufeinander los. Die Keiler sind ausgesprochen wehrhaft. „Waffen" nennen die Jäger die langen, gebogenen Eckzähne, die ständig aus dem Unterkiefer nachwachsen. Sie können über 20 Zentimeter lang sein. Und sie sind messerscharf. Trotzdem die Keiler einen Schild haben – die Haut über ihren Schultern und an der Brust ist zäh wie eine Schuhsohle und drei bis fünf Zentimeter dick – können sich die wütenden Kämpfer blutende Wunden zufügen. Bei einem Heidenlärm toben die Keiler und versuchen zunächst, mit Schulterstemmen dem Gegner ihre Stärke zu demonstrieren. Nutzt das nichts, setzen sie auch ihre Waffen ein. Mit seitwärts hochschlagenden Köpfen versuchen sie, den anderen zu treffen. Der Unterlegene rettet sich in wildem Schweinsgalopp.

Federbett aus Gras für die Nachkommen

Nach einer Tragzeit von etwa 115 Tagen ist es im März bis April soweit. Die werdende Mama verlässt die Rotte und sucht sich ein stilles Plätzchen. Dort wird ein Wurfkessel gebaut. Büschelweise rupft die Bache trockenes Gras oder Farn ab und trägt sie zusammen. In diesem Federbett wärmen und verstecken sich die kleinen Frischlinge. Meist sechs bis acht Nachkommen hat eine Bache. Die Mama ist ausgesprochen besorgt um den Nachwuchs. Nimmt die Bache normalerweise Reißaus, wenn Gefahr droht, so geht das mit den Neugeborenen nicht. Wer sich dem Wurfkessel nähert, riskiert, von der aufgebrachten Bache angegriffen zu werden. Selbst Erzfeind Mensch ist vor der wütenden Mama nicht sicher. Vorsicht ist allemal geboten. Ein heranstürmendes Wildschwein ist schnell. In der Nackenmuskulatur steckt eine gewaltige Kraft. Wie ein Rammbock, den Kopf gesenkt, stürzt die Bache los. Mühelos fegt sie alles beiseite, kann mit ihren kräftigen Zähnen tiefe Wunden beißen. Wildschweine sind die wehrhaftesten Tiere, die durch Sachsens Wälder ziehen. Mit ihnen ist nicht zu spaßen. Später kehrt die Bache mit dem Nachwuchs zur Rotte zurück. Die Alte vornweg, die Kleinen hinterdrein. Schon wenige Stunden nach ihrer Geburt sind Frischlinge auf den kleinen Beinen und tollen umher. Ein klagendes Quietschen genügt, um Mutters Aufmerksamkeit zu erregen. Kein Fuchs hätte eine Chance, sich an Spanferkeln gütlich zu tun. Die Bache würde ihn sofort attackieren. Auch die anderen Bachen haben ein Auge auf den Nachwuchs der Verwandtschaft. Kommt die Mutter ums Leben, kümmern sich die anderen Tiere um die verwaisten Frischlinge. Familiensinn wird bei Schweinen groß geschrieben. Trotzdem überleben bis zu zwei Frischlinge die ersten 14 Tage nicht.gerade in der Sächsischen Schweiz, zwischen steilen Felsen, stürzen immer wieder Tiere ab oder kollern Abhänge hinunter. Die Kleinen müssen deshalb beizeiten Disziplin lernen. Da geht es auch rauh zu. Unfolgsame Sprösslinge werden gezwickt und durch die Luft gewirbelt. Die Mama hat es aber auch nicht einfach mit dem quietschenden, übermütigen Haufen Frischlinge. Die tollen umher, üben schon Rangkämpfe, untersuchen alles neugierig und sind kaum zu bändigen. Ein Warnlaut der Bache aber lässt sie zusammenfahren. Wenn sie vorwitzig aus dem Dickicht des Waldes auf die Wiese hopsen, während die Bache noch prüft, ob die Luft rein ist, so lässt sie ein kurzes Schnaufen hören. Das reicht oft, den Nachwuchs an seine Pflichten zu erinnern. Gemeinsam durchstreift die Rotte das zumeist recht große Territorium. Bis zu 15 Kilometer können die Tiere pro Nacht mühelos unterwegs sein. Ständig auf der Suche nach Fressbarem. Genüsslich werden Insektenlarven und Engerlinge, Eicheln und Bucheckern, Kartoffeln und Mais, Eier und Sämereien und selbst Aas vertilgt. Doch nicht alles, was ihnen vor den Rüssel kommt, wird mit gleichem Genuss verzehrt. Schweine sind Feinschmecker. Für Eicheln lassen sie meist alles andere liegen. Die Waldfrüchte werden geschickt im Maul ausgepellt, die Schalen ausgespuckt. Bis zum Winter müssen sich die Tiere ordentlich Speck anfressen. Denn dann ist Schmalhans Küchenmeister. 80 bis 100 Kilogramm schwer werden kann eine Bache, ein Keiler sogar bis 150 Kilo und darüber.

Schlammbaden hilft gegen Hautparasiten

Fühlen sich die Schweine sicher, sind sie alles andere als leise. Da wird gegrunzt, geschmatzt und gequiekt, was das Zeug hält. Vor allem ihr feiner Geruchssinn warnt sie vor Gefahren. Zwar ist auch ihr Gehör sehr gut entwickelt, aber nicht selten übertönen die Schweine selbst die Laute der Nacht. Sehen können sie dagegen nicht allzugut. Etwas kurzsichtig blinzeln sie aus schwarzen Knopfaugen. Ein Stück den Waldrand entlang, taucht ein Lieblingsplatz der Wildschweine auf. Eine schlammige Senke, in der lehmbraun Pfützen stehen. Hier wird sich gesuhlt. Wohlig grunzend wälzen sich die Tiere im Morast. Das hilft nicht nur gegen Hautparasiten, sondern kühlt im Sommer auch schön ab. An der Suhle herrscht ein ständiges Kommen und Gehen. Wer ordentlich dreckig ist, marschiert zu den nahen Bäumen und juckt sich die Schwarte gehörig. Lehmverschmiert und ohne Rinde am unteren Stamm stehen etliche Fichten am Waldrand. Einige der Bäume tragen auch tiefe Wunden. Auch ein Keiler konnte der schlammigen Versuchung nicht widerstehen. Mit seinen Hauern hat er tiefe Löcher in das harte Holz geschlagen. Mit dem austretenden Harz parfümiert sich der Keiler. Immer wieder wird die Schwarte am Baum gerieben – bis das Schwein würzig duftet. Warum die Tiere das tun, lässt sich nur vermuten. Aber Wildschweine sind eben Genießer. Schwein sein ist schon schön – wenn es nur den Menschen nicht gäbe.

BAUERNFEIND

Wildschweine waren um 1820 in Sachsen völlig verschwunden. Zu groß waren die Schäden, die die Tiere in der Landwirtschaft anrichteten. Für einen kleinen Bauern mit fünf Hektar war der Besuch einer Rotte Wildschweine existenzbedrohend. So wurden sie erbarmungslos gejagt. Kleine Hunde stellten die Sauen, große Doggenmischlinge hielten sie fest. Das nutzten die Jäger, eilten herbei und erlegten die Tiere mit scharfen Messern oder Spießen. Fortan tauchten Wildschweine nur sporadisch auf. 1875 etwa erlegten 20 Jäger einen Keiler im Diebsgrund beim Bielatal. Das Tier war mit 162 Pfund Gewicht noch nicht einmal kapital. Trotzdem wurde der seltenen Beute ein Denkmal gesetzt, das noch heute zu bewundern ist. Erst nach dem 2. Weltkrieg tauchten die Wildschweine in Sachsen wieder häufiger auf. Vermutlich waren etliche in den Kriegswirren aus Wildgattern geflohen oder freigelassen worden. Da sie kaum bejagt wurden, vermehrten sie sich rasch. Das Anlegen von Schonungen und Dickungen im Wald und der Übergang zur Großfeldwirtschaft brachte den Schweinen weitere Vorteile. Sie nutzten die Deckung und das Nahrungsangebot. Heute sind Wildschweine in ganz Sachsen verbreitet.

Der mit dem Wolf tanzt

Deutschlands einziges Wolfsrudel hat in Sachsen ein Zuhause gefunden

Zu DDR-Zeiten wurde jeder eingewanderte Wolf erbarmungslos geschossen. Heute stehen sie unter strengem Schutz.

Rauhhaarteckel Berry kommt in den Kofferraum, dann geht es los. Von Weißkeißel aus, wo die Bundesforstverwaltung ihren Sitz hat, ein Stück die B 115 entlang. Rolf Röder biegt in einen Weg ab, öffnet einen Schlagbaum und dirigiert den schweren dunkelgrünen Landrover gekonnt auf die Sandpisten. Hinter dem Schlagbaum beginnt das Reich der Panzer und Kanonen. 14 500 Hektar Truppenübungsplatz „Oberlausitz". Doch abseits der Schießbahnen und Sprengplätze herrscht die Natur. Was militärisch Pufferzone und Sicherheitsbereich heißt, sind Wälder, Dickungen und Heiden, gewaltige Dünen aus der letzten Eiszeit und stille, geheimnisvolle Moore. In sanftem Schwung steigt der Weg an. Weit vorn steht wie eine dunkle Wand alter Kiefernwald. Auf der einen Seite rücken dichte Schonungenbis an den Weg heran, auf der an-deren Seite ist das Gelände offen. Junge Kiefern und Birken wachsen in kleinen Gruppen, drei bis vier Meter hoch. Dazwischen dehnen sich Heidekrautfelder. Im Herbst erglüht die Landschaft in Violett. Jetzt sind die Blüten längst braun und vertrocknet. Rolf Röder stoppt den Wagen, steigt aus und geht mit suchendem Blick eine langgestreckte Düne hinauf. „Ein Fuchs", sagt der Förster und deutet auf eine Spur im Schnee. Doch er ist auf einen größeren Räuber aus. Lange suchen muss er nicht. Dann sind auf der Schneedecke deutlich die Abdrücke einer großen Pfote zu erkennen. Röder bückt sich, zieht die Zigarettenschachtel aus der Tasche und vergleicht. Zehn Zentimeter Durchmesser. Der Blick streift über den Boden, sucht nach weiteren Spuren, findet sie. Mehr als ein Meter Abstand liegt zwischen den Abdrücken. „Ganz eindeutig", sagt Röder, „ein Wolf."

Spuren im Schnee

Im Trab ist das Tier den Sandweg entlanggeeilt, im typischen Wolfstrab. Stundenlang können die Tiere so laufen, Kilometer um Kilometer. Wie an einer Schnur gezogen liegen die Abdrücke. Ein Hund tritt mit den Pfoten nebeneinander. Der Wolf aber tritt in seine eigenen Spuren, sind mehrere Tiere unterwegs und laufen in einer Kette, treten die nachfolgenden in die Spuren ihrer Vorgänger. Nicht um die Förster irrezuführen. Sondern um Kraft zu sparen bei den kilometerlangen Pirschgängen in losem Sand oder im Schnee. Die Spur ist noch frisch. Erst am Abend oder in der Nacht war

Wölfe sind gesellige Tiere. Sie leben in Rudeln mit einer festen Hierarchie.

der Wolf hier unterwegs, ist aus den dichten Kiefernschonungen gekommen und dann über die Schießbahnen gezogen. Für Rolf Röder ist die Spur nichts Besonderes mehr. An dieser Ecke stößt der Leiter des Bundesforstamtes nicht selten auf Isegrimms Spuren. Auch Teckel Berry kümmert die wilde Verwandschaft nicht. Die Hunde manch eines Kollegen aber schrecken vor dem Geruch der Wolfsspur zurück und gehen keinen Meter weiter. Schwer und bleiern hängt der graue Himmel über dem Gelände, ein scharfer Wind pfeift eiskalt.

Wo die großen Grauen jetzt stecken – auch Rolf Röder weiß es nicht. Fast täglich ist er in seinem Revier auf dem Truppenübungsplatz unterwegs. Doch die Begegnungen mit dem Wolf sind selten. 1996, kurz nachdem er seinen Dienst im Bundesforst angetreten hatte, sah er den ersten Wolf seines Lebens in freier Wildbahn. „Sicher war ich mir aber nicht, die Verwechslungsgefahr mit einem Hund ist groß", sagt Röder, der seit 30 Jahren Förster ist. Zwei Jahre später gab es keinen Zweifel mehr. Röder kam mit dem Auto um eine Wegbiegung, als vor ihm auf dem Weg zwei Wölfe standen. „Der größere war sofort weg", erzählt der Förster, „der kleinere verharrte kurz, drehte sich um und verschwand." Einmal zog ein Wolf 30 Meter an dem Hochsitz vorbei, auf dem Röder saß und einmal hat er ihn heulen hören. An einem stillen, warmen Abend im September, als die Sonne gerade glutrot am Horizont verschwand. Röder, der nicht viele Worte macht, kommt fast ein bisschen ins Schwärmen: „Das ist ein unglaubliches Gefühl, irgendwie erhebend."

Wölfe sind gesellige Tiere. In Mitteleuropa leben sie in Rudeln von zwei bis maximal zehn Tieren. Nur gemeinsam können sie ihre Beute – große Huftiere – erfolgreich jagen. Und so leben sie in einem Familienverband. Ein Wolf und eine Wölfin haben das Sagen. Sie sind die sogenannten Alpha-Tiere, sie bestimmen, wo es langgeht. Die anderen ordnen sich unter. Zumeist freiwillig. Wölfe besitzen eine ausgeprägte Körpersprache, und so sind Beißereien selten. Die Alpha-Tiere tragen ihren Schwanz stolz erhoben. Die anderen lassen ihn lieber hängen und ziehen den Kopf ein, wenn ein Rudelführer in der Nähe ist. Fühlt sich einer der Untergebenen freilich stark genug, kann er es wohl darauf ankommen lassen. Eine aufgestellte Schwanzspitze etwa bedeutet schon Drohung – wenn auch unsicher. Je höher der Schwanz getragen wird, um so selbstbewusster der Wolf. Kämpfen Tiere um die Rudelführung, dann wirft sich das unterlegene Tier auf den Boden und bietet dem Sieger die Kehle dar – der Kampf ist beendet. Beim Spielen erlauben die Alpha-Tiere schon mal eine Verletzung der strengen Rangordnung, und auch jüngere Wölfe dürfen über die Stränge schlagen.

Gejagt wird gemeinsam. Hirsche, Rehe, Wildschweine, aber auch Kaninchen, Vögel und sogar Mäuse werden gefressen. Wölfe besitzen verschiedene ausgeklügelte Jagdstrategien. Ihr Geruchssinn ist hundert- bis tausendmal besser als beim Menschen. Sie können Beutetiere auf eine Entfernung von bis zu drei Kilometern wittern und noch eine drei Tage alte Spur riechen. Außerdem hören sie Töne bis zu zehn Kilometer weit. Mitunter folgen Wölfe ihrer Beute tagelang und legen pro Nacht locker 30 bis 40 Kilometer zurück. Die eigentliche Jagd ist meist in einer Viertelstunde vorbei. Oft umgehen ein oder mehrere Wölfe das Hirschrudel, die anderen treiben die Beute zu. So werden die Hirsche in die Zange genommen. Welches Tier gejagt wird, darauf verständigen sich die Wölfe vorher. Doch oft ist Schmalhans Küchenmeister bei den Wölfen – die Beutetiere haben, wenn sie kräftig und gesund sind, eine gute Chance zu entkommen. Nur etwa zehn Prozent der Jagdversuche sind erfolgreich. Die Wölfe brechen die Jagd sehr schnell ab, wenn sie kein Ergebnis verspricht. Bis zu 14 Tage können Wölfe hungern, dann freilich auch bis zwölf Kilogramm Fleisch auf einmal in sich hineinschlingen. Zwickt der Hunger zu sehr, verschmähen sie selbst Beeren und Wurzeln nicht.

Ruhe für die scheuen Tiere

Der Familienverband ist nicht nur wichtig für die Jagd, sondern auch für die Jungenaufzucht. Nur die Alpha-Tiere paaren sich, aber der Rest des Rudels hilft fleißig mit beim Großziehen des Nachwuchses. Die Wölfin gräbt eine Höhle oder zieht sich unter umgestürzte Bäume zurück. Etwa sechs Junge werden geboren. Nach drei Wochen verlassen die Kleinen zum erstenmal die Höhle und spielen.

Wenn die Alten auf Jagd gehen, bleibt immer ein rangniederer Wolf als Babysitter bei den Jungtieren. Wölfe sind rührend um ihren Nachwuchs besorgt und ausgesprochen liebevolle Eltern. Die Jungtiere bleiben beim Rudel. Reicht die Nahrung nicht, wandern einzelne Tiere ab. Auch abgesetzte Alpha-Tiere verlassen häufig den Familienverband. Die Förster dokumentieren ihre Begegnungen mit dem Wolf und seinen Spuren in einem Buch. Fast täglich kommt eine Eintragung hinzu. An allen Ecken des riesigen Truppenübungsplatzes und auch schon weit darüber hinaus tauchen die Tiere auf oder wird ein ge-rissener Rothirsch oder ein Wildschwein entdeckt. Scheu sind die Wölfe, meiden die Begegnungen mit dem Menschen oder verschwinden umgehend. Wie viel Tiere es sind – auch Röder weiß es nicht. „Wir vermuten, dass 1999 drei oder vier Wölfe hier geboren wurden, im Herbst sind sie dann schon so groß wie ihre Eltern", sagt Röder. Doch genau wissen es die Förster nicht und sie wollen den Grauen auch nicht nachstellen.

Die scheuen Gesellen sollen in Ruhe gelassen werden. Nur dass Jungtiere geboren worden sind, wissen die Förster genau. Durch Zufall fanden Waldarbeiter eine verlassene Wolfshöhle, in der die Tiere ihre Jungen aufziehen. Sie lag gleich bei einer Panzerschießbahn. In halb Europa hat die Nachricht für Aufsehen gesorgt. Ein Wolfsrudel in Deutschland, das obendrein Nachwuchs aufzieht. Seit wenigstens 150 Jahren hat es das in Mitteleuropa nicht gegeben. Überregionale Zeitungen haben berichtet. Beim sächsischen Umweltministerium hat bisher keine andere Nachricht für eine derartige Flut von Anfragen gesorgt. Der zuständige Artenschutz-Fachmann hat der englischen BBC und dänischen Rundfunkanstalten Interviews gegeben, Filmwünsche eines Dutzends Fernsehsender abgelehnt und Heerscharen von Biologen enttäuscht, die den Wölfen nachspüren wollten.

Aus Polen eingewandert

Aus Polen sind sie eingewandert. Jenseits der Neiße gab es seit langem eine kleine Gruppe. Nun sind dort keine Wölfe mehr beobachtet worden. „Wir vermuten, dass sie herübergerückt sind", sagt Röder. Natürlich spüren die Förster die Anwesenheit eines so großen Raubtieres. Sie merken es an der Reaktion des Wildes. Wo der Wolf jagt, sind Hirsch, Reh, Mufflon und Wildschwein plötzlich scheu und nervös. Doch am nächsten Tag, so haben Röder und seine Kollegen beobachtet, wenn das Rudel woanders auf Pirsch geht, sei das Wild wie immer. Röder freut sich über den Wolf. Der sei schließlich etwas ganz Besonderes.

Die mit der Zunge riechen
Die einst ausgestorbenen Würfelnattern sind bei Meißen wieder ausgesetzt worden

Ihre Zeichnung gab der Schlange, die bis zu 15 Jahre alt werden kann, ihren Namen. Jede Würfelnatter trägt ein eigenes, ganz spezifisches Muster.

Sanft glitzernd liegt der Fluss in der Sonne. Eingebettet in Wiesen von freundlichem Grün und dunkel rauschenden Wäldern. Fröhlich lugt ein Kirchturm über die Hügelketten. Breit und zufrieden windet sich die Berounka durch die Landschaft. Ein Fluss wie viele andere in Böhmen. Weitgehend naturbelassen. Auf etwa 1,5 Kilometer Flusslauf hat sie eine Besonderheit zu bieten. Wo die Sonne warm auf Südhänge strahlt, leben die auch in Tschechien seltenen Würfelnattern. Von hier stammen Tiere, die zu Ahnen der sächsischen Würfelnattern an der Elbe werden sollen.

Nicht viele Fische entkommen der Jägerin

Würfelnattern sind versessen auf Wasser. Einen Großteil ihres Lebens verbringen sie im feuchten Element. Dem Leben im und unter Wasser sind sie hervorragend angepasst. Auf dem Speiseplan steht Fisch. Nichts als Fisch. Wobei sie mal Gründling, mal Hasel, mal Ukelei und dann auch wieder Blei oder Brachsen frisst. Ihrer Beute lauert die Würfelnatter unter Wasser auf. Der Schwanz klammert sich zwischen Steinen, Wurzeln und Schotter am Flussgrund fest. Den Oberkörper wie eine Sprungfeder gespannt, wartet die Würfelnatter geduldig. Dabei pendelt sie sanft in der Strömung, immer wieder züngelt sie. Würfelnattern riechen unter Wasser ihre Beute mit der Zunge. Extrem feine Geruchssensoren an der Zungenspitze verraten ihr verletzte Fische. Außerdem sehen sie unter Wasser sehr gut.

Eine spezifische Linsenkrümmung sowie eine spezielle Schicht auf den Pupillen gleicht die Lichtbrechung aus und lässt die Würfelnatter unter Wasser räumlich und scharf sehen. Diese Schicht haben übrigens alle Wasserschlangen und auch Krokodile. Fliegt ein Fischschwarm in Reichweite vorbei, stößt die Würfelnatter blitzschnell zu. Wie ein Wolf zwischen die Schafe fährt sie unter die Flossenträger. Mit scharfen, nach innen gebogenen Zähnen wird ein Fisch gepackt. Ein wenig jonglieren – und die Beute wird Kopf voran im Ganzen verschluckt. Doch die Schlange jagt auch aktiv. Mit immenser Beschleunigung schießt sie Fischen unter Wasser hinterher. Freilich nie weit – Würfelnattern sind keine Ausdauerjäger. Ihr Trumpf sind ihre Schnelligkeit und Wendigkeit. Würfelnattern haben sehr bewegliche Rippen. Damit drücken sie ihren Körper zusammen, werden schmaler und höher. Statt rund erscheint die Schlange fast eckig – und wird so noch schneller beim Schwimmen. Ein sich schlängelnder Pfeil. Nicht viele Fische entkommen der erfolgreichen Jägerin.

Kleine Fische werden gleich unter Wasser verzehrt, dass die Schuppen nur so spritzen. Größere Beute nimmt sie mit an Land. Gewaltig kann sie ihre Kiefer dehnen und ordentliche Mengen vertilgen. Bis zu einem Drittel ihres eigenen Körpergewichtes stopft eine Würfelnatter in sich hinein. Freilich sind es fast immer zehn bis 15 Zentimeter lange Fische, die sie erbeutet. Keine Konkurrenz für Angler also. Bis zu 20 Minuten können Würfelnattern unter Wasser bleiben, bis zu 12 Meter tief tauchen. Zum Luftholen reicht es, den Kopf nur leicht über die Wasseroberfläche zu heben. Die Nasenlöcher und auch die Augen stehen weit oben. So atmet die Schlange nicht nur, sondern kann auch Feinde wie Möwen oder Reiher möglicherweise rechtzeitig ausmachen.

Mit Zischen und Gestank gegen die Feinde

Steil sind die Böschungen entlang der Berounka, fast senkrecht. Kein Problem für die Würfelnatter, die selbst Überhänge erklettert. Brombeergestrüpp, Brennesselfelder, Haselnusssträucher, Heckenrosen und Weiden bilden ein fast undurchdringliches Gestrüpp. Nackte Felsvorsprünge laden zum Sonnen ein. Schotteraufschüttungen bieten Winterquartiere. Das Leben der Würfelnatter vollzieht sich entlang der Wasserlinie. Nie weiter als ein paar Meter entfernt sie sich vom Ufer. Meist hält sie sich stundenlang im Wasser auf. Ein Sonnenbad freilich nimmt die Würfelnatter an Land, auch geschlafen wird in Verstecken oder in Weidengebüschen, die sie elegant erklimmt.

Unter Wasser lauern nur Hecht, Zander und Wels, vor denen sich die Würfelnatter in acht nehmen muss. Über Wasser aber sind ihre Feinde zahlreich. Greifvögel, Möwen, Reiher, Fuchs, Iltis und Marder können dem Reptil gefährlich werden. Würfelnattern sind völlig ungiftig. Sie haben andere Abwehrmechanismen. Angegriffene Würfelnattern können furchtbar wütend zischen und fauchen. Hilft das nichts, werden sie zu Stinktieren. Aus einer Analdrüse können sie ein Sekret verspritzen, das übel nach Fisch stinkt und mehrere Tage anhaftet.

Nach dem Winter nur noch schlaffe Schläuche

Mitte bis Ende April kommen Würfelnattern aus ihren Winterquartieren. Dann sehen die Tiere aus wie schlaffe Schläuche. Fast alle Fettreserven wurden in der kalten Jahreszeit aufgebraucht. Also erst einmal fressen. Der Fluss muss allerdings schon über zehn Grad warm sein. Sonst hängt auch die Würfelnatter keinen Schwanz in das kalte Wasser.

Im Mai bis Juni wird Hochzeit gefeiert. Dazu finden sich die Tiere auf Paarungsplätzen ein. Die müssen schön warm und vegetationsarm sein – Schotter- und Kiesbänke werden bevorzugt. Gleich mehrere Tiere schlingen sich umeinander. Gegen Gesellschaft haben die liebeswilligen Würfelnattern nichts – es geht friedlich zu bei dieser Knäuelbildung. In südeuropäischen Ländern, wo die Schlangen noch häufig sind, wurden bis zu 200 Tiere ineinander verschlungen an einem Paarungsplatz angetroffen. Etwa Ende Juni legt das Weibchen fünf bis 25 pergamentfarbene Eier. Die sind ungefähr so groß wie ein Tischtennisball, aber oval. Die Schlangen nutzen wiederum den Fluss: Treibguthaufen aus Reisig, Gras, etwas Schlamm und Blättern entwickeln durch Gärung ein prima Mikroklima für Würfelnattereier. Große Misthaufen von Pferdedung sind bei Würfelnatterdamen sehr beliebt. Der Sonne und der Wärme durch die stetige Gärung bleibt das Ausbrüten überlassen. Die werdende Mama geht wieder Baden. Nach vier bis sechs Wochen ist es auch ohne elterliche Fürsorge geschafft – die jungen, etwa 20 Zentimeter langen Natterchen schlüpfen und begeben sich ziemlich schnell ins Wasser, wo sie es bald auf andere Jungtiere abgesehen haben. Anfang August wuseln nämlich auch Schwärme von kleinen Jungfischen durchs Wasser. Ausgewachsen werden Würfelnattern in Deutschland bis zu einem Meter lang. Die Männchen freilich sind erheblich kleiner und dünner als die Weibchen. Sie werden nur etwa 70 Zentimeter lang.

Selbst Hochwasser werden ausgesessen

Der Herbst wird den wärmeliebenden Schlangen schon wieder zu kalt. Ab Ende September ziehen sie sich in die Winterquartiere zurück. Durch Spalten und Ritzen kriechen sie metertief in die Uferböschung. Winterhochwasser machen ihnen kaum etwas aus, selbst wenn sie überschwemmt werden. Das Wasser dringt in dem Labyrinth nicht bis in die letzten Spalten vor. Hier aber überlebt die Würfelnatter selbst mit einem winzigen Vorrat an Sauerstoff. Während der Winterruhe ist der Stoffwechsel der Tiere fast bei Null, sie brauchen nur wenig zu atmen. Doch frostfrei muss das Quartier sein, damit die Würfelnatter im nächsten Frühjahr ihren Kopf aus der Böschung streckt und züngelnd dem Wasser zuschlängelt.

IN ALKOHOL EINGELEGT

In Deutschland leben Würfelnattern nur noch an der Mosel, Nahe und Lahn in Rheinland-Pfalz. In Sachsen bei Meißen soll nun ein zweites deutsches Vorkommen aufgebaut werden. 1883 erstmals von einem Porzellanmodelleur entdeckt, verschwanden die Tiere bei Meißen vermutlich noch vor dem Zweiten Weltkrieg. Sachsen war einst das nördlichste Vorkommen der Schlangen in Europa.

Beide Vorkommen, sowohl in Rheinland-Pfalz als auch in Sachsen, sind ein Naturschutz-Großprojekt des Bundesamtes für Naturschutz. In Rheinland-Pfalz wird der Erhalt der Tiere, in Sachsen ihre Wiederansiedlung unterstützt.

Ihre größte Verbreitung hat die Schlange in südlichen Gefilden. sie lebt in Südosteuropa, in Griechenland, Italien und Österreich.

In Tschechien leben Würfelnattern an der Berounka und der Eger. Auch an der Elbe bei Decin kommen die Schlangen vor. Über den Nationalpark Sächsische Schweiz wäre ein Verbund der künftig zwei Elbvorkommen möglich.

Die einzige Würfelnatter aus Sachsen, die noch existiert, lebt in Alkohol. Sie ist Ausstellungstück im Senkenberg-Museum in Frankfurt/Main. Die Tiere aus Tschechien, die wieder angesiedelt werden, sind genetisch weitgehend mit einstmals sächsischen Vorkommen identisch.

Pfiffige Kerlchen
mit reichlich Hausbesitz

Ziesel sind seit 1961 aus Sachsen verschwunden – eine Wiederkehr ist nicht ausgeschlossen

Mit den Pfoten wird das Futter gehalten und geknabbert.

Wie ein Buckel krümmt sich der Sattelberg aus der Landschaft. Er hat nur wenige Bäume zu tragen. Gräser – sonnengeplagt – wiegen sich im Wind. Südlich wirkt diese Landschaft, auf jeden Fall viel südlicher, als das Osterzgebirge liegt. In dieser etwas kargen Landschaft lebte lange ein Tier, das dieses südliche Flair liebt. Doch seit geraumer Zeit sind Ziesel in Sachsen verschollen. Damit auch in ganz Deutschland, denn nur in Sachsen lebten die munteren Hörnchen. Ziesel lieben englischen Rasen. Aber anders als werkelnde Zweibeiner, die fleißig das aufwachsende Gras bekämpfen, wollen sich Ziesel ins gemachte Nest legen. Sie siedeln nur auf einem Gelände, das zu ihren Vorstellungen passt. Die Steppentiere wollen kurzes Gras, das ihnen nicht über den Kopf wächst. Denn obwohl sie sich oft auf die Hinterbeine stellen und den Hals ganz lang machen, können die insgesamt etwa 30 Zentimeter kleinen Tiere doch nicht über eine hohe Vegetation hinwegschauen. Ohne Übersicht über anschleichende Feinde können die Ziesel jedoch nicht überleben. Ihre Bindung an steppenähnliche Landschaften hat sie vielerorts verschwinden lassen. Trockenrasen und Hutweiden existieren bis auf wenige Reste im Osterzgebirge nicht mehr. Trockenrasen, mit dünnen Gräsern und wenig Büschen bewachsen, sind mittlerweile Ackerland, Schonungen oder Siedlungsraum der Menschen geworden, Straßen und Gewerbegebiete wurden gebaut. Auf Hutweiden hielten Schaf- oder Ziegenherden die Gräser kurz und die Büsche und Bäume fern. Solche extensiven Bewirtschaftungsmethoden aber sind mit Industrialisierung der Landwirtschaft weitgehend verschwunden. Und damit auch das Ziesel.

Festes System von Trampelpfaden

In Kolonien wohnen die Nagetiere auf solchen Trockenrasen oder kurzgehaltenen Weiden zusammen. Ein ganzes System von Trampelpfaden durchzieht das Wohngebiet der Ziesel. Auf regelrechten Haupt- und Nebenstraßen hopsen und springen die Ziesel herum. Dieses feste System hat den Vorteil, dass die Orientierung leichtfällt. Taucht ein Feind auf, rasen die Ziesel ihre Trampelpfade entlang, um sich auf kürzestem Wege im nächstgelegenen Bau in Sicherheit bringen zu können. Die eichhörnchengroßen Nager sind pfiffige Kerlchen. Immer wieder unterbrechen die kleinen Tiere die Nahrungssuche, stellen sich aufrecht hin, schnuppern und suchen mit ihren scharfen Augen die Umgebung aufmerksam ab. Schrill und laut pfeifen sie, wenn ein Feind in Sicht ist. Der Warnruf wirkt auf die anderen Ziesel elektrisierend. Auch der Unaufmerksamste weiß sofort, dass Gefahr droht. In wieselflinkem Galopp bringt sich die ganze Schar im schützenden Bau in Sicherheit. Auch bei anderen Störungen verständigt ein Ziesel seine Kollegen. Damit nicht erst unnötige Hektik entsteht, wird en anderer Pfiff verwendet. Hasen etwa werden mit tieferer, aber keineswegs leiserer Tonlage in der Domäne der Ziesel angemeldet.

Wohnhöhlen und Fluchtröhren

Feinde haben die kleinen Hörnchen zuhauf. Greifvögel lauern in der Luft, Fuchs, Marder und Iltis am Boden. Auch Katzen und Hunde sind gefährlich für die Nager. Der Trumpf der Ziesel ist ihre Aufmerksamkeit und ihre Schnelligkeit. Und ihr Fleiß. Ziesel haben gleich mehrere Wohnungen. Die einen komfortabler, die anderen spartanischer. Ein Bau dient als Wohnbau. Jeder Ziesel hat eine eigene Wohnung – man will ja ein bisschen Privatsphäre. Je älter das Ziesel, desto umfangreicher der Bau. Fleißig und flink graben die Ziesel unter der Erde. Über einen Meter tief können die Baue sein und aus etlichen verzweigten Haupt- und Nebengängen bestehen, die bis sechs Meter lang sind. Mehrere Röhren und mindestens einen Kessel legen sich die Ziesel an. In dieser kleinen Höhle machen sie es sich gemütlich. Mit Gras und Moos wird er ausgepolstert. Hier verbringt der Ziesel die Nacht und verschläft den Winter. Nicht selten bauen Ziesel auch weitere Kessel, von denen einer dann als Toilette genutzt wird. Mit einem Wohnbau lassen es die emsigen Nager aber nicht bewenden. Um sich vor Feinden schnell in Sicherheit bringen zu können, graben sich die Ziesel auch Fluchtburgen. Das sind meist nur einfache Röhren, die ins Erdreich führen. Ihren Zweck erfüllen sie trotzdem. Bei Gefahr taucht die ganze Sippe einfach ab. Die Fluchtröhren werden von allen benutzt. Die nächstgelegene kommt gerade recht.

Bei ihren Wohnbauen aber sind die Ziesel eigen. Zwar wird dem Nachbarn schon mal Unterschlupf gewährt, wenn der sich vor einem Bussard verstecken muss. Aber die Gastfreundschaft ist nur auf die Dauer der

Gefahr beschränkt. Dann wird dem Eindringling schon klargemacht, dass er die falsche Haustür benutzt hat und sich besser wieder verzieht. Profitiert das Ziesel auch von der gemeinsamen Aufmerksamkeit der ganzen Kolonie, etwa einen Meter um den eigenen Wohnbau herum, will es eigentlich keinen der anderen Kolonisten sehen. Außerdem wird bei Ziesels öfter umgezogen. Weibchen beispielsweise bringen ihren Nachwuchs nicht etwa im eigenen Bau zur Welt. Meist haben sie dafür einen Wurfbau. Vor der Geburt ziehen die Weibchen um.

Werdende Väter dürfen mit anpacken

Übrigens auch eine Gelegenheit für die Väter, mit anzupacken. Sie graben oft gemeinsam mit dem Weibchen an dessen Wurfbau. So wird die werdende Mama während der Tragzeit entlastet. Danach aber verzichtet sie auf väterlichen Beistand. Männchen werden aus der Nähe der Jungtiere weggebissen. Sie buddeln dann an eigenen Bauen weiter, ziehen häufig selbst zweimal im Jahr um. Der Tapetenwechsel bei Ziesels hat den Vorteil, dass die Nager Parasiten loswerden. Die lästigen zwickenden Sauger werden einfach dem Leerstand überlassen. Nachdem die Jungen das Haus verlassen haben, zieht es auch die Weibchen zurück in den eigenen Wohnbau. Ziesel sind tagaktiv. Mit dem Morgengrauen kommen sie aus ihren Bauen und suchen Nahrung. Gräser und Samen werden gefressen, ab und an ein vorwitziger Käfer oder eine Heuschrecke. Züchtig wird die Nahrung zwischen die Vorderpfoten genommen und geknabbert. Auch dabei sind die wachsamen Ziesel stets aufmerksam. Bei der Nahrungssuche bleibt das Ziesel am liebsten in der Nähe des Baues. Höchstens hundert Meter weit entfernt es sich, wenn die Nahrung ausreicht.

Dicke Speckschicht für die kalte Jahreszeit

Ziesel leben zumeist friedlich miteinander. In der Paarungszeit kann es aber auch zu Raufereien kommen. Streithähne stehen sich zunächst drohend gegenüber. Dann umkreisen sich die Gegner, um dem anderen in die Flanke zu fallen. Wer einen Vorteil erspäht, springt und wirft den

Guck mal, wer da guckt. Ziesel behalten ihre Umgebung stets aufmerksam im Auge.

Kontrahenten zu Boden. Oft kugeln dann beide durchs Gras. Der auf dem Rücken Liegende versucht den anderen schließlich durch einen geschikkten Tritt über sich zu werfen. Anders als bei Judokas beißen sich die zwei allerdings auch, fauchen und schimpfen, was das Zeug hält. Wer die Nase voll hat, türmt. Bei Jungtieren sind solche Raufereien häufig und viel spielerischer. Im Mai bis Juni kommen zwei bis neun kleine Ziesel zur Welt. Drei Wochen später knabbern sie schon Grünzeug und erkunden die Welt. Der Sommer und Herbst vergeht mit Spielen und mit Fressen.

Ziesel brauchen eine ordentliche Speckschicht für den Winter, den sie verschlafen. Ihre Körpertemperatur sinkt dabei auf drei bis fünf Grad. Im September und Oktober, manchmal auch schon im August, ziehen sich die Ziesel zurück. Je nachdem, ob die Fettreserven schon angelegt sind oder nicht. Länger an der Oberfläche als nötig auszuhalten, hieße nur, sich unnötig Feinden auszusetzen. Die Jungen gehen eigene Wege und suchen sich selbst Baue. Schließlich verschließen die Ziesel ihre Eingänge von innen und legen sich zur Ruhe. Für sechs bis sieben Monate machen die munteren Hörnchen Pause. Bis das Frühjahr und die ersten kitzelnden Sonnenstrahlen sie wieder aus ihren Bauen locken.

Bildnachweis

arco: 34, 145, 154, 157, 186, 189, 204, 239

blickwinkel: 24 o., 64, 109, 112, 126, 137, 139

Ronald Bonß: 179

dpa: 17, 31, 55, 57, 61, 70, 74, 76, 81, 86, 90, 94, 96, 100, 102, 106, 115, 120, 123, 129 132, 135, 169, 173, 180, 183, 194, 206, 208, 210, 226

Gernot Engler: 150

Marion Gröning: 51, 53

Gunter Hübner: 92, 235

Thomas Lehmann: 12, 21, 44, 69, 218, 230

Jürgen Lösel: 28, 117, 224

naturfoto: 7, 11, 38, 42, 165, 214, 216, 220

Rainer Oettel: 143

Friedhelm Richter: 148, 153

Wolfgang Wittchen: 24 u., 47, 49, 84, 104, 162, 172, 176, 197, 199, 202

Aus dem Buch: Liebe/Kempe „Sächsische Schweiz", Leipzig 1974: 15